最高荣誉

“八一勋章”英模故事

伍正华　主编

江西教育出版社
JIANGXI EDUCATION PUBLISHING HOUSE

图书在版编目（CIP）数据

最高荣誉：“八一勋章”英模故事：黑白版 / 伍正华主编. — 南昌：江西教育出版社, 2019.1

ISBN 978-7-5705-0939-3

Ⅰ. ①最… Ⅱ. ①伍… Ⅲ. ①军人－先进事迹－中国－现代 Ⅳ. ①K825.2

中国版本图书馆 CIP 数据核字(2018)第 301910 号

最高荣誉：“八一勋章”英模故事（黑白版）

ZUIGAO RONGYU: “BAYI XUNZHANG” YINGMO GUSHI (HEIBAI BAN)

伍正华　主编

江西教育出版社出版

（南昌市抚河北路 291 号　　邮编：330008）

各地新华书店经销

江西省和平印务有限公司

787 毫米×1092 毫米　　16 开本　　21.75 印张　　字数 270 千

2019 年 1 月第 1 版　　2019 年 1 月第 1 次印刷

ISBN 978-7-5705-0939-3

定价：36.00 元

赣教版图书如有印装质量问题，请向我社调换　电话：0791-86710427

投稿邮箱：JXJYCBS@163.com　　　电话：0791-86705643

网址：http://www.jxeph.com

赣版权登字-02-2018-711

目 录

“钢铁战士”麦贤得

虞章才

麦贤得，广东饶平人，1945年12月出生，1963年12月入伍，1966年8月加入中国共产党，历任战士、助理员、副处长、副参谋长、副司令员等职。1965年8月6日的“八·六”海战中，时任机电兵的麦贤得在头部中弹、脑浆外溢、神志半昏迷的情况下，坚持战斗长达3个小时，与全体参战官兵一起，击沉台湾国民党军舰“章江号”，被誉为“钢铁战士”，成为全国学习的模范。1966年2月，国防部授予他“战斗英雄”荣誉称号，共青团中央授予他“模范共青团员”荣誉称号。他和雷锋、王杰、欧阳海等英雄一起成为20世纪60年代青年学习的楷模。

50年来，他先后受到毛泽东、邓小平、江泽民、胡锦涛、习近平等党和国家领导人的亲切接见。2017年被中央军委授予“八一勋章”。

精忠报国

麦贤得

二〇一七.七.二九

激情入伍

1963年12月，北方已进入了寒冬，而南方正温暖如春。

清晨，一轮旭日冉冉升起，照耀在广东省饶平县汫洲湾海面上。在汫洲镇老港口后山头的一块空地上，一名全副武装的解放军军官正带着100多名民兵进行训练。

场上，不时传来一阵阵喊杀声。

"国民党从海上来——"

"杀！"

"美帝国主义从天空来——"

"杀！"

…………

杀声震天，刺破清晨的宁静，惊得树枝上的鸟儿扑棱扑棱地飞走，惊醒了村里仍在睡梦中的孩童。

18岁的汫北民兵营民兵麦贤得头戴着铁盔，腰束武装带，身穿整洁的绿军装，正挥汗如雨地训练着。军装上已印出斑驳的汗渍，他却丝毫没有觉察。再过几天，他就要参军入伍了，即将成为一名光荣的解放军战士。一想到这儿，他感到浑身上下都有使不完的劲。

"同志们，"村里的民兵营长麦长福兴奋地说："大家两天的训练辛苦了，麦排长的训练标准高要求严，让我们学到了很多军事技能，大家鼓掌表示感谢。"

"啪，啪，啪……"100多名民兵用力鼓掌。

"麦排长"叫麦东富，和麦贤得是同村的邻居。4年前，他和麦贤得一样，还是一个整天捕鱼捞蚝的渔民娃子。参军入伍后，他训练刻苦，表现出色，参加全军实战训练获了奖，被提升为排长，一下子成了村里的榜样。这次麦东富回家探亲，麦长福抓住机会，请他拿出两天时间，组织民兵进行军事化训练。

“同志们，阿富明天就要返回部队了，临行前，请他跟大家说两句。”

麦东富迈着矫健的步子走上前，唰的一声，向大家敬了一个标准的军礼。他清了清嗓子，用洪亮的声音说：“乡亲们，目前全国正处于紧张的备战状态，蒋介石与美帝国主义勾结，时刻都想反攻大陆，经常派小股武装特务侵入我们沿海渔村，窃取我们的军事机密，搞破坏活动。毛主席教导我们要严阵以待，随时准备歼灭入侵之敌。我们人民解放军和广大民兵一样，都要发扬敢于战斗的精神，苦练杀敌本领，在保家卫国中荣立新功。”

“啪，啪，啪……”大家又是一阵热烈的掌声。

麦贤得听得热血沸腾。这两天的训练，麦东富举手投足间展现出的军人素养，深深吸引了他。当民兵两年了，他做梦都想着当一名真正的解放军战士，不管平时海上劳动多么紧张，每次一回到家，他就扛着枪在海岸巡逻。那种扛枪的感觉，让他有一种特别的成就感。现在，听着阿富哥慷慨激昂的讲话，他脑海中不断激荡着“报国”“立功”的声音。

几天后，麦贤得如愿以偿，成为人民海军南海舰队联合学校的一名新兵。他不知道，等待着他的，将是怎样惊心动魄的战斗人生。

争当“夜老虎”

海军是高技术军种，舰艇上的每一个专业都蕴含着丰富的科学知识。尽管带着满腔热情入伍，但只读到初二的麦贤得，学起舰艇专业来，犹如闯入迷宫一般，一时被弄得晕头转向。

"麦贤得，2 分。"

课堂上，当教员宣布这个分数时，一向争强好胜的麦贤得，恨不得找个地缝钻进去。这已是他连续 3 次在某轮机主机知识考试中得这个分数。巨大的羞耻感吞噬着他的自尊心，他低着头，双手狠狠地揪住自己的头发，恨不得把头皮连根拔起。

左思右想，麦贤得敲响了指导员的房门："指导员，我请求调离，不想当海军了！"

"啊，为什么？"看着眼前这个身材魁梧、双目炯炯有神的新兵，指导员林星虎惊讶地问。

"当兵就是练武的，操枪弄炮去战斗才对，现在天天学这些轮机知识，实在太麻烦，我学不了。"麦贤得一脸委屈。

林星虎拍一拍麦贤得的肩膀，微笑地说："小麦，走，我们到外面散散步，外面海风凉快。"

这是一个静谧的夜晚。微风徐徐，波光粼粼，海浪轻轻地拍打着沙滩，发出奔流不息的声音。

"小麦，你来沙角已经好几个月了，你知道我们海校为什么要选址在虎门吗？"

从小就在海边长大的麦贤得，从来没有思考过这个问题，他迷茫地摇了摇头。

林星虎见状，抬头仰望着深邃的夜空，仿佛在记忆里搜寻着什么，缓缓地说："因为虎门有林则徐，这里是中国近代史上反抗外国侵略的开始。"他从虎门销烟，讲到甲午海战；从新中国成立，讲到国民党企图海上反攻。最后，他郑重地说："当了一名海军战士，就要学好知识，掌握手中武器，让我们的国家不再受到任何侵略。否则，就是一名逃兵！"

“逃兵？！”麦贤得的心“咯噔”一下，他突然意识到自己刚才的想法多么幼稚。他在心里想着：“麦贤得啊麦贤得，你怎么这么怂？你不是从小就想着要当英雄吗？你不是想像阿富哥一样报国立功吗？现在怎么被2分就打趴下呢？既然当了海军，就要当一名响当当的海军战士，将来上战场英勇杀敌！”

从那以后，麦贤得拿出啃硬骨头的精神，像着了魔一样去学习。他放弃了不知多少个午睡、节假日，经常一个人躲在山顶上，拼命地记呀、背呀。对生疏的术语、复杂的原理、无尽的数据一个个地去弄懂。终于，功夫不负有心人。期中考试，他一举得了5分，跃为全班前列。

一年后，麦贤得以优秀成绩毕业，被分配到离家乡汫洲镇不远的南海舰队汕头水警区527号护卫艇当轮机兵。

海军的战场在海上，海上作战多在深夜。为了练就夜海作战的硬功，麦贤得所在的护卫艇第41大队开展了一项“夜老虎训练”，要求官兵戴上墨镜，在完全看不见的情况下，学会熟练操作机舱里的装备。

一天，班长领回了5套黑眼镜，在班里分发着。麦贤得一看没有自己的，就问班长原因。

班长说：“你是新兵，先睁着眼睛能把装备搞熟悉就不错了，想闭着眼睛训练，以后再说吧。”

班长的话虽然在理，却激起了麦贤得不服输的劲头。真要是打起仗来，难道新兵就不上战场了？他决定自我加压，苦练“夜老虎”本领。

从小就风里来浪里去，麦贤得养成了天不怕、地不怕的性格。在家当民兵时，一次，家乡连降大雨，公社粮仓随时可能被淹，麦贤得顾不上危险，蹚着齐腰深的水，一个人用船从公社粮仓里抢救出3000多斤粮食。还有一次，村民盐田受到潮水威胁，关键时刻，他奋不顾身投入堤坝堵漏的战斗中，挽救了盐田。当2年民兵，他2次被评为模范民兵，

6次受到表扬奖励。

趁着战友们休息的时间，麦贤得悄悄地来到轮机舱，一个螺丝一个螺丝、一个接口一个接口地揣摩，用心体会。战艇出海时，他一有机会就紧紧盯住班长和老兵的双手，看他们如何操作、如何修理，暗地又学了不少本领，操作水平大有提高。一天午休时，他又在机舱里摸索着，忽然发现工具箱里有一副眼镜。他大喜过望，拿起来一瞧，原来没有玻璃镜片，只剩下两个黑黑的镜框。他灵机一动，找来一张硬纸，用墨水刷成黑色，贴了上去。就这样，他戴着自制的墨镜，在闷热的舱室里反复熟悉装备。5个月后，他终于将机舱里的几十条管道、几千颗螺丝摸得滚瓜烂熟。

表现的机会终于来了。一天，机电军士长杨映松对轮机班说：“今天，老战士进行‘夜老虎’比赛，在无照明条件下转换油柜，新战士观看学习。”

只见杨映松第一个上场，戴上墨镜，三下五除二就把油柜换好了，用时30分钟。班长黄汝省也不甘示弱，一套动作干净利索，用时34分钟。

随后，老兵们一个个上场，向军士长发起挑战。34分钟，35分钟、36分钟，没有一个人挑战成功。

“我也试一下！”新兵麦贤得站了出来。

“小麦，别胡闹，你一个新兵比什么比？”黄班长拦住了他。

“让我试一试嘛！”麦贤得倔强地请求着。

“行吧，就让他试一试！”杨映松见他一脸的认真，就同意了。

麦贤得一听，高兴地戴上墨镜，快速移动脚步，准确摸到油柜，麻利地拧着螺丝……一口气完成所有动作后，大家一看时间，31分钟，仅次于军士长，获得第2名。

紧接着，又进行启动副机的比赛。老兵们一个个出场，熟练完成了所有动作。麦贤得再次申请参加比赛。结果，班长黄汝省44秒，麦贤得 43 秒。麦贤得获得第 1 名。

麦贤得这身勤学苦练而来的“夜老虎”硬功,在不久之后的“八·六”海战中，派上了重要用场。

夜海血战

战争，经常在不经意间悄悄降临。

1965 年 8 月 3 日，527 艇官兵顺利接回我国自行制造的 611 号高速护卫艇，从厦门回到汕头。麦贤得也随之成为 611 艇的轮机兵。

由于海上连续航行 20 多天,靠港后,官兵们开始轮流补休。8 月 5 日，麦贤得闲来无事，想起了村里的老邻居百合婶，她们家迁居到汕头市区后,他还没去看望过。他向班长请了假,高高兴兴地到百合婶家串门做客。

这天清晨，一份紧急电报送到了南海舰队司令员吴瑞林的办公室。“……6 时 10 分，从台湾左营港海面有两艘国民党军舰，直往福建东山古雷头、广东南澳交界处我渔场袭来……”吴瑞林一字一句地读着这份电报，脑海中迅速作出判断。他预感到，一场海战即将到来。

不久前，总参谋部已通报，国民党当局在派遣武装特务登陆渗透的计划被我人民海军和沿海广大民兵粉碎之后，改变了作战方式，准备利用大型战舰在海上突袭我方舰艇和渔船，并妄图窜到大陆搞破坏活动。

“必须狠狠地教训一下敌人！”吴瑞林攥紧拳头,有力地砸在桌子上。

舰队党委迅速召开作战会议。经研究，决定命令汕头水警区立即组成海上作战指挥所，指挥员由水警区副司令员孔照年担任，兵力由护卫艇大队、鱼雷快艇大队组成，要求务必彻底、干净地消灭敌人！

电波，载着十万火急的作战命令，一边呈报中央军委和海军党委，一边飞往南海前线——汕头水警区。

接到命令后，汕头水警区副司令员孔照年立即召开作战会议。水警区司令员和政委都到南海舰队开会去了，他必须在最短时间内作好一切战斗准备。研究具体作战方案、部署陆上指挥所、武器弹药装载、油水加注、装备检拭……部队立刻进入一级战斗准备，官兵们仿佛闻到了战争的硝烟味。

此时，麦贤得正在百合婶家一边喝着香喷喷的清茶，一边聊着家常。突然，婶婶家墙上的喇叭中突然传出部队紧急召回人员的暗号："刘海，你家中有急事，请快速回家！刘海，你家中有急事，请快速回家！……"

麦贤得一听，料到有大事发生，立即跟百合婶辞别，向单位奔去。

营区内一片忙碌，官兵们正在进行紧张的战前准备。各艇官兵士气高昂，请战书像雪片一样飞向各艇党支部。

611 艇刚接回来两天，人员还不齐整，武器弹药都没上艇，本来不具备参战资格。在布置任务时，大队长贾廷宽并没有给 611 艇下达任务。艇长崔福俊坐不住了，他主动请战。

"你们艇是新艇，这次战斗任务就算了，等训练好了再参战。"大队政委张耀堂安慰地说。

崔艇长一听急了，扯着嗓门说："我们艇虽然是新的，但人员都经受了风浪的考验，具备了'夜老虎'能力，航渡中我们还组织了训练，参战绝对没有问题。只要首长给我们任务，我保证很快作好作战准备，能准时启航。"

就这样，崔艇长为 611 艇争取到了难得的参战机会。这一战，让 611 艇载入人民海军的光荣史册。

急匆匆赶回部队，麦贤得怎么也没想到，部队马上就要打仗了。兴奋、激动，又夹杂着丝丝的紧张。这时，轮机班的加油、加水、检查机器各项准备工作已经完毕。麦贤得觉得有些内疚，主动去帮助枪炮班扛炮弹。

他力气大，别人一次提一箱，他一提就两箱。

一切准备就绪！

22 时 35 分，接到上级命令，艇长崔福俊下达口令：“起锚，目标：云澳湾！”

海面上，由 598 艇、601 艇、558 艇、611 艇 4 艘高速护卫艇组成的编队，借着夜色掩护，悄然启航。战艇似离弦之箭，劈波斩浪，向着战场驶去。另一方向，由 6 艘鱼雷快艇组成的快艇编队也正奔赴战场。负责接应的 161 号护卫舰在进行最后的战斗准备。

编队采用隐蔽航渡模式，全艇熄灯闭光，艇员们坚守在各自战位，谁也看不清对方的脸。这时，全神贯注操纵着轮机的麦贤得，听到了副指导员周桂全坚定有力的声音：“同志们，这是一场硬仗、恶仗。敌人的火力比较强，‘剑门号’原是美国海军‘海鸥’级扫雷舰‘巨嘴鸟号’，排水量 1250 吨，航速每小时 18 海里，舰上装备有 76.2 毫米炮 2 门、40 毫米炮 4 门，还配有声呐、雷达等设备，‘章江号’原是美国海军猎潜舰，航速每小时 20 海里，排水量 450 吨，舰上有 76.2 毫米炮 1 门、40 毫米炮 1 门、20 毫米炮 5 门，还有 76.2 毫米火箭（组）1 座，深水炸弹投射器 4 座。我们 611 艇才 120 吨，虽然火炮射程和杀伤力比较小，但我们有快速、机动的优势，上级要求我们采取近战、夜战、协同作战的战术，发扬‘一不怕苦、二不怕死’的硬骨头精神，务必歼灭敌人！大家有没有信心？！”

“有！”全体官兵异口同声，发出排山倒海般的吼叫。

夜幕下，美丽的汕头霓虹闪烁，人们在和平安宁中即将进入梦乡。此时，海军将士们正驶离母港，迎接来犯的凶恶敌人。

新中国成立后规模最大的一次海战即将打响。

8 月 6 日凌晨 1 时 24 分，福建东山岛海域东南方向约 28 海里处，我护卫艇群发现目标。几乎同时，敌人也发现了我们，一边向我编队炮击，一边向东南方向逃窜。

"轰！轰！"海面上，炮声隆隆，火光冲天。由于敌舰射程远，我方战艇的周围，敌炮弹不时落下，掀起几米高的水柱，形势非常危急。

只有抵近敌舰，我小艇火炮才能发挥威力。在598艇坐镇指挥的海上指挥员孔照年分析眼前形势，当机决断：曲线前进，靠近敌舰时集中优势兵力歼敌！

海面上，黑洞洞的夜吞噬着一切，恐怖笼罩着每个人。我编队保持作战队形，在波峰浪谷间忽左忽右，向着敌舰快速靠拢。

25海里，15海里，5海里……敌我距离越来越近。

"咣！咣！"敌舰的20毫米炮也开始向我方扫射。

"各艇射击！"孔照年手拿话筒，下达了作战指令。

话音刚落，只见各艇炮弹像密集的箭阵，呼啸而出，拖着长长的火舌，向着敌舰射去。

两艘敌舰一边抵抗，一边拼命向外海逃跑。旗舰"剑门号"和僚舰"章江号"无法首尾相顾，各自转向鼠窜。

天赐良机！孔照年按照上级的指示，命令4艘战艇集中火力，同时向"章江号"扑去。

隆隆的炮声响彻海天。激战中，"章江号"在我方密集火力网打击下，渐渐不支，但仍在拼命挣扎，炮弹不时向我编队袭来。此时，敌我舰艇都不同程度挂彩，双方人员均有伤亡，601艇艇长吴广维不幸被炮弹击中头部，壮烈牺牲。

"打！给我狠狠地打！"611艇艇长崔福俊此时像一头打红了眼的怒狮，他的军装袖管被敌人的弹片剐破，腿上也受了轻伤，头发被炮火烧得卷了起来。但他已然顾不了这一切。

突然，两颗炮弹射来，击中我艇甲板。

“报告，艇长，机电军士长杨映松中弹倒下！”机电兵彭得才悲痛地喊道。

崔福俊心头一颤，来不及多想，立刻问道：“机舱情况怎样？”

机舱是舰艇的“心脏”，一旦出问题，战艇将失去活动能力，成为海上活靶子。现在军士长倒下了，他担心的是，机舱一半是新兵，能不能支撑？

“情况不明！”紧张的战斗中，彭得才来不及了解情况，只好如实汇报。

正在这时，“咣！咣！咣！”，艇上先后爆发三声巨响，又有三颗炮弹相继飞射过来，一发击中驾驶台，两发击中机舱。

机舱里，伸手不见五指。机器在全速运转，发出巨大的轰鸣声。战斗打响以来，麦贤得一直坚守在机舱里，虽然看不见海面上的激烈场景，但他始终全神贯注维护着机器，血管里的每一滴血都在燃烧着，艇上发射炮弹的每一次震动，都让他激动不已，他恨不得随着炮弹一起飞向敌舰，把敌舰炸个稀巴烂。他在心里想着：阿得啊阿得，杀敌报国的机会终于来了，一定要维护好手中武器，保证好战舰“心脏”正常运转，让战友们全力开火。

这时，他敏锐地听出机器的轰鸣声有所减弱。“不好，不会是主机停转了吧？”麦贤得立即跑过去查看情况。

果然，艇上后左主机受损停转了。漆黑的机舱里，麦贤得快速跑去帮助启动机器。就在此时，敌人的两发炮弹打进机舱，一发落在前机舱，另一发落在后机舱。两声巨响，弹片四溅。正在机舱的麦贤得顿时觉得头部一阵剧痛，仿佛有一把火红的烙铁穿进头颅，他顿时感到天旋地转，全身无力地倒了下去……

听到爆炸声，副指导员周桂全立即沿着舷梯下到机舱察看情况。他看到，一块高温弹片直插进麦贤得的右前额，一直插到左侧靠近太阳穴的额叶里，麦贤得的脑浆溢了出来。周桂全一阵心痛，眼睛也模糊了。他三两下解开急救包，迅捷给麦贤得包扎好伤口。这时，他明显感受到，麦贤得的脚在使劲站立，却又站不起来，麦用右手推着自己，左手吃力地指着那台停转的主机。

周桂全心里明白了，麦贤得的意思是不用管他，当前最要紧的是修好机器。周桂全噙着眼泪，把麦贤得轻轻地放到后机舱角落里，拿了一件军衣把他轻轻盖住，命令他原地休息。

战斗仍在继续，海上炮火连天。“章江号”发现自己被我护卫艇编队围攻，拼命地想逃脱。由于主机停转，611 艇马力明显减弱，崔福俊眼见着敌舰渐渐远去，却追赶不上，恨得手握拳头直捶驾驶台，嘴里不停地骂娘。

机舱内，周桂全刚一走开，麦贤得就以惊人的毅力站了起来。模糊中，他依稀觉得机舱的机器被炮弹打坏了，需要维修。前机舱是麦贤得的战斗岗位，他决不允许自己的战位有问题、拖后腿，现在绝不能休息！但是，眼睛怎么也睁不开，他使劲睁，感觉到一股黏糊糊的东西流进了嘴里，他一骨碌吞下去，咸湿湿的，鲜血正沿着眼角睫毛往下流淌。

麦贤得摇晃着，踉踉跄跄想摸着走到前机舱。然而，严重的伤情使他根本无力支撑身体，他一头栽倒在地。站不起来，他就用双手爬，一步、两步、三步……每爬一步，他就感到颅内一阵阵钻心的痛，身上的毛孔渗出了淋淋汗水。他忍着剧痛，内心只有一个意念——“主机不能停！主机不能停！”就这样，他凭着顽强的毅力，在黑暗中爬过狭窄的舱洞，回到了自己的战位。

此时，机舱里一片狼藉，班长黄汝省也受到重创，昏迷在机器旁边。

周副指导员和战友陈文乙正在紧张地给他包扎。

麦贤得依稀觉得机器的轰鸣声减弱了，定是气阀或油阀的螺丝松动了，导致漏气和漏油。他紧紧地咬着牙，吃力地弯着腰，一颗螺丝一颗螺丝、一个阀门一个阀门、一条管道一条管道地检查。靠着平时练就的“夜老虎”功夫，他在几十条管路、数千颗螺丝里，居然检查出一颗拇指大小、被震松的油阀螺丝。他顽强地用扳手将螺丝拧紧，并且用身子顶住移位的波箱，用双手狠狠压住杠杆，使损坏的推进器复原，保证了机器正常运转和舰艇安全。

这时，他感到体力已经完全耗尽，意识逐渐模糊，一阵眩晕，便失去了知觉，重重地倒在地上。

主机修复后，动力足了，崔福俊立即下令：“全速追击！”

611艇像一匹愤怒的战马，在黑夜中向着“章江号”奔去，500米、200米、100米……这时，611艇与敌舰几乎贴身肉搏，敌舰完全处于我艇的火力射程之内。艇上前、中、后三门主炮同时开火，一发发复仇的炮弹打在敌舰上，发出耀眼的火光，照亮了整个海面。

瞬间，“章江号”中弹起火，指挥台上浓烟滚滚，舰体摇摇欲坠，官兵们鬼哭狼嚎。不一会儿，军舰便沉入海底。

“胜利了！胜利了！”官兵们欢呼雀跃。一个世界海战史上小艇打胜大舰的经典战例诞生了。

611艇中弹后，机舱受损严重，于8月6日凌晨4时7分受命提前返航。其余3艘护卫艇和4艘鱼雷快艇继续追击“剑门号”。当日凌晨5时22分，鱼雷快艇群在护卫艇群的掩护下，将“剑门号”一举击沉。

鲜血染红了包扎在麦贤得头上的整条绷带，一滴滴渗出来落在他的脖子、额角、眼睛和鼻子上。麦贤得倒在了轰鸣的主机操纵台上，整个身子压住波箱，双手握住杠杆……钢铁战士麦贤得，就这样用铮铮铁骨、殷殷鲜血，在蓝色国土上谱写了一曲感天动地的英雄壮歌。

当天，中央人民广播电台男播音员用充满激情的声音播发了新华社通稿："对台湾当局的有力惩罚，对美帝的严重警告——我海军舰艇部队击沉美制蒋帮军舰两艘……"消息像长了翅膀，飞越千山万水，传遍大街小巷，举国上下一片沸腾。

4次脑手术

8月6日上午10时许，经过五六个小时的艰难航行，千疮百孔的611艇，终于返回母港。

码头上，人山人海，锣鼓喧天。迎接英雄凯旋的部队首长和官兵、地方领导和群众排成了长龙，每个人的脸上都洋溢着胜利的喜悦和兴奋。在人群的注视下，一身血衣、重度昏迷中的麦贤得、黄汝省等受伤战士，一一被抬出艇，风驰电掣般送往汕头就近的医院。

时间就是生命！一场抢救我人民海军战士生命的战斗在医院打响了。

医院里躺着20多位伤病员。病床满了，有的临时加床。麦贤得因弹片直插脑颅，伤情最重，一直昏迷不醒。汕潮地委、专署领导立刻号召全市医疗部门全体人员，动员一切力量，全力以赴组织施救。汕头市卫生局领导会合海军卫生部门领导现场坐镇指挥。

受伤官兵的父母亲友陆续从四面八方赶到了医院。民兵营长麦长福最先知道了麦贤得受重伤的消息。第二天一早，他陪着阿得的父亲麦阿记、母亲林呖，坐了头班车赶往汕头。家在汕头的百合婶也早早地来到了病房。

"阿得呀阿得，你可不能走，你走了我们咋活啊！"得知儿子脑浆被打出来的消息，麦阿记和林呖一宿没睡，不知哭了多少回。病床前，只见麦贤得头上绷布染上鲜红的血渍，直挺挺地躺在床上，眼睛一半被绷布遮盖着，一半露了出来，脸色像一张白纸。母亲伸手摸着儿子那双冰凉而有些僵硬的大脚，忍不住号啕大哭。突然，她眼前一黑，一个踉跄，一头栽倒下去……经过医护人员及时抢救，她才慢慢苏醒。

8 月 8 日上午，汕头地区医院。今天要对麦贤得做脑部手术，主刀医生是汕头著名的脑外科主任陈扬燮。被推进手术室时，麦贤得依然处在昏迷之中，他正在生死鬼门关上徘徊，或许心中牵挂的还是那场海上激战。

揭开绷布、清理瘀血杂物……陈主任发现，麦贤得脑颅里面那块弹片扎得很深，从右额骨穿进去，扎进左侧的太阳穴附近，如果要取出来，需要精准进行 X 光定位，对病人进行麻醉，并准备好输血等各项工作。这种脑颅内深部取异物的手术，他从没做过。为确保安全，陈医生对麦贤得进行了脑部清创、清除血肿，并修补了硬脑膜。

第一次手术后，尽管弹片没有取出来，但麦贤得很快苏醒了。

“班长，班长……我们胜利了吗？”还没有睁开眼，麦贤得梦呓般喃喃自语。

“醒了！醒了！”病房里一阵欢呼。

麦贤得听到了熟悉的声音，是阿爸、阿妈？我这是在哪里？我的艇呢？班长呢？艇长呢？弹片在大脑内引起灼热的疼痛，他的意识慢慢恢复，但无法完整地进行思考。

病房里，陆续有人来看望麦贤得。海军首长来了，舰队首长来了，汕头地委领导来了，部队里熟悉的战友也来了。麦贤得知道打了胜仗，敌舰已经葬身海底。他露出了开心的笑容。那一刻，他感觉到当一名海军战士是多么光荣！

根据病情，麦贤得需要尽快做第二次手术。一个抢救麦贤得的专门医护小组迅速组成了。多名专家反复会诊：弹片太深了，不能从伤口往外取，要从距离弹片较近的左边颞骨开窗取。但是，虽然光透视已明确了弹片位置，但颞骨的骨窗是否开得准确，那块弹片扎进颅骨里面的那端是大是小，扎得多深，这些关键信息都还不清楚。现在弹片已扎进5天了，再不取出来，周围的脑组织形成疤纹，以后要取就更难。地区医院虽然条件有限，但如果转送到别的医院，路上一颠簸，如果弹片一移动，可能刮断大血管，将会有死亡的危险。

经过商定，手术定在了3天后。广州军区总医院脑外科孙主任亲自担任主刀医生。听说在战斗中英勇负伤的海军战士要做手术，医生、护士，当地的干部、群众，人人都争着要献血。刚为一位病人做完食道镜检查的中年医生，挤近抽血护士的面前，坚决地说：“我是O型血，抽我的！”一位实习护士也抢着上前去，伸过那雪白的手臂：“我也是O型的，我年轻，抽我的！”

11日上午8时30分，汕头地区医院手术室的大门打开了。经过两天的恢复，麦贤得的神志已清醒了很多。知道要进行第二次手术，他在内心暗暗地说：手术有什么了不起，敌人的炮弹也打不倒我，赶紧把弹片取出来吧，伤好了，我还可以上战艇，继续去战斗！

无影灯亮了。医生的镊子，在他的颅内搜索、挪动。可是，找不到那可恨的弹片。1小时……2小时……5小时……8小时……17时50分，孙主任额头上布满汗水，疲惫地走出手术室。

手术失败了！麦贤得再次陷入昏迷！

第二次手术失败的消息，惊动了海军总部。经过协调，海军首长决定，派飞机把麦贤得和另外3名重伤员空运到广州军区总医院抢救治疗。此时，麦贤得又一次在死亡线上艰难地挣扎着。

8月17日下午，首都北京，湛蓝的天空像洗过一样，让人心情格外舒畅。孔照年、崔福俊等11名“八·六”海战有功人员代表，在人民大会堂小会议厅，接受了毛主席、周总理等中央领导的亲切接见。在表扬了海战功臣们的英雄壮举后，毛主席和周总理很关切地问起了轮机兵麦贤得的伤情，并指示贺龙、罗瑞卿：要派最好的医生去抢救，一定要抢救过来！他是一位英勇顽强的战士，在头部受重伤的情况下，还坚持战斗3个多小时，这是多么坚强的硬骨头精神啊！不管如何，我们一定要千方百计把他救活，使他早日恢复健康！

最高首长的指示，很快传达到广州军区总医院。军区总医院组成了最精干的医护力量，成立特护小组。医院党委下达了“死命令”：不惜一切代价抢救麦贤得，只能成功，不许失败！

麦贤得已连续昏迷了几天，他的脸色十分苍白，呼吸微弱。医院院长、政委等领导轮流守护在病房，时刻了解麦贤得的病情。主治医生刘明锋教授是全国一流的脑神经外科专家，曾为上百名脑神经患者成功开颅治疗脑神经疾病，他的“刮脑疗疯”手术闻名于世。自从负责麦贤得的治疗后，他每天都在观察麦贤得的症状，思考着手术的方案。

也许是感应到了毛主席、周总理的真切关怀，8月18日清晨，麦贤得再次醒来。然而，由于头颅内弹片和上次手术影响，他的脑神经严重损伤了，右侧肢体有些轻瘫，舌头也有些右偏，这导致他语言功能和身体活动产生了障碍，说话不清楚，大小便也无法自理。更为不幸的是，因前额骨折，造成了他脑脊液鼻漏。专家会诊后认为，在他身体条件允许的情况下，必须尽快做脑脊液鼻漏补漏手术，否则，将可能产生严重的后遗症，影响今后的生活。

这期间，海军召开了庆功大会。611艇崔福俊、杨映松、黄汝省、麦贤得、陈云乙等9名同志被评为一等功臣，艇队也荣立集体一等功。消息传到麦贤得耳里，他兴奋得一夜难眠。

麦贤得的战斗事迹经过全国媒体的广泛宣传，已经家喻户晓。他成了全国人民学习的英雄。

“我要做毛主席的好战士！”病房里，这是麦贤得每天说的最多的一句话。虽然发音不清楚，但他一字一顿说得很认真。这句话成了他要坚强活下去的力量源泉。有了强大精神的支撑，他的体力在不断恢复。

3 个月后，经过精心准备，刘明锋主任为麦贤得进行了第三次脑手术。手术从上午 9 时做到下午 4 时，取得了圆满成功，麦贤得的脑脊液鼻漏问题终于解决了。

英雄，不仅在战场上舍生忘死，更在生活中自强不息。与疾病战斗，成为麦贤得此时的主要任务。为了使右肢能够动起来，每天，他都要到体疗器械上锻炼。这是一个比正常战士训练还要艰难的考验。他展开双臂，扶着双“桨”练习“划船”，那不太有力的右手跟着左手使劲地划，每划一下都引起剧痛，但他坚强地忍着。护士长萧小俏想助他一臂之力，帮他推动右手，每一次都被他甩开。为了恢复右脚的活动功能，他骑上“脚踏车”，拧紧压力强度弹簧，使劲提起那乏软无力的右脚，连续地踏动。从几次到几十次，再到几百次、几千次，一直蹬到满身大汗、气喘吁吁为止。医生要求每天锻炼 45 分钟，做划船动作、蹬脚踏车、拍球、越障碍等 15 项肢体运动，他 1 分钟都不少，1 项运动都不落下。很快，他的右手从不能活动到能提 18 千克重物了，而且学会了打羽毛球。同时，他已经开始尝试着用左手写字，并准备学习毛主席著作了。

转眼又过去近 3 个月。这段时间，麦贤得的身体恢复越来越好了，能安然睡觉，能快步行走，虽然步态还有些跛行，也能用简单语言回答问题了。与此同时，刘明锋主任会同全国顶尖的脑外科专家，对麦贤得的第四次手术进行着精细研究。

一名普通战士的生命，时刻牵动着中南海。毛主席一直惦记着麦贤得。1966年2月8日，他委托贺龙、叶剑英两位老帅，专门到军区总医院看望麦贤得，并将自己没舍得吃的朝鲜最高领导人金日成送的一篮苹果，送给了病中的麦贤得。

3月7日，国家副主席董必武和中共中央中南局第一书记陶铸，又专程来到医院看望麦贤得。询问了有关病情后，董必武称赞道：“小麦，你为祖国，为中国人民，为世界人民，做了一件很好的事情，狠狠地打击了美帝国主义和国民党。现在，全国人民都关心你，你要好好休养。”

麦贤得激动地说:“不够，不够，我要听毛主席的话，读毛主席的书。”

临行前，董必武向麦贤得赠送了一首他亲笔题写的诗：“钢铁战士麦贤得，特殊材料构成格。官骸气质凛自然，经过锻炼圣凡别。参加革命学毛选，变化气质及体魄。杀敌勇敢大无畏，忘我不知伤在额。不下火线固已奇，昏迷还在转轮机……”

3月23日，对麦贤得来说，是一个值得永远铭记的日子。这一天，国防部授予麦贤得“战斗英雄”和共青团中央授予他“模范共青团员”荣誉称号的表彰大会在广州隆重举行。全国人大常委会副委员长、国防委员会副主席徐向前元帅亲临现场，并接见了麦贤得。徐向前拉着麦贤得的手，关切地询问他的健康情况，勉励他好好休养，争取早日重返战位，为国家再立新功。

麦贤得点点头，发出清晰的声音：“一定！一定！”

第四次脑手术就要开始了。这不是一次普通的手术，全国亿万人民都在关注着。手术方案自1965年11月底就开始制订，经过反复修改完善，直到第六套方案才最终定下来。为确保手术万无一失，国务院派来全国最权威专家，解放军总医院脑神经外科专家段国升教授、第四军医大学外科主任曾广义教授等悉数到场。医院每天还收到全国各地从天南地北寄来的治疗脑外伤和轻度瘫痪的秘方和一批批慰问品。

几个月来，主刀医生刘明锋更是日夜攻关。每天，他盯着那密密麻麻的像蛛网一样的脑颅解剖图出神。为了精细研究，他还找到一个人体头颅标本，对照 X 光照片，根据麦贤得头颅弹片的大小，刈了一块相同形状的弹片，镶进头颅里面，然后用镊子反复拔了又插，插了又拔，直到累得满头大汗。

成功了！走出手术室，刘明锋摘下口罩，露出了满意的微笑。经过 6 小时 45 分钟的艰苦奋战，医生对麦贤得脑内弹片进行成功摘除，并进行了颅骨修补。一个长 7 厘米、宽 2.5 厘米、厚 2.5 厘米，呈弯钩状的弹片，从他的头颅里取了出来。现场所有人都流下了激动的泪水。

英雄得救了！医生在麦贤得头部植入两块有机玻璃片代替部分头盖骨。这两块有机玻璃，一直完好无损地伴随着他生活至今。

毛主席单独接见

1967 年 12 月 3 日，麦贤得迎来了人生中最难忘、最激动的时刻。

那天，在北京人民大会堂，毛主席、周总理接见了麦贤得等 4000 多名海军代表，并同全体代表合影留念。

经过一年多的康复，麦贤得的身体状态有了很大改善。只是，让他苦恼的是，手术留下了外伤性癫痫后遗症。这个癫痫病非常顽固，有时一个星期发作一次，发作时他会浑身不舒服，啥事都觉得厌烦，控制不住自己的脾气，见谁都想骂，甚至要打人，严重时还会四肢抽搐，口吐白沫，呼吸困难，甚至有生命危险。这期间，他一边和疾病作着斗争，一边坚持学习毛主席著作，用毛主席思想武装自己。今天，他就要亲眼见到伟大的领袖了，他的内心怎能不激动！他感到自己的心都要跳出来了。

合影时，作为全国著名的战斗英雄，麦贤得被特意安排在第一排中间的位置，这里离毛主席、周总理很近很近。他的两旁，大都是中央首长。麦贤得受宠若惊，这是多么崇高的荣誉啊！他兴奋得热血沸腾，眼泪都快要流下来。

合影完毕，大家以热烈的掌声，目送着毛主席、周总理等走出会议厅。

随后，海军首长悄悄来到他的身边，带着他往小会客厅走去。路上，首长说，毛主席要单独接见这位英勇的“钢铁战士”。

那一刻，麦贤得简直不敢相信自己的耳朵！从童年起，他就听阿爸阿妈经常讲毛主席领导人民打江山的故事；参军后，部队首长反复讲毛泽东思想的光辉真理；住院以来，毛主席亲自过问他的病情和治疗情况，多次派老总、元帅们去看望他，这一切的一切，都让他对毛主席产生了无比的敬仰和感激。他做梦也想不到，自己一个渔民的孩子、普通的战士，竟然和伟大领袖联系在一起，今天更要受到毛主席单独接见，他觉得自己实在太幸运、太幸福了！

麦贤得整了整军装，扶了扶帽子，紧张得额头上都渗出了汗珠。走进小会客厅时，他看见，神采奕奕、笑容可亲的毛主席站了起来，伸出那双巨手，紧紧握着他。麦贤得仿佛被电击了一般，一股暖流涌遍全身。

毛主席关切地问：“小麦，你身体好得多了？”

麦贤得热泪盈眶，颤声答道：“好，好，主席好！我好多了！”

“小麦呀，要用你的硬骨头，战胜疾病，养好身体，为人民立新功！”

“是，是，主席，我要为人民立新功！”

…………

英雄成亲

从广州军区总医院出院后，麦贤得就转到了海军广州疗养院。由于癫痫病经常发作，有时发生在夜里，疗养院给他挑选了素质好、责任心强的保健医生和护理员，24 小时陪伴他。

癫痫病是一种慢性病，需要长时间精心调理才能根治。从长远考虑，部队领导希望能给麦贤得成个家，让英雄在正常的家庭生活中慢慢康复。可是，有哪个姑娘愿意嫁给一个有重度残疾、话都说不清楚的男人过一辈子？

在军区总医院时，全国上下掀起宣传钢铁战士麦贤得的热潮，一些浪漫的姑娘主动写信向他求爱，但当听说他那后遗症时，都退缩了。到疗养院后，也有几个自告奋勇的姑娘带着爱慕的心意上门看望，但见面之后也销声匿迹。

麦贤得有一个青梅竹马的姑娘，俩人从小学到初中一直是同学，彼此互有好感。入伍那天，姑娘还赠送给麦贤得一本本子，在扉页上写下深情的赠言。成为闻名全国的战斗英雄后，一次，麦贤得回乡看望亲友，阿母林呖托媒人到姑娘家说亲。那姑娘专程见了麦贤得，看到的却是他走路斜斜的，左腿拖着右腿，嘴角也有些右偏，口齿不清，和以前那个英俊魁梧、机智灵活的麦贤得简直判若两人。姑娘痛苦地拒绝了。

为了给英雄找个伴侣，一时间，部队领导四处为他牵红线。

已升为副大队长的老艇长崔福俊，特别操心着麦贤得的婚事。他找到了驻地汕尾镇赵书记，让他帮助物色一位好姑娘。赵书记思考了很久，想到了在镇商业服务站任副站长的李玉枝。

"小李，你今年多大了？"一个周末的中午，赵书记把李玉枝请到了家里。

“22 岁。”李玉枝不知道书记葫芦里卖的什么药，如实地回答。

“谈对象了没有？”

“没有。”李玉枝仿佛听出了什么，心口怦怦乱跳，脸颊有些绯红。

“要是真没有，叔给你介绍一个？”赵书记试探地问。

“他是谁？”

“你认识的，全潮汕，全国人民都认识他！”赵书记随手从桌子上拿出一本书，递给了李玉枝。

“啊，麦贤得！”李玉枝细看着《毛泽东思想武装的钢铁战士麦贤得》，封面上那英勇顽强的年轻战士，头上扎着绷布，双手操纵着轮机，在大海上冲锋……麦贤得的事迹她太熟悉了，她一直把他当作英雄模范来学习，可是，现在她竟要和他谈对象了。李玉枝一时还没转过弯来。

“麦贤得是全国著名战斗英雄，也是一等伤残军人。他的病情基本恢复了，还留有后遗症，组织上考虑给他找一个心地善良、责任心强的姑娘，做他的终身伴侣，关心照顾他。小李，你愿意吗？”赵书记面带微笑，坦然地问。

李玉枝出身于汕尾镇贫穷的渔民家庭，从小就是一个善解人意、纯洁懂事的女孩，由于工作积极，追求进步，已经入了党，而且光荣出席地、省学毛著的积极分子代表大会，与省、市的领导和部队首长一起开会学习。此时，李玉枝内心的思想斗争非常激烈。她对英雄充满着敬仰之情，但是要嫁给麦贤得，她还没有任何思想准备。

“赵书记，我回去跟父母商量后再答复您吧。”李玉枝慎重地回答。

消息很快传开了。左邻右舍纷纷好言劝告：“听说麦贤得有癫痫后遗症，发作起来会打人”“麦贤得有严重的语言障碍，谈恋爱都没法谈”“麦贤得有轻度偏瘫，嫁给他就意味着家里轻活重活都要自己扛”……也有人劝她：“荣誉不能当饭吃，结婚是一辈子的事，一定要考虑清楚”……

躺在床上，李玉枝辗转反侧，陷入沉思：乡邻们说的话都有道理，但是，麦贤得虽然身体残疾了，他的精神境界却是高尚的，他为祖国、为人民负了伤，如果现在没有人日夜照顾他，他的身体就难以恢复，如果谁都怕挑这个重担，他就将终身孤身一人，就会被癫痫病折磨一辈子。她深深感到，英雄应该有个家，过上正常人的家庭生活。征得父母同意后，她希望能进一步了解麦贤得。

几个月后，已是某公社妇女干事的李玉枝，利用到汕头地区党校参加妇女干部培训班学习的机会，在部队干事和单位同事的陪伴下，到汕头水警区悄悄“考察”麦贤得。

看完麦贤得参加的一场乒乓球赛，李玉枝留下了深刻印象：虽然他的球技并不精湛，但他在比赛中敢打敢拼的勇猛劲头，努力克服身体残障的坚强意志，让她心生敬意，特别是走近一看，那双长长的剑眉刚劲有力，一双黑白分明的眼睛炯炯有神。

“不愧是钢铁战士！”李玉枝当即做出人生中最重要的一个决定：嫁给麦贤得，用全部的爱陪伴他一辈子！

本来觉得娶妻无望的麦贤得，得知有个姑娘愿意嫁给他，自己反倒犹豫起来，决定两人正式碰面后再谈婚事。

在汕头海军招待所房间里，一场特殊的相亲开始了。麦贤得坐床头，李玉枝坐床尾。端详着眼前这个温柔善良的姑娘，麦贤得越看越喜欢：椭圆形的脸庞，黑油油的长辫挂在肩膀，一双明亮的大眼睛好像会说话，小巧玲珑的嘴唇，微笑时露出洁白的石榴齿。麦贤得心里像灌了蜜，但他不知道该说些什么，像个闷葫芦似的沉默着。

李玉枝打破了沉默，问他：“身体怎么样？”

“吃药。”

“平时忙什么？”

“种菜。”

一问一答，不问不答。李玉枝明白了，麦贤得确实不善表达，她不想再为难他，他的单纯质朴，更加坚定了李玉枝爱护他、守护他的决心。

英雄的爱情，并不像人们想象中那般甜美。没有花前月下，也没有山盟海誓，他们几个月见不了一次面，只能把思念和牵挂默默埋在心底。

征求本人及双方父母同意后，组织上决定，给战斗英雄麦贤得正式举行婚礼。1972 年 6 月 1 日，李玉枝乘坐 5 个小时长途公共汽车，来到汕头海军部队。当天下午，她和麦贤得在街道办事处办好了结婚手续。当晚 8 时，一场简朴而又非常革命化的婚礼，在招待所 3 号楼 2 楼会议室准时举行。新郎穿着一身浅灰色军装，胸前戴着一朵大红花；新娘穿着一套粉红色的确良上衣和深蓝色裤子，胸前也戴着大红花。部队领导、双方亲友表达了深深的祝福后，有人嚷着要新郎新娘表演节目。

李玉枝落落大方，她略作沉思，将长辫一甩，唱了一段京剧《智取威虎山》中“共产党员”的唱段：

共产党员，

时刻听从党召唤，

专拣重担挑在肩。

明知征途有艰险，

越是艰险越向前。

…………

家有贤妻

蜜月是幸福的，然而，对于李玉枝来说，却是苦涩的。正如她在歌中唱的那样，征途的艰险渐次呈现了出来。

婚后不久，麦贤得的手术后遗症就开始表现出来。他经常心情烦躁，有时因语言表达不清，李玉枝不能很快理解，他便急得面红耳赤。一次，李玉枝外出办事回来，见麦贤得双手抱着头，闷闷不乐地坐在床沿上。李玉枝拿着苯妥英钠、氯丙嗪等药片，端着一杯温水，走到麦贤得身边，让他吃药。麦贤得把头抬起来，怒视着，嘴唇颤了颤，喝着：“李玉枝，你往哪跑？”李玉枝吓了一跳，问：“我哪儿也没跑呀，你怎么了？”麦贤得“霍”地伸出左手，“啪”的一声，一巴掌打在李玉枝的右臂上，那雪白的手臂迅速变成了乌青色。

泪水顺着脸颊滑落下来，李玉枝伏在床上失声痛哭。尽管婚前已做好各种思想准备，但没想到，才新婚第5天，她就挨了打。委屈、伤心、难过，一起袭上心头。冷静之后，李玉枝很快调整了情绪，既然选择了生活，就必须勇敢地接受挑战，绝不能半途放弃。她咬咬牙，忍住疼痛，重新拿起药，端起了水杯：“阿麦，打已打了，你还是吃药吧，吃了药病就会好。”

麦贤得知道错了，嘴唇微微颤动，两股热泪流了出来，哆嗦着手，接住玉枝递过来的药片和水杯，一仰头，咕噜一口就吞了下去。

一波未平一波又起。一天深夜，睡梦中的麦贤得突然大叫一声，随后口吐白沫，全身抽筋，大小便失禁，大口大口地喘着粗气，脸色憋得铁青。看到丈夫一米七几的身躯扭曲成一团在床上翻滚，李玉枝吓得手足无措，赶紧找来医生，给他注射了一针镇静剂。医生告诉她，这是癫痫病发作，如果救护不当，随时都有大脑缺氧，导致死亡的危险。

第一次领教癫痫病发作的症状，李玉枝既惊又恐。她知道，照顾好麦贤得，光细心体贴还不够，必须学习专业护理知识。于是，她四处请教高明医师，购买多种医书自学，并结合麦贤得实际情况，总结摸索出一套护理技巧：当老麦癫痫病发作时，她赶紧用被子垫住他的头和脚，

麦贤得和李玉枝

以防碰伤；然后，用手卡住他的人中，等他稍稍安静一点，再按摩四肢，减轻他的痛苦。为了防止自己睡得太死，老麦发病时还不知道，她找来一根绳子，每天晚上一头系在自己的手上，一头系着老麦，只要老麦稍有动静，她便一跃而起。

英雄家庭的生活，有苦也有乐。婚后第二年，李玉枝为麦贤得生下了一个男孩。他们给孩子取名叫“麦海彬”，是“海军士兵”的谐音，希望孩子与大海结缘，将来有一天，像父亲一样当上海军，成为一名光荣的海军战士。5 年后，女儿又诞生了，取名为“麦海珊”。两个孩子的到来，给这个特殊的家庭增添了无限的欢乐和希望。

婚后，细心的李玉枝发现，麦贤得一看到别人过生日就有些闷闷不乐。经过反复询问，她终于解开了这个迷。原来，麦贤得不知道自己生日的日期。

李玉枝反复琢磨，想出了一个好办法，将 8 月 6 日这天，定为麦贤得的生日。这一天，是麦贤得为党和人民立功的日子，也是党和人民给了他第二次生命的日子，把这一天定为他的生日，既有纪念意义，又可教育孩子。她把自己的想法跟麦贤得说了，麦贤得连声说好。于是，从1981年起，她每年8月6日都为麦贤得过生日。这一天，她要亲自炒上几个好菜，把附近的亲戚和麦贤得的战友都请到家中，热热闹闹地庆贺一番。

在李玉枝的精心护理下，麦贤得的癫痫病逐步得到缓解和控制，从十天半个月发作一次，到一两年发作一次。现在，已经20年没有发作，创造了医学上的一个奇迹。他的语言能力和本已偏瘫的右侧身体，也得到了较好恢复。

好军嫂李玉枝，几十年如一日无微不至地照顾伤残的麦贤得，让英雄健康快乐地生活着，她的事迹感动了亿万人民。她先后被评为“中国好人”“全国好军嫂”“战斗英雄好妻子”“全国拥军模范”“全国道德模范”等，受到了党和国家领导人的亲切接见。

麦贤得、李玉枝和老班长黄汝省回原部队作报告

麦贤得、黄汝省向军旗敬礼

红色家风

时代风雨沧桑，英雄也历经沉沉浮浮。“文化大革命”后期，由于历史原因，个别心术不正之人，图谋乘机砍倒麦贤得“这棵大树”。麦贤得为此受到不公正的待遇，残疾的身躯屡次被拉上批斗会。那段时间，麦贤得经常突发癫痫病，夜间还常做噩梦，醒来就大喊：“打敌舰，没有罪！”他的家人也为此受到牵连。

潮起潮落，冲不垮一名共产党员的信念，带不走一名战斗英雄的荣耀。在最艰难的岁月，李玉枝始终对麦贤得不离不弃，麦贤得也没有向困难低头，他经常说的几句话是：“为党、为祖国、为人民”“要学雷锋、做好事”。这些朴实的话语，成为支撑他的人生信条。

虽然重度残疾，麦贤得却坚持一边治病、一边工作。因无法带兵训练、打仗，他一直担任副职，先后任副处长、副参谋长、副司令员等职务。

尽管是副职，但麦贤得干得有滋有味、有声有色。

南海舰队某基地一名干部，就曾领教过这位副司令员的厉害。“一次，我从榆林基地休假回汕头水警区，由于高兴过头，就穿着便衣，骑着摩托车，直接往营区进。正在门岗的麦副司令员看见后，一个箭步冲上来把我拦住，未等我停稳车，就直接把我从车上逮下来，严厉地责问：‘你是什么人？为什么不下车就直接进军营？’我连忙掏出军官证递上去。在查验我的身份后，麦副司令员认真教育了我一番，在我老实认错、承诺改正后，才放我走……”

改革开放后，因为麦贤得的名字家喻户晓，不少商家都想利用英雄的“名人效应”，为自己的产品做广告，但从未得逞。“老麦一天要吃十几种药，不少药品企业都找老麦，给好处请他代言产品；一些茶商知道老麦喜欢喝茶，也找上门来，请他做广告。对此，老麦都一一回绝。”李玉枝说。

有一次，一个公司托人找到麦贤得家里，还带来摄像设备准备拍摄广告。麦贤得差点跟他们翻脸。在麦贤得看来，拿党和人民给予的荣誉去谋私利，就是给党和人民抹黑。“我的生命是党和人民给的。我必须为社会做有益的事，而绝对不能把‘战斗英雄’称号作为资本，谋求私利。”麦贤得斩钉截铁地说。

2007 年，麦贤得退休后，很多人都劝他好好休息、颐养天年，但他始终感恩党和人民给了他第二次生命，坚持不忘初心、继续奉献。喜爱书法的他，一直把自己写的“精忠报国”4 个字摆在案头，像座右铭一样时时勉励自己，而平时写得最多的则是“永做小小螺丝钉”。

麦贤得如此写，也是如此做的。他积极发挥英模激励作用，每年都主动或应邀参加军地各种公益活动，到部队、学校、企业、厂矿进行革命传统教育，与官兵、青少年深入座谈交流，描绘海战场景、讲述战斗故事，告诫年轻同志要好学上进，鼓励他们树立崇高的人生追求，实现个人价值，努力为党和国家多作贡献。麦贤得受邀担任多所大、中、小学校的校外辅导员，多次到广州番禺名智小学、汕头东厦小学、汕头外马路第三小学、汕头大学等学校对青少年进行爱国主义教育。为让自己的母校——广东省饶平县汫北镇汫北小学的学生有书读、读好书，麦贤得省吃俭用，筹资购买书柜、桌椅和各种各样的书籍，创建了汫北小学英雄图书馆。

此外，他对扶危济困等公益事业同样非常热心，每次捐款活动都积极响应、踊跃参加。那年，汕头成立残疾人联合会，准备组织募捐活动。消息见报的当天，他就带上 200 元，找到残联的工作人员，表示一定要尽早将心意表达到。1996 年，他在电视上看到汕头一家工厂发生爆炸、

麦贤得回原部队作报告

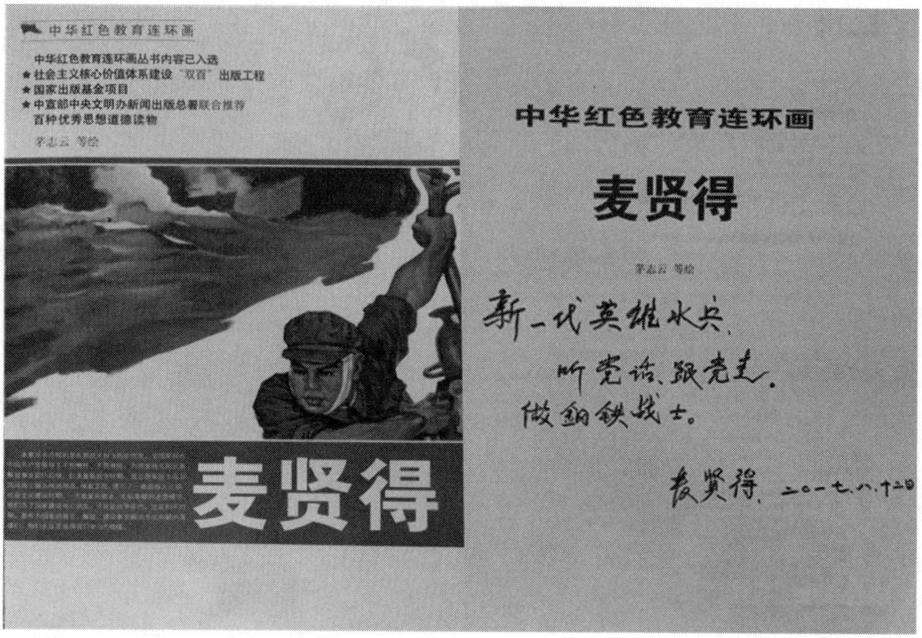

麦贤得给水兵赠言

多名打工者受伤的新闻，立即以“一名老兵”的名义匿名捐了500元。李玉枝每次被省市表彰，都有几百元不等的奖金，也被麦贤得“自作主张”捐献给了“希望工程”或残疾人事业。

近年来，麦贤得还先后参加了全军“中国梦·强军梦·我的梦”主题团日活动、海军“海空雄鹰团”命名50周年纪念大会、海军某基地“强军梦、英雄魂”主题晚会、广州市“学党史、感恩党、跟党走”主题实践活动等，在广大官兵和青少年中发挥了很好的思想引领和行为示范作用。

红色基因铸就红色家风，红色家风育出红色气质。在麦贤得的教育和熏陶下，他的一双儿女毅然扛起父亲的精神旗帜，接续走上精忠报国之路。1993年，麦贤得的儿子麦海彬、女儿麦海珊“子承父业”，同时考入海军院校，成为人民海军的一员。在儿女离家前一天的晚上，从不喝酒的麦贤得倒上满满一杯酒，给孩子们送行，他说：“现在，你们长大成人，要飞向大海了。阿爸今天要送你们三句话：第一，人际关系要处理好，尊重领导，团结同志；第二，知识面要广，努力学习，多方面发展；第三，要在心里记住党和祖国，做一颗小小螺丝钉，为人民服务！”

麦海彬从海军后勤学院毕业后，主动要求分配到一线作战舰艇。1996 年，在抗击台风时，他因表现突出荣立三等功。2006 年从部队转业后，麦海彬进入广东省质量技术监督局工作。从事执法工作的他，查处了不少大案要案，并多次被评为优秀共产党员。在谈及个人成长心得时，他说：“我在办案过程中，经常会面对一些阻力和诱惑，但家有家规、国有国法。我常告诫自己不能犯糊涂，否则，不仅会毁了父亲的一世英名，更会败坏党的形象。”

麦海珊从海军医学高等专科学校毕业后，被分配到部队某医院工作。2011 年，在执行深圳第 26 届世界大学生夏季运动会安保任务时，麦海珊吃苦耐劳、工作出色，荣立三等功。她至今还清晰地记得父亲麦贤得当初定下的两条“铁律”：谁在外面打着他的旗号办不该办的事，不让进家门；谁在外面玩歪的、搞斜的，不让进家门。

如今，当年的钢铁战士麦贤得已年过七旬，白发苍苍，可他那军人的脊梁，依然是那样刚强、挺拔……

马伟明
MA WEI MING
代表证

“科研先锋”马伟明

熊峰　陈国全

马伟明，江苏扬中人，现任海军工程大学电气工程学院电力电子技术研究所主任，中国工程院院士。他心系强军，锐意创新，长期致力于舰船电力系统领域研究，研制的舰船发供电系统、中压直流综合电力系统，实现我国舰船动力从落后到引领的跨越；带领的团队在多项技术领域与世界强国同步发展，多型装备属国际首创，并为我国锻造制胜深蓝的国之重器作出突出贡献；坚持走军民融合发展之路，建立产学研基地，成立军队首个国家能源新能源接入设备研发（实验）中心，研制的风光柴储多能源智能微网系统，一举破解偏远岛礁供电难题。他甘为人梯，培育英才，打造出一支特别能战斗、特别能创新的科研团队，先后获评国家自然科学基金委员会和军队颁发的科技创新群体奖、全军人才建设先进单位，被海军授予“创新强军马伟明模范团队”荣誉称号，获得国家科技进步奖创新团队奖、首届全国创新争先奖，荣立集体一等功2次。2017年被中央军委授予“八一勋章”。

敢于担当，勇于超越。

马伟明

祖国不会忘记那些无私奉献的人。

2017 年 7 月 28 日上午，北京八一大楼，中央军委“八一勋章”颁授现场，气氛庄重热烈。

一袭白色海军将服的马伟明教授走上领奖台，接受习近平主席亲手为他颁授的“八一勋章”。

英雄模范是民族最闪亮的星座，“八一勋章”是军人最崇高的荣誉。作为心系强军、锐意创新的科研先锋，马伟明实至名归。

2017 年 7 月 31 日，海军党委作出决定，号召广大官兵广泛开展向马伟明学习活动。

马伟明，57 岁，江苏扬中人，专业技术少将，专业技术一级，现任海军工程大学电气工程学院电力电子技术研究所主任，船舶动力与电气领域著名专家。

34 岁破格晋升教授，38 岁成为博导，41 岁当选最年轻的中国工程院院士，他创造了一个又一个亮丽的纪录。

他荣誉等身，成果丰硕。

他获国家科技进步奖一等奖 2 项、国家技术发明奖三等奖 2 项、军队科技进步奖一等奖 4 项，荣立个人一等功和二等功各 2 次，获何梁何利基金“科学与技术成就奖”、首届“十佳全国优秀科技工作者”等奖励；

他研制的舰船发供电系统、中压直流综合电力系统，实现我国舰船动力从落后到引领的跨越；

他攻克的电磁发射技术，与世界强国同步发展，多型装备属国际首创；

他牵头成立军队首个国家能源新能源接入设备研发（实验）中心，推进国家新能源技术的发展，研制的风光柴储多能源智能微网系统，一举破解偏远岛礁供电难题，成为示范工程并推广运用于南沙岛礁建设。

马伟明为学员讲解基础理论知识

在与西方发达国家的比拼中，马伟明弯道超车，后来居上，为我国锻造制胜深蓝的国之重器作出突出贡献，完成了从“跟跑者”“并行者”到“领跑者”的华丽转变，闯出了一条张扬血性的创新之路。

“祖国利益高于一切，强军使命高于云天。”获得军队最高荣誉后，马伟明饱含深情地说，“我心甘情愿做一匹驾辕拉套的马，为了国家利益和国防事业奋斗不息！”

鸿鹄之志

科研创新，就得静下心来干上二三十年，做出领先世界的成果来。如果一直跟着别人跑，只会离人家越来越远。

——马伟明

“大江奔腾欲何至，天落三岛集于此。放眼烟波千万事，太平地处太平时。”费孝通曾赋诗赞誉江苏省扬中市。1960 年，马伟明就出生在这个富饶、美丽的江中小岛。

马伟明出生时的家庭境况并不好，从事小学教育的母亲体弱多病，两三岁时又值三年自然灾害之际，吃不饱，穿不暖，打小就病病歪歪。但是，他却志向高远，从小学到初中，他的成绩一直名列前茅，对科学充满了浓厚兴趣。

为激励他刻苦求学，饱经沧桑的奶奶曾教诲他：“吃得苦中苦，方为人上人。”马伟明虽然对“人上人”之类的话似懂非懂，但他发现，读书不仅不像奶奶想象的那样是一件苦差事，反而具有极大的乐趣。在他眼里，似乎除了学习，他再难找到使自己快乐和愉悦的事。学习，成了他生活乃至生命的第一需要。

一次，同学们向他请教学习秘诀，马伟明豪情满怀地说：“纵观世界科学发展史，西方欧美国家一直领跑全世界。我们要发奋图强，为中国科技的强大而努力！”

然而，初中毕业后，父亲却强令儿子休学。其理由：一是再读两年高中也得上山下乡，不如及早学门手艺；二是母亲常年卧病在床，兄弟姐妹 5 人全靠父亲一人难以支撑。无奈，已经考上高中的马伟明拜师学起了无线电修理。

这可急坏了他的数学老师马逸云，这位普通的中学女教师，看到了马伟明过人的天分和巨大的潜质，立即登门劝说：“伟明这孩子志向大，悟性极高，培养得好很可能成大器。”马老师的耐心劝说，终于让父亲放弃了叫马伟明辍学的打算。

要感谢这位普通的中学女教师。是她慧眼识珠，使马伟明得以重返学校继续学习，为 25 年后共和国工程院升起一颗耀眼的科研新星，铺就了第一块跳板。

1978 年，我国迎来“文化大革命”结束后的第二届高考。马伟明恰逢其时，踊跃报考。从小就喜欢自由散漫、无拘无束的他，压根就没想当兵上军校。高考成绩揭晓，由于填报志愿时选择服从分配，他被海军工程学院（海军工程大学前身）电气工程系录取。既上大学又参军，可谓双喜临门，父亲的兴奋之情溢于言表，可他却心存疑虑，担心被部队严格的纪律管束。

虽然马伟明最初并不情愿来部队，但他还是渐渐适应了部队生活，并被丰富的文化课程所吸引。特别是张盖凡教授讲授的“电机过渡过程”课程，让他如痴如醉，电磁关系复杂，物理概念深邃，如此难讲难懂的课程，让老先生用简捷的数学方法和通俗易懂的解说，分析得条理分明。

一次下课前，张老先生在黑板上写了两道公式，让学员们推导，可谁都做不出来，这激起了马伟明争强好胜的心气。他花了几天工夫，算是搞出点眉目，就去向老先生报喜。

这是马伟明第一次去找老先生。马伟明推门而入。“哦，马伟明，快进来。”听到张老先生竟知道自己的名字，马伟明心里有一丝得意。其实，对“文革”后的第一批本科生，老先生早已把每个人的情况摸得一清二楚。

马伟明送上稿子，老先生来回看了两遍，点点头，又摇摇头，搞得他云里雾里。接下来，老先生对他的“杰作”进行了讲评，从推导方法到公式的应用，继而讲到“电机过渡过程”在工程研究中的作用，马伟明如同走进一个神奇的未知世界，他隐隐觉得：这应该是我今后为之奋斗的方向。

渐渐地，马伟明对科研产生了浓厚的兴趣。可本科毕业到了工作岗位后，他才发现，每天的训练和繁杂的琐事，并不能让自己潜心钻研，

2015 年 11 月，马伟明获何梁何利基金“科学与技术成就奖”

他为此苦闷了很长一段时间。

这样一好苗，张老先生不会忘记，通过书信，一直鼓励他前行。离校 3 年后，又是在老先生的积极协调下，马伟明考研回到母校。他分外珍惜这来之不易的机会，开始深入系统学习和研究专业知识，义无反顾地走进了老先生开辟的同步发电机整流供电系统这一研究领域。

著名作家柳青说：“人生道路虽然漫长，但要紧的只有几步，特别是在他年轻的时候。”对于马伟明来讲，1985年9月重返母校攻读研究生，是他最成功的一次选择；而1989年，恩师张盖凡教授通过校方将他从训练部电子技术教研室调回本系舰船电工基础教研室，则为他找到了一个最佳舞台。

“从英国科学家法拉第发现电动机的基本原理，到德国韦纳·冯·西门子几兄弟办工厂研发电机广泛推广应用，教科书上能找到的都是外国人的名字。”痴迷于电机领域前沿研究并初露锋芒的马伟明，面对我国重大装备、关键技术引进和使用过程中受制于人的被动状况，悄悄蓄势起跑、加速追赶，如同奥运会赛场上的运动员，发誓代表国家冲锋陷阵！

1993年，马伟明赴清华大学攻读电机学博士学位。北大方正创始人王选教授的一场报告，让他内心澎湃、热血沸腾：

“王选教授发明的激光照排占据了世界超过60%的市场，而我们以

马伟明（右三）带领团队攻关

前所做的科研都是小打小闹的练兵。真正做科研就该像王选教授那样，静下心来干上二三十年，做出领先世界的成果来。如果一直跟着别人跑，只会离人家越来越远。国家科技落后，不仅直不起腰，还要挨打。"

"落后不是我们的专利，总用别人的昨天装扮自己的明天是失职，是耻辱，必须知后而奋起，矢志而不移。"马伟明感到，"只有奋起直追，弯道超越，才是正道。要干大事业，自己得有大本事；想干成大事业，必须有厚基础、大视野、高起点，谋划好长远发展的路径"。

马伟明踌躇满志："作为一名军队教育科技工作者，要有对国家利益、民族尊严的血性担当，不能只做个人、集体的小梦，要做强国强军的大梦。"

梦想在心胸中偾张。

马伟明（右）和恩师张盖凡教授一同研讨学术问题

几年的“充电”，几多的收获。马伟明一举获得了清华大学“优秀博士”“优秀博士论文”和“课题工程实践奖”3 项大奖，成为同时获得 3 项大奖的优秀博士毕业生。

学成归来，马伟明决心拓展恩师从事了一辈子的研究领域，加强具有前瞻性而又具有挑战性的科技新高地——电力电子技术、电磁兼容研究，推进电气工程领域发展。

心里有了方向，马伟明却犯了难：“如何向恩师开口啊！自己目前的成果，无一不是在他的悉心指导下取得的。学习归来，去开辟新的领域，无疑是研究方向上的转向。老先生会不会认为，你马伟明翅膀硬了，要另起炉灶了……”

思量再三，马伟明硬着头皮，跟老先生说了自己的想法。谁知张盖凡一听，不但没有生气，反而连声说：“好啊！好啊！”

一连几个“好啊”，让马伟明心中的石头落了地。更让他没想到的是，老先生集中精力关注马伟明选定的新研究领域，还经常主动帮助他缕清攻关思路。

开弓没有回头箭。得到恩师的支持和指点，从此，马伟明围绕国防装备建设开启的攻坚创新之路，风雨兼程，高歌猛进。

初战告捷

核心技术是买不来的，唯有真正掌握核心技术，才能在世界占有一席之地。

——马伟明

马伟明刚踏进科研领地，没有鲜花和掌声。

20世纪90年代初，海军有关部门给了3.5万元，同意他们从事多相发电机整流系统运行稳定性研究，实际上谁也没有指望他们搞出什么名堂。

其时，我国刚刚与全球著名的某跨国公司谈判引进多相发电机系统，装备新型潜艇。这个系统的运行稳定性的强弱，直接关系到型号研制的成败。

此前，张盖凡教授带着几名年轻教员经过4年攻关，已取得了前期成果。但他深知自己年事已高，直接选定马伟明当了课题组组长，自己则退居二线，做起了顾问。

在马伟明的领衔下，多相发电机整流系统运行稳定性研究就这样展开了，他很快发现了致命的低频振荡问题。

低频振荡问题引起了中方高层重视。张盖凡教授作为高级专家迅速参与对该公司的谈判。

金秋时节。北京。中方与该公司的谈判正紧张地进行。中方出席者达十多人，而该公司仅派来了两名商务经理。此轮谈判主要内容之一，就是要求该公司迅速拿出消除低频振荡的技术对策。然而，在张盖凡教授有理有据地指出低频振荡可能带来的颠覆性后果时，该公司的两名商务经理却连正眼也不瞧一下老先生，十分傲慢地跷着二郎腿，旁若无人，谈笑风生。

主持谈判的中方总工程师问翻译：“他们在议论什么？”

“他俩在商量双休日是否去八达岭长城游览。”翻译小声回答。

“经理先生！”总工程师向张盖凡做了一个暂停发言的手势后，对两名老外正色道：“请注意，现在是我们的一位资深教授在跟你们谈话！”

“哦，教授？”其中一位老外扬扬自得地说：“您要知道，我们公司是世界上生产多相电机最权威的厂家，我可以负责任地告诉教授先生，我们的产品是国际一流专家教授参与研制的，设计绝不会有问题。”

“我有必要提醒经理先生，”张盖凡也不谦虚了：“低频功率振荡，是多相电机整流系统固有的一种物理现象。据我所知，贵公司并未就振荡机理进行深入研究，更没采取任何抑制措施！”

“尊敬的教授，”对方不无嘲讽地反驳道：“我们公司的同类产品，已出口许多西方发达国家使用，从未发生过什么‘振荡’现象。教授先生并没有使用过我们的设备，怎么能凭空断定我们的设计有问题呢？”

“我们有完整而详细的试验数据！”张盖凡斩钉截铁地说：“这些数据，就是根据贵方将为我方制造的设备模拟仿真的结果！”

作为商务经理，该公司的这两位并不懂得什么“低频振荡”“高频振荡”，但他们从骨子里就瞧不起眼前的这些中国人。谈判不欢而散，但一场好戏才刚刚开头。

马伟明在介绍科研成果

又是一度金秋。马伟明作为专家组成员，前往欧洲，验收该公司为我国生产的首套多相整流发电机系统设备。

这一年，马伟明已带领团队进行了更为深入的研究，为了找到该公司设计上的病根，他们甚至对其出口西方各国的不同功率的系统也进行了逐一研究。结果发现，该公司出口西方各国的几种不同功率的系统，确实不存在“振荡”问题。由于我国提出的系统功率与该公司此前生产的系统不同，他们依葫芦画瓢，不料却打开了“振荡”的潘多拉魔盒。

这是一个重大发现。马伟明据此立即建议有关部门同该公司交涉，在设备验收时增加一个必检项目：稳定性试验。

该公司不明就里，痛快地满足了中方要求。然而，就在中方专家组出发前夕，该公司却发来传真，要求取消原设计中的一个部件——均衡电抗器。

马伟明闻讯，连夜进行模拟试验，发现拆除这个部件后，对消除振荡，提高运行稳定性具有一定作用，但对系统的其他性能略有损害。

马伟明心中明镜似的：这家跨国公司遇到麻烦了。

这是马伟明第一次走出国门。来到这家公司，在那套刚刚运下生产线的多相整流发电机系统装置旁，他一眼就发现了被拆除的均衡电抗器。

马伟明当场发难：“我敢打赌，装上这个小玩意儿，整套系统在工作电压范围内将遭遇振荡！”

接下来的验收，马伟明一会儿要求做这个试验，一会儿要求做那个试验，尽往系统的软肋和穴位上捅刀子，着实让这家公司的专家们出了几身冷汗。每个试验前后，他们总是不停地东改改，西调调。马伟明很清楚，他们所做的一切都是围绕一个目标：千方百计锁住“振荡”这只并不驯服的大老虎。

不过，令这家公司总裁庆幸的是，在马伟明的不断提示之下，他们终于将难以消除的振荡现象，拦在了正常工作电压范围的篱笆之外。

经此一战，这家公司对张盖凡、马伟明师生二人肃然起敬。

"没有稳定装置，振荡就会像一柄达摩克利斯之剑，高悬在我们的头顶，永无宁日！"马伟明信心十足："既然有振荡，我们就可以将信号引出来，做负反馈抑制振荡，这就好比是以子之矛，攻子之盾。"

于是，马伟明带领课题组完成了多项发电机整流系统"稳定装置"的研究，获得了他科研道路上的第一个发明专利。

正当马伟明在独立电力领域乘势而起、高奏凯歌之际，从欧洲传来消息：这家跨国公司为中国生产的第二套多相整流发电机装置在工作电压范围内遭遇振荡。这无异于宣告，这家公司花费巨资生产的产品等于一堆废铁！

而此刻，马伟明就在这家公司总部！

也许是这个民族与生俱来的自信作祟，在中方专家组前往验收装备之前，他们根本没有吸取教训，先期做一下振荡试验。当难以抑制的"低频振荡"像幽灵一般大发淫威时，这家公司从上到下方寸大乱。他们临时抱佛脚，紧急约请他们国内的著名专家会诊，夜以继日地折腾了好几天，一无所获。

山穷水尽，束手无策。他们不得不低下了高傲的头。

这家公司俯首称臣了。一夜之间，专家组的待遇全变了样。住宿搬进了高级宾馆，出行有高级轿车，吃饭也不用自掏腰包了，宴请不断，从电机公司老板直到公司总裁，人人都对来自中国的年轻教授马伟明博士表现出无以复加的尊重和敬畏。

谈判在看似轻松友好的气氛中开始了。

"我的导师早就提醒贵公司注意'低频振荡'问题，我本人随后到此验收第一套系统时，也发现并敦请贵公司切实研究解决'低频振荡'

问题。但令我感到吃惊和遗憾的是，六七年过去了，作为一家世界著名的跨国企业，贵公司对这个问题的研究竟然毫无进展。”马伟明口若悬河，气势如虹。

这家公司的首席谈判代表此刻已无心顾及面子问题，他更焦虑的是公司的利益。如果不能解决设备存在的“低频振荡”隐患，一旦中方要求退货并索赔，损失的将不只是几百万、几千万美元，而是作为一家享誉全球的电力电子设备公司的信誉。

“马博士，在您看来，我们的设计问题出在哪里？”该公司首席谈判代表绵里藏针，反守为攻。如果中国人也破解不了这个难题，那么就有讨价还价的余地。

马伟明一语破的：“关键性的两个参数不对，比值选择失当。”

“应当如何修正这个问题，可以请教您吗？”该公司的高级专家态度十分谦恭。

马伟明淡淡一笑：“中国有句古话，叫作‘以毒攻毒’，我想可以利用振荡信息来消除振荡。”

“如此说来，您已经掌握了解决振荡问题的技术？”

“是的。”言毕，马伟明随手在一张便笺上写下两道公式，十分大度地交给了对方。

在外人看来，这无疑是马伟明的一着失招。如此重要的国际谈判，怎能轻率地将自己的护身法宝拱手送给对手呢？其实，这是谈判前马伟明的既定对策。当国内决策部门作出“由马伟明协助该公司现场解决问题，以确保我方整体工程进度”的决定后，马伟明便知道该如何行动了。

这家公司拿到马伟明写出的两道公式，如获至宝，连夜展开会战。第二天早晨，该公司的首席谈判代表便意味深长地告诉马伟明：“马博士的方法与我们的思路是一致的。”

果然不出所料，这家公司想过河拆桥！马伟明不动声色，狡黠地笑笑：“那我们之间就没有必要再谈判了。”

谈判中止不到两天，这家公司的会战中途搁浅了。这时，他们才领教了马伟明的厉害：他给你指出了解决问题的路径，却并没有把他的核心技术告诉你。这就好比他给了你一个处方，只开出了哪几味药，却没标注每味药的剂量。

这家公司首席专家再度恳请马伟明指点迷津，马伟明态度十分坚决：“事关我国的知识产权和我的发明专利权，没经正式谈判，我无权向贵公司继续提供帮助。”

中国已有解决该顽症的发明专利？这家公司的技术人员很快就从英国出版的世界专利索引权威刊物上，得到了证实。在“带整流负载的多相同步电机稳定装置”的发明专利条目下，明确无误地标注着：“中华人民共和国，海军工程大学。”马伟明作为第一发明人，大名赫然纸上。

“如果您能够以您的发明专利帮助我们解决振荡问题，我们愿意向您本人支付相当于贵国人民币 100 万元的现金作为酬劳。”这家公司的首席专家想与马伟明进行“私下交易”。

100 万元，对于一个中国知识分子来说，是一个不小的数字。但它却未能撼动马伟明：“专利技术转让是有价的，但到底多少钱，则不是我关心的事。因为作为一项职务发明，它不仅仅属于我个人，更属于我的国家。”

事已至此，这家公司别无选择，只有老老实实购买中国的发明专利使用权，并请马伟明博士指导改进。

真是造化弄人——8 年前，中国曾与这家公司谈判引进其专利技术和生产线，遭到断然拒绝：“只卖产品，不卖专利。”今天，该公司不得不反过来购买中国人的专利技术。

马伟明代表中方与这家公司签署了专利技术转让备忘录：其专利技术只转让使用一次，即只能用于解决此次验收的整流发电机系统的低频振荡问题。至于后续引进设备，这家公司必须改进设计，以根治系统本身的原发性低频振荡。如果这家公司在技术上存在困难，中方可以视情况给予指导与帮助，但不承担任何法律和经济责任。

马伟明没有谈钱的事。事后，这家公司履行诺言，与中方在武汉达成协议，为此一次性的专利技术使用支付了 250 万元人民币。

对于这家跨国公司而言，这是个小数，不足挂齿。真正令他们不爽的是，不久之后，那套在公司内部都被视为核心机密的多相整流发电机系统的设计图纸，不得不接受中国人的审查——如果垄断世界多相发电机市场的这家公司还想在国际上占有一席之地的话。

就在这家公司为中方制造的第二套电机系统发生振荡的前后，国内研制的两台多相整流发电机系统样机，也同样遭遇“振荡”的劫难。

数千万投资的生产线静静地躺在高大的厂房里睡大觉。“多相整流发电机系统必须国产化，否则，中国永远只能拴在别人的裤腰带上过日子！”马伟明不死心，多方奔走呼号，然而，有关投资方再也不敢冒险追加投资。

“如果你马教授愿意挑头干这个活，我们支持你。”有关高层决策部门的负责人终于松了口，“但你必须承诺 100% 的成功”。

“科学必然与风险相伴，谁也不能担保 100% 的成功。”

“失败的苦酒尝够了，现在我需要的是成功！只要你说有 100% 的把握，你要多少钱我给多少钱。”

“既然如此，我作出承诺！”马伟明咬紧牙关揭了榜。

现在该轮到他漫天要价了。但他报出的数字却令所有人肃然起敬：150 万元。这就是说，他承诺的成功率是 100%，所要经费只是原投资的 10%！

设计，试验，修改；再设计，再试验，再修改。在熬过了不知多少个不眠之夜后，马伟明终于完成了小型模拟电机的设计与试验。接下来，就是将小型模拟机按比例放大为装备样机进行试验，一旦成功，即可正式投产。

这是整个研制过程中最具风险的一步。天堂之门与地狱之门并排而立，就看你先迈哪只脚。

1999 年金秋十月，马伟明主持研制的多相整流发电机系统，通过国家级鉴定，各项性能指标全部优于外国公司的同类设备。

这是一个喜庆的盛会。来自国家机关、上级机关和全国电工电子界的近 200 名部长、将军、院士、教授和高工济济一堂，共同庆贺这一具有国际领先水平的高科技成果的诞生。这一系列成果获得国家科技进步一等奖。

整整 10 年啊！马伟明终于在世纪之交千年更替的时刻，为中国的多相整流发电机系统画上了一个圆满的句号。

这一晚，他破天荒地没有失眠。

再度交锋

核心技术必须中国制造，否则，我们永远只能拴在别人的裤腰带上过日子。

——马伟明

马伟明展开创新思维的翅膀，自由翱翔于科学王国，如天马行空，纵横驰骋！

20 世纪 90 年代末，我国引进的某大型装备的发电机系统发生重大故障。马伟明指派刘德志教授参与事故鉴定。结论很快就出来了，故障的直接原因，是发电机端部设计不合理，制造质量也不合格。

马伟明预见到，一场国际官司在所难免:“这是‘通天’的涉外事件，我们必须从理论和实践两方面，找出足够的证据来。”

他组织人员按 1∶1 的比例做出原设备关键设计模型，夜以继日展开了一系列试验研究。正应验了老祖宗的一句警语 :“凡事预则立。”就在马伟明的故障论证研究接近尾声时，从北京传来指令 : 以马伟明为首席专家，参与中方代表团与某国代表团的谈判事宜。

某国派出的谈判代表团是高规格的，10 个人中，8 个是具有总设计师、总工程师头衔的资深电机专家。他们一到故障现场，不问青红皂白，便断定是中方使用单位违反操作规程，高傲得近乎蛮横!

马伟明逐条予以反驳，针对某国首席专家的矢口否认，马伟明镇定自若 :“那么，请您提供装备的结构设计图，我们一起来分析。”

某国总工程师从皮包里掏出一张图纸放在了其首席专家面前。刘德志为证实其试验结论，走过去看了看，抄下两组数据。

某国首席专家马上折起图纸，不无嘲讽地挖苦道 :“哈哈，今天可让你们学到了不少东西。”

马伟明不愠不火，变戏法似的从身旁拿起一张大挂图，在谈判桌上铺展开来，面带微笑:“先生，我们这张图比你们的至少要大 10 倍。请问，与你们的设计有何差异吗？”

这是马伟明在学校做研究时，吩咐一名青年教员画出的一张某国发电机绕组设计图。直到此刻，刘德志才明白了马伟明的良苦用心。

某国的专家全部站了起来，围着图纸认真观看。令他们目瞪口呆的是，这张图纸与他们的设计图毫无二致!

马伟明站起身来，用手指着图纸的一角：“请问，你们的端部设计经过力学计算吗？”

某国首席专家肯定地回答：“计算过。”

“那么，请把你们的计算结果拿出来。”马伟明要求道。

“不，不，这个计算结果不能告诉你们。”某国首席专家故弄玄虚，再次以教训的口吻戏谑道：“这属于另一个技术合同范畴，没有按协议拿到报酬之前，我们是不会公开计算结果的。”

马伟明已是怒火中烧，但他还是忍住了：“你们算没算无关紧要。我们计算的结果是，你们的发电机端部受力过大，而设计强度又不够，一旦电流过大，就可能造成短路并导致烧毁电机。”

某国首席专家的脸涨红了。突然，他将手臂一挥：“马博士，既然你已找出故障原因，还要我们来干什么？顺便说一句，你的理论太离奇了，对不起，我们听不懂！”言罢，便准备拂袖而去。

一股热血直冲马伟明的头顶。他直视对方，一字一板地将满腔的愤怒送出嘴唇：“先生，我们是在讨论科学。你不懂，我可以教你！”

翻译望着马伟明久久不敢开口。

“照直译！”马伟明厉声喝道：“再加一句：我分文不收，免费教！”

“你不懂，我可以教你！”欣闻此言，马伟明的恩师张盖凡老先生热血沸腾，激情难抑：“当年我们和外国专家打交道，不知看了多少白眼，受了多少窝囊气。那时，我们技不如人，受制于人，为了学点东西，只能忍气吞声。现在，我的学生敢对外国权威专家说‘你不懂，我教你’，这是一个划时代的变化，说明中国新一代科技人才已经在世界高科技舞台上挺起腰杆！”

两次与军事强国专家正面交锋，从对中方实行技术封锁到向中方购买专利，从对中方科研人员傲慢无礼到弄不懂中方技术理论，这让马伟明深切地感到，祖国强大了，我们完全有能力赶超世界先进水平！

赶超世界

如果我现在不拼命，国家选我这个年轻的院士又有什么意义！

——马伟明

科学的春天里，疾步如飞的马伟明跟随蒸蒸日上的祖国，一起追赶着世界。

2001 年，41 岁的马伟明当选中国工程院最年轻的院士，可谓功成名就。许多人劝他该放松一点了，不能再这样拼命，他却说：“我们这代科研工作者赶上了国家科技创新的好时机。只要稍微歇口气，别人就会跑到我们前面去。必须抓住机遇，再拼个二三十年，出一批世界先进水平的研究成果，培养一批在国内外有影响的学科带头人。如果我现在不拼命，国家选我这个年轻的院士又有什么意义！”

马伟明要求他的团队选择每一个科研课题，都要做到“顶天立地”。“顶天”就是站在国际科技最前沿，选择关系国防装备发展重大需求的研究方向；“立地”就是结合实际装备需求，让研究成果迅速转化为生产力和战斗力。这些年，为了打通从创新到创造的“最后一公里”，马伟明带领团队把研究工作延伸到工厂车间，坚持走产学研一体的道路，每个研究人员都是多岗位“一肩挑”，很大程度上弥补了我国高端工业制造能力的短板，使科研成果和实际装备逐步比肩世界一流。

2002 年，新华社播发一条消息：“中国教授马伟明研制出世界上首台能同时发交流和直流两种电的双绕组发电机。”

国际电机界震惊了！

动力系统被称作舰船“心脏”，直接影响潜艇的生命力。过去，人民海军的潜艇电机设备大多靠进口，严重制约战斗力生成。“核心技术必须国产化。否则，我们永远只能拴在别人的裤腰带上过日子。”马伟明深知，潜艇要装上“中国心”，必须靠中国人自己。

由于潜艇空间狭小、承载重量受限，为它提供体积小、重量轻、容量大、效率高的交直流电源，国际上一直没有理想的解决方法。20世纪90年代，马伟明率先提出用一台电机同时发出交流、直流两种电的设想时，电机界一下炸锅了，普遍认为，这是天方夜谭。

“搞技术创新，就是要人无我有。”马伟明志在千里，看准的方向，百折不挠。通过充分论证，他创造性地设计出电力集成的技术方案。经过8年刻苦攻关，研制出世界上首套交直流双绕组发电机系统，并正式装备部队。从此，中国潜艇真正拥有了中国人研发制造、具有自主知识产权的“中国心”！

受此鼓舞，马伟明带领团队马不停蹄，再接再厉，集中力量向下一代集成化发电系统的研制发起全面冲击。

这一项目，面临着七大风险。

设计图纸出来了。可转子焊接这块，他们花了整整一年时间，找遍全国，就是没人敢接手。

最后，他们找到西安一位60多岁的老专家。此人功夫十分了得，凭着一手焊接的高超技艺，曾获全国五一劳动奖章。圈内的人说：“如果他不行，这个世界上就没人行。”

签了248万元的合同，人家说两个月后焊好。

但让人心痛的是，两个月后，那位老专家愧疚地流着眼泪说：“马院士，我对不起你啊，焊接失败了。”

找了那么多专家，花费了那么多时间和经费，最终还是失败了，这让人很失望，就连马伟明创新团队内部也有很多人失去信心了。

"放弃吧！"有人好心劝慰道："如果不难，说不定国外早就做出来了！"

"科研攻关，碰到难题就放弃，这和军人一上战场就缴械投降有什么两样？"马伟明却十分有信心："大家再总结总结，看看哪一块，哪一个工艺，哪一个配方弄得还有什么问题。再好好琢磨琢磨，我相信一定能焊好！不要老想到退缩，要想到我们今天多一分努力，多攻一个难关，将来战场就多一分胜算！"

试验，失败，修改；再试验，再失败，再修改。在外界的重重质疑和反对声中，他们愣是把需要的转子做出来了。

敢于迎难而上，让马伟明创新团队处处无所畏惧。多项关键技术被突破，3 兆瓦级高速感应发电机系统也很快先于美国研制成功。

多相整流发电机系统、交直流双绕组发电机系统、高速感应发电机系统，这三代集成化程度不断提高的舰船发供电系统，全面装备我国现役和在造的新型舰船，大幅度提升了战术、技术性能，实现了从集成创新到自主原始创新的重大跨越，牢牢确立了我国在舰船发供电系统领域国际领先的地位。

舰船综合电力系统，被称为 21 世纪舰船动力推进方式的"第三次革命"。

该系统将传统舰船相互独立的动力和电力系统合二为一，为高能武器上舰提供平台，是舰船动力的一次技术突破。

2003 年，马伟明领衔组建我国第一个舰船综合电力技术国防科技重点实验室时，就把目光瞄准这一重大核心技术。

当时，国外的技术路线是中压交流。经过反复研判，马伟明提出了中压直流技术路线，先后 3 次召集国家顶尖专家研讨，得到的几乎是一片否定声：“英美和西方发达国家都没有选择这条路线。凭我国现有的条件，这条路肯定是走不通的。”

“要做就做最前沿的！为什么非要等外国人做成了，我们才开始跟着做？”面对质疑，马伟明经过深入分析，毅然决定继续坚持往前走。

创新路上，难题总是接踵而来。某兆瓦的推进电机，是综合电力系统的重要组成部分。2006 年开始研制时，因为资金短缺，马伟明创新团队一度无米下锅。而搞不定这型设备，综合电力技术的研发就要搁浅。合作单位湘潭电机厂得知后雪中送炭：“你们先干。所有的试验、制造费用，我们出！”马伟明深受感动，只能用最先进的技术及时帮助湘电解决制造生产中的难题算作回报，通过军民融合的方式，共铸国之重器。

只要是对国家和军队有利的事，有条件要干，没有条件创造条件也要干。10 年攻关，10 年艰辛。不服输的马伟明，硬是把这一世界公认的核心重大技术难题成功解决了。世界同行这才反应过来，明确宣布：转向，搞中压直流系统。这时，马伟明已经在这个方向取得了一系列突破性成果，实现了我国舰船动力的跨越发展，使我国全电化舰船技术一举达到世界领先水平。

大国海军，砺剑深蓝。

强军路上，马伟明的创新生涯与中国海军走向深蓝，交织重叠。

那一年，某国防重大工程正式启动，这是几代中国人的期盼。

“我是军队院士，铸造这样的国之重器，我们必须做点什么！”马伟明时刻准备为国出征。经过慎重考虑，他把目标瞄准了一项国际科技领域的尖端技术——电磁发射技术，同样又引发了一轮质疑风波：“一个世界级科技大国历时 20 多年都没有取得成功的科研项目，你要强攻硬上，是不是疯了？”有人劝他。

“搞科研就得担风险。国防建设急需，天大的风险也要干！”马伟明认准的事，决不回头。在横挂着"祖国利益高于一切"大幅标语的实验室里，在远离鲜花、掌声、聚光灯的寂寞中，马伟明带领团队凭着惊人的血性和韧劲，利用在电气工程领域装备研制方面的长期技术积累，充分发挥各种后发优势，奋力向前推进。

某直线电机研制中，因为电机绕组灌胶工艺一直达不到要求，马伟明创新团队成员几乎跑遍全国最好的电机制造厂家，就是没人敢接。后来，他们找到搞绝缘封装的权威科研专家，但还是失败了。时间紧迫，马伟明带着许金博士不得不亲自动手，经过近半年时间攻关，硬是攻克了这一难关，并随即形成了描述数百道工序的工艺文件，保证了后期制造的顺利完成。

43 项关键技术，项项都如高山，需要一座一座征服；个个都是难题，需要一个一个面对。砥砺 8 年，终成正果。8 年之后，包括 40 位两院院士在内的 100 多位专家来参加科技成果鉴定会。面对马伟明的创新壮举，所有人都为之震撼。白发苍苍的老专家激动得泣不成声，认为这项重大关键技术的突破，"其意义甚至不亚于'两弹一星'和载人航天"。

"我们'5+2''白加黑'，从来没有休息日，甚至连春节都不休息，一年抵别人 3 年。这样算下来，我们也花费了大约 20 年时间。"面对各种赞叹，马伟明非常淡定。

天道酬勤。攻克了这项重大技术的基础理论难关，如同打通了"任督二脉"。近几年，马伟明带领团队在电磁发射技术领域取得全面突破，创新成果再次集群式迸发，多型装备和技术属国际首创，全面推进我国传统武器装备向电气化变革。

风力发电是把风的动能转为电能，由于清洁、环保、可再生，备受世界各国青睐，国内发展也乘势而上、方兴未艾。

风力发电的核心部件包括发电机组和变流器。10 年前，我国虽能自主生产2兆瓦级永磁直驱发电机组，但与机组配套的并网变流器全部依赖进口。相关设备由欧、美、日的几家大公司垄断，不仅价格高昂，而且进口条件十分苛刻。

“变流器技术，船舶高速发电机上有现成的！”马伟明介绍，风力发电由于风速时大时小，发出来的电不稳定，并网前需要借助变流器转变成频率、电压稳定的电，才能挂网运行。“这一原理和船舶螺旋桨调速控制类似，运用现有船用高速发电机上的技术，改造起来不难。”

“外国能做的，我们必须做得更优！”马伟明决心打破国外垄断。经过近一年的攻关，国产2兆瓦级永磁直驱风力发电变流器样机顺利出厂。经过运行试验，样机通过中国电力科学研究院的电能质量测试，多项指标优于国外同类产品。消息传开，欧洲一家公司副总裁特地带技术人员到现场，了解中国产品。

当得知技术完全不同，并且“中国造”变流器性能更佳后，该公司次月起将出口中国的变流器大幅降价，从原来每台230万元人民币降至165万元，后来价格又一路断崖式下降。当年，我国就节约采购经费约10亿元。

掌握了核心技术就有了话语权。国家能源局看到马伟明团队的技术成果对新能源行业具有重大作用，支持他们成立国家能源新能源接入设备研发（实验）中心，成为首个落户军队的国家级新能源研发基地。

在推动新能源技术产业化发展的同时，马伟明创新团队在国内首次研制成功的海岛风能、太阳能等多能源智能微网系统，一举破解偏远岛礁供电难题，成为示范工程并推广运用于南沙岛礁，助力国家战略支点建设。

在科研创新中，马伟明凭着舍我其谁的血性胆气，不断超越自我、超越前人、超越对手，体现出当代革命军人献身使命的骨气和锐气。

一件件国之重器横空出世，一个个不可能变成可能。人们惊叹于马伟明及其团队取得一项项原创性重大成果，每一项都符合“顶天立地”标准：无论是具有颠覆性的电磁发射技术，还是领先世界的舰船综合电力系统，或是集成度不断提高的新型发供电系统、新能源发电技术，每个课题都是行业的制高点，有的甚至是世界尖端技术。而且，他们的关键技术研究成果最终全部应用或转化为装备，从未由于遇到技术难题或者短期无法应用而放弃最初选择的研究目标。

同时人们也在追问，别人做不到，他为什么能做到?

“马伟明，不一样！”很多走近马伟明的人都发出同样的感慨：不一样的传奇经历，不一样的智慧胆识，不一样的酸甜苦辣和喜怒忧愁。

国内外媒体对他“不一样”的各种介绍很多，如何用最简洁的文字诠释不一样的马伟明，一直跟踪见证马伟明一路走过来的海军工程大学政治部原副主任陈永林与众不同的概括，似乎还比较准确：不一样的马伟明具有“非凡的眼力，果敢的魄力，坚韧的毅力。这是一个领军人物的品质特征，也是马伟明的完美实践”。

马伟明非凡的眼力，体现在运用科学顶用的先进理念，洞察前沿发展走势，紧盯部队发展需求，选准长远创新研究方向。

他在国际上率先提出“电力集成”的技术思想，把许多人认为非常传统、没什么搞头的电机盘活了，带动了该研究领域的发展；他针对电力电子设备在系统中广泛运用的发展趋势，在国内率先将“舰船电力系统电磁兼容”作为新的学科研究方向；他面对我国综合电力技术落后西方强国整整一代的局面，选择弯道超越，在国际上率先提出综合电力系统应用直流电制的技术路线……

马伟明果敢的魄力，来自科学的决策思维，系统的大局意识和从容干练的作风。

他善于把具体事放到全局上考虑，对全局有利的事，对长远发展有利的事，即使稍纵即逝，也从不错失下手的机会；他敢干但从不蛮干，遇到重大技术问题，他总是盯在现场，掌握第一手资料，把决策建立在对事物科学分析的基础上；他对困难和问题有自己独到的见解，坚信没有解决不了的技术问题，难度越大，越有创新价值。

马伟明坚韧的毅力，源于他对国家和军队事业的执着追求，从不言败的意志品质。

每当率先提出新的研究方向难以得到认可的时候，他总是以超常的付出坚持一步一步往前走；每当部队装备急需的重大项目研制遭遇各种阻力的时候，他从未轻言放弃，一如既往做好自己的研制工作；每当重大项目一时得不到经费支持而面临停工的时候，他一定会主动作为，“借米下锅”。

这就是不一样的马伟明，一名对国家、对民族、对国防科技事业勇于担当的共产党员，一名敢于向最尖端技术挑战、向科研高地进取的战略科学家，一名为了国防装备事业冲锋不息、战斗不止的中国军人。

倾心育人

年轻人脱颖而出，是团队最大的成就！

——马伟明

2015 年 11 月 4 日，马伟明荣获何梁何利基金“科学与技术成就奖”，成为海军首位获此殊荣的科学家。

走下领奖台，他提出该奖项的获得是创新团队共同努力的成果，是秉承团队引路人张盖凡教授团结奋斗、献身国防事业精神的成果。

他作出一个决定，捐出百万港币的奖金，以此为基础设立“盖凡奖学金”，用于奖励资助品学兼优且家庭经济困难的学员，以激励他们克服困难、勤奋学习、努力进取。

无论马伟明是读本科、考研还是科研道路上，恩师张盖凡教授甘居幕后为他“铺路”，影响了他的一生。

2001年岁末，在海军为新科院士马伟明举行的庆功大会上，马伟明接过鲜花，转身献给了坐在主席台上的张盖凡老先生。

春蚕到死丝方尽，蜡炬成灰泪始干。2003年6月7日，76岁的张老先生正在办公室指导两名硕士研究生时，突然昏迷，因脑出血，殉职在他钟爱的工作岗位上。

噩耗传来，马伟明痛心不已。半年多的日子里，不论谁当着他的面提及老先生，马伟明都会失声痛哭。此后每逢春节、清明和老先生的忌日，他都要去墓地祭拜。2017年7月，在接受中央电视台记者采访时，回想往事，他又一次潸然泪下。

张盖凡不仅给马伟明树立了做人和治学的典范，更成为他心中一面永不倒下的旗帜。在马伟明领衔的电力电子技术研究所实验大楼前的草坪上，矗立着张盖凡的铜像，这是马伟明筹资铸塑的。这尊铜像，寄托着马伟明对先驱、对恩师、对师范、对传统的尊重与怀念，以鞭策自己，激励后人。

“人才是创新的核心要素。”马伟明秉承恩师信念，把培养人才作为终生追求。他认为，培养一流人才必须有一流的机遇，而这种机遇是等不来的，要靠自己去创造。这就要紧盯强军目标，抓住海军大发展的历史机遇，选准主攻方向和突破口进行攻关，让年轻人在重大课题攻关中得到锻炼、施展才华。

马伟明常说：“年轻人脱颖而出，是团队最大的成就！”

马伟明最想做的，就是做恩师那样的铺路石，带出一批批年轻人，在国际舞台上，站得住脚，有话语权，让中国的脊梁挺起来！

出思想、出课题、出经费，马伟明创造机会让年轻人施展才华，特别是在培养领军人才中，他提出给 3 次机会，用 7 到 10 年的时间精心培养的教育方式。

2002 年，马伟明创新团队承担国家重点课题——某新型高速电机，项目经费 2780 万元。这是当年最大的“十五”重点项目，也是当时世界上最尖端的电机课题。

依托一流的课题，造就一流的人才。马伟明力排众议，破格让在读硕士研究生王东担任主设计师。

很多人深感诧异和担心，因为当时王东仅 23 岁。

马伟明开始有意识地给王东压担子。当年 5 月，项目可行性论证会在武汉召开，前来参加会议的有 100 多人，大多是国内一流的专家，其中 3 位还是工程院院士。

马伟明特地安排王东向与会专家作主报告。那天，满脸稚气的王东，肩扛中尉军衔走上台时，台下专家们还误以为他是帮着整理课件的学生，刘德志教授不得不出面解释：“这是马院士的学生，今天给大家作主报告。这小伙子基础不错，我们想锻炼他，请各位多指点……”

当时大家既吃惊又怀疑：“学生！学生能担任主设计师？”

但王东的报告却作得无可挑剔，明显事先经过高人的“打磨”。

经过近 10 年奋斗，王东成功解决了这项技术难题。他以某重大项目为背景撰写的博士毕业论文，顺利通过“全国优秀博士学位论文”评审，成为全国博士瞩目的“百优”得主。如今，他已成为团队集成化发电方向的首席专家、全军高层次科技创新人才工程学科领军人才。

在马伟明创新团队里，每个人的岗位职责明明白白，想干什么可以自报公议。没有论资排辈，有为就有位，能唱就有台。马伟明不断压担子、加压力，创造一流机会，用一流的重大科研课题历练人才。在研究所，多则上亿，少则千万，每个人都有自己负责的课题。

2005年，硕士生鲁军勇进入马伟明团队并被委以重任——担任某重大科研项目课题组负责人，负责经费达数千万元的科研项目。经过艰难攻关，这项研究取得圆满成功。

在另一项重大技术攻关的关键时刻，鲁军勇带领的课题组在试验遭遇挫折。身在外地的马伟明鼓励鲁军勇重燃斗志，并每天分3个时间段，与鲁军勇热线联系，帮着一起分析原因，直到试验成功。

王东、鲁军勇的故事并非特例。30岁的某储能装备课题负责人欧阳斌博士、40岁的电力电子方向首席教授肖飞……马伟明创新团队里，这样的名字可以列出长长一串。在海军工程大学电气工程学院电力电子技术研究所，每个人都有自己负责的课题。已毕业或正在培养的每个博士、硕士的论文题目，都与重大课题相关联，每一篇都有原始创新点，每一篇都具有唯一性。

在不少科研院所，依然存在以学缘关系分亲疏的现象。这种不利于人才公平竞争的弊端，在马伟明创新团队绝对没有市场。无论你是谁的学生，无论你来自哪所名校，无论你有什么“背景关系”，只要走到一起，所有的人就一个标准：路在自己脚下，走好了，你能成功；走不好，或是走错了，你就要付出代价，轻则点名批评、以观后效，重则打背包走人。

马伟明的一个学生，条件不错，就是不安心，大家一直在帮，但他还是适应不了紧张严格的工作环境。马伟明亲自拍板：“一视同仁，淘汰。任何人都不享受‘特保’，我的学生也不例外。”

团队靠公正公平开放的和谐环境激励人才，上至院士、主任，下至刚进来的硕士、博士，相互之间都是“等距离”，没有亲疏之分，没有新老之别，大家都是平等的，干得好得到重用，干得不好自然淘汰，全靠系统规范的制度机制盘活人才。

有调查显示：在一些大学和科研机构，“近亲繁殖”呈蔓延之势，日趋严峻。内地高校有六成教师毕业于本校，而且“越是知名度高的大学，其‘近亲繁殖’现象越是严重”。有识之士为此忧心忡忡，呼吁：“近亲繁殖”要不得！它将削弱以致泯灭高校科研机构的创新能力……

规避“近亲繁殖”，马伟明创新团队堪称典范。

2006年，某重大项目正值攻坚时期。团队决定送项目主要负责人肖飞读博士。专业确定后，在报考学校上有两个方向，一是本校——海军工程大学，二是外地——浙江大学。很多人支持肖飞选择本校，因为这样就可以兼顾学业和科研项目。但结果是：在马伟明的力挺下，肖飞走进了浙江大学。

栽好梧桐树，引得凤凰来。马伟明创新团队凭着共同的价值观和强国强军的大事业、大梦想，吸引着国内外多个领域的热血才俊们，纷纷从国外、从名校、从科研院所，不约而同地慕名而来。

“85后”博士程思为已在国外有着高薪工作，但他最终决定加入这个团队。与他相似，罗毅飞等“海归”精英也相继加入进来。

电力系统方向学术带头人付立军，加入马伟明团队之前，已经是武汉大学副教授、学科带头人培养对象。他感到在这个团队能为国防建设贡献一分力量，毅然携笔从戎。付立军感慨道：“如果说这个团队有磁场的话，强军事业就是吸引我们的最大磁场。”

主攻某演示验证的汪光森，入伍前是华中科技大学博士后，1993年在地方就享受10万高薪，但他舍弃优厚待遇和安逸生活，强烈要求加入团队……

目前，马伟明创新团队的骨干研究人员中，超过一半毕业于清华、北大等国内一流高校，专业结构涵盖10多个一级学科。团队成员平均年龄仅35岁，在职干部过半拥有高级技术职称，近90%的干部拥有博士学位，形成梯次配备、接力创新的人才方阵。

近10年来，马伟明团队先后培养了400多名硕士、博士和博士后人才，连续两年获评全国百篇优秀博士学位论文，先后获评国家自然科学基金委员会和军队颁发的科技创新群体奖、全军人才建设先进单位，并被海军授予“创新强军马伟明模范团队”荣誉称号，获得2015年度国家科技进步奖创新团队奖、2017年首届全国创新争先奖，2012年、2017年两次荣立集体一等功。

马伟明培养了一大批人才，其中不少还是能够担当重任的领军人才。因为觉得有些年轻人胆子不够大，马伟明经常会给他们当总指挥，把把方向，“我希望所有学生都超过我，那就不辜负老先生给我们遗传继承下来这些好的传统、做法和思想理念，代代接力，薪火相传，为我们军队更加强大而努力。”马伟明欣慰地说。为建设强大的国防，他甘愿做一颗铺路石，为青年英才铺设通往成功的道路。

淡泊功名

盯着名利，科研之路注定走不远；盯着权力，科研大门早晚会对你关闭。作为军人，不能只盯商场、忘了战场，不能只图赢利、忘了打赢！

——马伟明

有人说，马伟明团队的创新之术，是名副其实的点金之术。在这个团队的研究成果中，电动车用变频器、直驱式风力发电变频器、新型感应电动机推进系统、新型发电机励磁调节装置……这些有的荣获了国家一等奖，有的荣获了军队一等奖。把哪一项拿出来开发成民用技术，都可以带来惊人的财富。

马伟明曾坦荡地说："如果我们只想个人的小利益，一门心思想发财，我们每个人都是百万富翁、千万富翁。"

然而，为了军队的"打赢"目标，心无旁骛地从事军队科研课题，他们一次次放弃找上门的"赢利"机会，自甘寂寞、心甘情愿地坚守在自己的阵地上。

从事多相整流发电机系统研究那年，他们接到一项关于潜艇变流机组装置维修的课题。该课题他们以前做过，研究成果也曾列装部队。如果承担这项任务，轻车熟路，可赚一大笔的收益，但却会耽搁多相整流发电机系统的研究，影响我国新一代潜艇动力系统的发展。

是为小团体"赢利"着想，还是为国家大利益"打赢"谋划？面对选择，他们坚定地选择了后者："我们是部队的科研人员，不能为个人'赢利'丢掉军队'打赢'利益。"

于是，他们把主要精力继续放在多相整流发电机系统的研究上，主动把赚钱的机会让给了别人。

10 年后，他们研制出中国第一台多相整流发电机系统。从而确立了中国在多相整流发电机供电系统理论和技术上的国际领先地位。多相整流发电机系统投入批量生产当年，为国家节省经费上亿元。

当年马伟明在参加研究生面试时，张盖凡老教授给他出的第一道考题是："研究生毕业后三条道，当官、发财、做学问，你选哪一条？"

马伟明立誓明志："终身做学问！"

当时谁也没把他的这个回答当真，只是暗笑老教授"迂腐"，越是这样关系到个人命运的选择题，学生越容易骗老师。谁要回答升官发财，你还收他吗？然而，马伟明没有耍滑，他说的是真心话。

有人问，你这么拼死拼活，究竟图的是什么？他回答：一不图名，二不图利，三不图官，就想实实在在为国家和军队做点事。在他看来，盯着名利，科研之路注定走不远；盯着权力，科研大门早晚会对你关闭。

对他来说，做学问报效祖国，就是最大的成功，就是今生最大的价值。

从此，马伟明盯住世界领先水平的课题。“什么叫世界领先水平？”马伟明有自己的阐释：“你开辟了一个研究方向，始终有人跟着你做，这才叫领先；即使首创，无人跟踪也谈不上领先。”“做学问，必须沉下心来埋头干个二三十年，拥有深厚的积累，等别人想撵上你的时候，你又前进了。这样才叫真正的领先了。”

高手出招，看似行云流水，但一招一式，都来自人所不知的艰辛。

马伟明出车祸了。在从湘电集团赶回的高速公路上出车祸了。

当时，整个马伟明创新团队、整个海军工程大学都吓坏了，他们迅速派人赶到现场，一看，马伟明的车都撞变了形。

谢天谢地：马伟明仅颈椎受伤。

医生给马伟明用上固定颈套，并反复强调：一定要好好休息！

中国科学院院士、清华大学卢强教授赶到武汉看望马伟明，可马伟明既不在医院，也不在办公室和家里。

马伟明哪里去了？有人把卢院士带到实验室。

“天哪！”卢院士简直不敢相信自己的眼睛：在某重大科研项目的实验现场，一项高强度的实验正在进行，马伟明脖子上戴着颈套置身其中，头不能动，他用眼睛扫视着现场，用嘴指挥大家干活……

“当时正值炎热的夏季，武汉热得像火炉一样。我看到汗水从马伟明的脸上直往那个颈套里淌……”时至今日，卢院士记忆犹新。

“你都这个样子了，怎么还不休息！”卢院士心疼地说：“不是我吓

马伟明带病坚持工作

你啊，颈椎是人体神经的枢纽，稍微懂点医学的人都知道，弄不好，就可能让人留下终生残疾……”

这样的话，并不是卢院士第一个说。此前，已有很多人这样劝过马伟明，但他就是不听。

“卢老师，我知道。”马伟明说：“但是我不能停下来……”

“军人的职责是保卫祖国，保卫祖国要是用很落后的技术，不是找死吗？卢老师，我们要不走创新的路、不搞新技术，我们等于自己找死呀！”

“我们在搞创新，我们的敌人也在拼命，他们不是吃闲饭的。我们在这样的竞赛中，要不加快进度往前赶，我们也死路一条，那是等着活活挨打……"

望着眼前的马伟明,卢院士感到鼻子在发酸,眼睛在发热,差点流泪。

"这样的人我以前在小说上见过，现实中我没有见过第二个！"在接受采访时，卢院士感慨道："他就是铁人，我亲眼见到的铁人！什么叫铁人？就是用自己的行为，做出常人所不能做出、也做不到的事情，而且做出了很好的效果，这才叫铁人！"

其实，早在车祸后的第二天，马伟明就坚持要去外地参加一个重要的学术会议。同济医院领导在劝阻不了他的情况下，破例派遣一名医学博士陪同戴着颈套的马伟明去出差。

挑战某重大世界课题，马伟明夜以继日，强忍着甲亢、腰肌损伤等病痛的折磨，靠大把大把地吃药硬撑着。领导和同事多次为他办好住院手续，他就是不去。实在支撑不住，他就躺在实验室沙发上，一遍又一遍地指导团队成员进行样机联调。

马伟明年复一年、日复一日，始终保持着"疯""癫""痴"的工作状态,以"只要对打赢战争有利,再硬的骨头也要啃,再大的风险也要闯"的铮铮誓言，勇攀科研创新高峰，在核心关键技术上成功实现弯道超车。

30 多年来，马伟明遇到的困难不计其数，承受的压力难以想象。有人说，为了事业，马伟明脾气倔、性子急到几乎不近人情。

研究整流系统稳定装置时，张盖凡老先生是掌舵人，马伟明是技术负责人。在准备召开鉴定会的前一天下午，老先生突然想到有一个工况没有做试验，建议再做一下。这一做，不料整个线路却意外失常，全乱了套，直到晚上 6 点半也没有找到原因。马伟明急得满头大汗，大家七嘴八舌分析原因。马伟明一下火了，大声吼道："别吵了！都给我走！全是你们左一个主意右一个主意闹的。"他这一顿火，把老先生抢白得满脸通红，一句话也说不出来。刘德志见状，拉着老先生和大家一起走了。把老先生送到家，刘德志返身回到实验室，不声不响地协助马伟明进行调试。又是两个多小时过去，故障终于排除了，一切恢复正常。这时，刘德志才和风细雨地开导马伟明：“你跟我们大叫大嚷都行，但老先生这辈子有哪个学生敢跟他发火？”此时马伟明仿佛才从梦魇中惊醒，急问：“教授呢？”“回家了。”马伟明说：“走，到教授那儿去！”走进教授家，只见老先生一个人黑灯瞎火地坐在书桌前抽闷烟。刘德志抢先一步上前拧开了台灯，示意他赶紧向老先生认错。此时马伟明心里十分感谢老先生，因为老先生挑刺，让他消除了稳定装置存在的隐患，提醒他要严谨再严谨。可从这头“犟驴”口中说出来的话却是：“教授，刚才我和刘德志把原因找到了，从头至尾全调好了，您放心。”师徒如父子，老先生知道这就是爱徒的认错方式，站起来舒了一口气，说：“一起吃饭吧。”仿佛什么也没有发生过。

2007 年，马伟明的父亲患胃癌到武汉做手术。可整整一个星期，马伟明成天待在实验室，忘了告诉父亲住院的事已经联系好了。

老爷子等了几天没动静，径直闯进实验室，冲马伟明吼道：“你上不管老下不管小，家里事不闻不问，真不知道你为什么要这样拼死拼活地卖命？究竟着了什么魔？”

没容父亲再往下说，马伟明说：“不要再跟我说给谁卖命的话！我干的所有事，没有哪一级组织、哪一级领导要求或命令，都是我自己想干、喜欢干、愿意干的！”

知子莫若父，老爷子语气和缓了些：“你不是忙吗？我回去动手术好了。”“手术的事，马院士早都安排好了，您就安心住院吧。”刘德志教授赶紧打圆场，父子之争这才平息。

一次，在北京召开的中小功率综合电力系统工程应用研讨会上，马伟明第一个发言，他开门见山：“咱们这个综合电力研讨会已经开了10多次了，我们不能这样坐而论道了，如果再这样继续研讨下去，再过10年，我们国家没有综合电力系统可用，怎么办？就只能买，到国外买，不错，国外确实卖给你，但是卖给我们的是上一代产品，就是人家淘汰的产品。等到我们不得不买外国的综合电力系统的时候，我们这些人就是罪人了。”

但某研究所的一位组长，仍提议从国外引进，对国内的技术不信任。

马伟明一下子火了：“你们这是崇洋媚外！你们不懂就不去推进这个技术的发展，就不去用它；你们不会，我们会，为什么不要我们的帮助！”毫不留情的一顿怒斥，弄得那位专家泪洒会场。

“为国家为军队利益才会据理力争，不然谁愿意做这些得罪人的事！”熟悉马伟明的刘德志教授说。

马伟明和他的科研工作，一直得到中央领导同志的高度赞赏和亲切关怀。

一年多时间里，习近平主席多次接见马伟明，同他亲切交谈，询问科研项目最新进展，勉励他再接再厉，再创佳绩。

2016年1月8日，在国家科学技术奖励大会上，中共中央总书记、国家主席、中央军委主席习近平亲自为马伟明创新团队颁发国家科技进步奖创新团队奖，勉励他们再接再厉、再创佳绩。

“我们又见面了！”2016年3月13日下午，习主席接见军队全国人大代表时，紧紧握住马伟明的手，同他亲切交谈，并叮嘱军委领导抓紧搞好转化运用，尽快把创新成果转化为实实在在的战斗力。

2017年5月24日，习主席视察海军机关时，又一次与参加海军第十二次党代会的马伟明亲切握手。

马伟明牢记习主席的重要指示，敢于担当，勇于超越，带领科研团队攻克一项项重大关键技术，为我军战斗力建设作出了卓越贡献。回顾30多年来的创新历程，他深情地说：“强国强军使命在肩，创新实践永无止境。我们一定牢记习主席的重要指示，不忘初心、继续前行，勇挑重担、勇攀高峰，为科技兴军奉献全部力量，为实现中华民族伟大复兴的中国梦作出新的更大贡献！”

中国空军航空兵
AIR FORCE AVIATION CHINA

“试飞英雄”李中华

栗振宇

李中华，辽宁新宾人，1961年9月出生。1983年入伍，空军指挥学院训练部原副部长。他是挑战极限、勇争一流的试飞英雄。李中华从事试飞工作23年，成功处置15次空中重大险情、5次空中特大险情。他刻苦钻研、勇攀高峰，为突破新型战机关键性技术，多次担负重大科研试飞任务。他勇闯世界航空界“死亡陷阱”，圆满完成歼教-7飞机失速尾旋试飞任务。拓展了国产战机性能，填补了我国航空领域该项空白。在歼-10飞机定型试飞中，他完成57个一类风险课目，飞出了歼-10飞机最大飞行表速、最大动升限、最大过载值、最大迎角、最大瞬时盘旋角速度和最小飞行速度6项纪录，为歼-10飞机最终定型作出了重大贡献。被表彰为全军优秀共产党员、全军爱军精武标兵，2次荣获国家科技进步特等奖。2007年被军委授予“英雄试飞员”荣誉称号。2017年被中央军委授予“八一勋章”。

我们的光荣，并非不曾失败，

而是每次摔倒，都能勇敢地站起来。

李中华

2017.8.12

明媚的阳光下，战鹰潜伏在茫茫旷野。突然，它在不经意间如离弦之箭冲向万里长空。天宇间，它舒展地翱翔，欢快地鸣叫，仿佛压抑已久的激情，瞬间得到释放。它忽而像遇到悬崖般迅速拉直身体，向更高的天空仰身而去，在浩宇中留下一个越来越远的焦点，忽而，它又收起翅膀，如断线的风筝般急速俯冲滑落，待到翅膀重新展开，它已越过层云叠嶂，在天幕上留下一道优美的划痕。天地间，战鹰的嘶鸣仍在回响，就像远古的壮士从胸膛发出的撼人心魄的呼啸，就像把战旗插向高地的英雄的呐喊。

…………

李中华，驾驶战鹰翱翔蓝天、挑战极限的试飞英雄。他的精彩人生，就像他在天宇中划出的一道道惊心动魄而又优美绝伦的航迹，总让我想起战鹰这个意象。

同镜头里的形象比起来，眼前的李中华略显瘦了一些。已是五十开外的年龄，脸上没有一丝臃肿，连皱纹都很少，眼睛就像缀在军装上的领花一样闪亮有神。把我迎进办公室的路上，他告诉我，30 多年了，体型似乎一直是这个样子，体重变化也从来没有超过 1 千克。

这与我想象中的李中华，非常相似。一个多次与死神较量的蓝天骄子，举手投足间的细节都显得干脆利落，总能在轻描淡写中让人感受到某种非同寻常的力量。能够在长空展翅翱翔的战鹰，自然有着非同寻常的气质和风范。

那天，他接到一个电话。消息还是来得有些突然

2017 年 6 月的一天，正在军委训练管理部特聘训练监察员集训班学习的李中华，接到一个电话。

此时的李中华，已经接到正式退休的命令，但作为飞行领域里的知名专家，他被军委训练管理部聘为全军首批训练监察员，正在为下一步全新的训练监察工作作最后的准备。这位经历过众多生死考验、被无数次报道的全国重大典型，一向说话做事平静稳重，说话时的语调和语速总保持在一个相对稳定的频率，一般情况下很难让人看出内心的波澜。然而，这个电话，让他陡然感觉有些激动，表情瞬间严肃起来，回答对方的都是极为简短的字句，“好”“明白”。

电话是空军机关打来的，通知他被列入全军首批“八一勋章”候选人，请他到机关参加有关审核工作

李中华赶紧向集训班请假，回到阔别多日的空军机关。他深知，此事不仅对他个人，而且对空军，乃至对全军官兵，都事关重大。

审核程序严格而有序。审核组听取了空军有关方面对李中华个人情况的汇报，查阅了他多项个人情况的记录，甚至包括缴纳党费的情况，并与他本人见面。很快,《解放军报》刊登了“八一勋章”候选人的事迹，李中华位列 17 名候选人之一。

李中华坦言，能够进入候选人名单，他已经非常知足了。让他没有想到的是，此后不久，他又接到通知，经军委研究决定，他成为全军首批“八一勋章”获得者之一。

那是让人无不激动的日子。7 月 28 日，北京，八一大楼。中央军委举行颁授“八一勋章”和授予荣誉称号仪式,习主席向李中华等“八一勋章”获得者颁授勋章和证书。

在建军 90 周年前夕，在这样庄严的场合，在全世界的目光里，接受习主席颁发的“八一勋章”和证书,对于一名军人来说,是何等荣耀!然而,此时的李中华深深觉得,这枚沉甸甸的勋章,并不完全属于他个人。他觉得自己真的就是一个代表，代表着空军 40 万官兵，代表着那些默

默无闻的装备建设者，代表着那些为提升战斗力而日夜奋战的广大飞行员……“那天在现场，我想了很多，我回首自己30多年走过的军旅生涯，想起自己走进航校的时候，走进飞机的时候，我的教员，一茬又一茬的大队长、团长、我的老师长，还有跟我一起经历生死的战友们。我是幸运的，有幸赶上了好时代，我是代表他们来领奖的。”

记忆的硬盘里，这两个人的脸庞如此鲜活

李中华说，自己从小记忆力就比较好，对往事记得非常清楚。他说的没错，在他的讲述当中，我常常惊讶于那些过去多年的细节，仿佛都像存在电脑硬盘中一般，只要一激活，就能被他说得一清二楚。

张保俊，是李中华在授勋现场想到的众多人中的一位。30多年前，在空军某飞行学院，张保俊把李中华第一次送上飞机。张保俊多年前转业到山东老家，而今已年近七旬。这些年来，李中华一直与他保持着密切联系。

“那时候，他家住在院里头，家里有两个孩子。因为部队比较偏远，节假日就经常把我们接到他家去吃饭，就像带孩子一样。但是，在飞行的时候，他对我们要求非常严格，讲评的时候经常板着脸讲问题，总能感觉到他有一种恨铁不成钢的心态。他经常批我们骂我们，却不允许别人轻易教训我们。”

张保俊的严格，给李中华留下了非常深刻的印象，也深刻影响了他后来的飞行生涯。据李中华回忆，每次飞行检查，这样的对话反复在他和张保俊之间进行。

“做完之后落什么了？”

“没落啊。”

“你检查没有？”

“没有检查，我确认没有错。”

“那不行，你还要检查一遍。”

就是在这样反复的追问和落实当中，李中华逐步养成了一个非常良好的飞行习惯，那就是做什么事情都要先想、后看、再做，做完之后进行检查。这个习惯让李中华受益终生。

与张保俊连在一起的，还有一位特殊的考官。他是这所飞行学院的院长赵天海。

1984 年夏天，李中华在飞完初教机后转飞高教机。这中间有一个结业考试。因为李中华在之前的训练中表现优异，考试时被安排与院长一起飞行。

李中华训练生活照一

院长是考官中最大的官，自然也是最严厉的考官。

李中华清楚记得，当时考核科目是编队，就是跟长机保持队形不变，保持得越好意味着水平越高，成绩越好。这个科目对李中华来说并非难事，动作不复杂，而且在训练时反复练过，可谓信心满满。

然而，考核结束后，考官并不满意。他对李中华说，总体飞得不错，但是高度差保持不好，跟长机飞行怎么飞出正高度差了呢？飞正高度差容易遮盖，不安全。

院长的讲评，并不能让李中华心服口服。他认为，初教机如果不飞正高度差，一转过来就容易掉队，队形就不可能保持那么好。李中华试图跟院长争辩，但院长坚持说，你这样飞容易遮挡，遮挡就会不安全。年轻的李中华再次争辩，我训练的时候就是这么飞的，从来没有遮挡过。

场面顿时有些僵持。

此时，教员张保俊在一旁悄悄拉了拉李中华的衣角，意思是别再坚持了。但年轻气盛的李中华并没有理会，继续坚持自己的观点。最终，考核结果出来，李中华的其他飞行动作都是 5 分，这个动作只得到 3 分。

有这个 3 分，就不能算全优。回来之后，张保俊狠狠地把李中华批了一顿。

“为什么一直坚持你的观点”“这样的考试，谁能一点毛病没有”“你后续还会遇到这样的事情，飞行，怎么能怕人家批评呢”“不允许别人讲你的毛病，你这个毛病就必须改”……

巧的是，李中华在飞高教机毕业的时候，考官又是院长赵天海。

考核结束后，赵天海给李中华讲评，对李中华的飞行动作比较满意，等等。随后，赵天海问李中华：“你还记得当时初教机考核的时候，为什么给你打 3 分吗？”

“院长，我记得。”

“你错在哪里？”

“我飞正高度差了，高度差不对。”

“初教机就是飞正高度差，不飞正高度差怎么保持队形。我那时就是想看看你，对于这个事情是什么态度。”

…………

原来如此！

最终，李中华作为全优学员从飞行学院毕业。

30多年过去，张保俊和赵天海的话仿佛就在耳边一般。他觉得，在自己飞行生涯起步的时候，能够遇到这样用心良苦的师长，实在是太幸运了。他们告诉李中华，作为一名优秀的飞行员，怎么才能经得起批评，怎么才能经得起挫折，怎么才能在逆境中往前走。他们的话，在年轻的李中华内心世界，打下深深的烙印。

生死7秒

李中华的飞行技术，在空军试飞员队伍里，应该说是有口皆碑。在空军试飞团的岁月里，因为飞行技术过硬、经验丰富，李中华承担了很多边缘的、复杂的试飞科目。然而，让李中华真正走入大众视线的，还是因为一次“生死时速”般的考验。

2005年的5月20日，李中华与战友梁剑锋受命试飞一种新型变稳飞机的科目。这种飞机尽管是不装备部队的试验飞机，但它可以模拟不同的飞机特性，比如可以模拟轰炸机、运输机和小飞机的飞行特性，可以在空中进行一些飞行试验，可以对比不同的参数和特性。在这型飞机上，有两种不同的操作系统，一种系统是电传系统，一种系统是机械系统。电传系统是为了试验的，机械系统是为了保障安全的。

李中华对这型飞机非常熟悉，飞的次数也比较多，而且之前始终在前舱作为实验员收集有关飞行数据。所以，有战友甚至戏称，这型飞机是李中华的“专机”。

当天，李中华坐在后舱，梁剑锋坐在前舱，由李中华带着他飞。飞行科目叫飞行员诱发振荡，就是把飞机的参数设置为非常难飞的一种状态，训练飞行员如何来发现这种趋势，怎样找到克服它的办法。

前几次飞得都非常顺利。最后一次，李中华和梁剑锋准备着陆，在三转弯的时候，放下起落架。刚转过来三转弯，高度 500 米，速度 270 千米 / 小时，飞机突然间倒扣过来。紧接着，飞机就左右摇摆，不停地下降高度，人完全是悬在空中，座舱里尘土飞扬。

此时，前舱的梁剑锋跟李中华说，飞机不行了。话音刚落，李中华

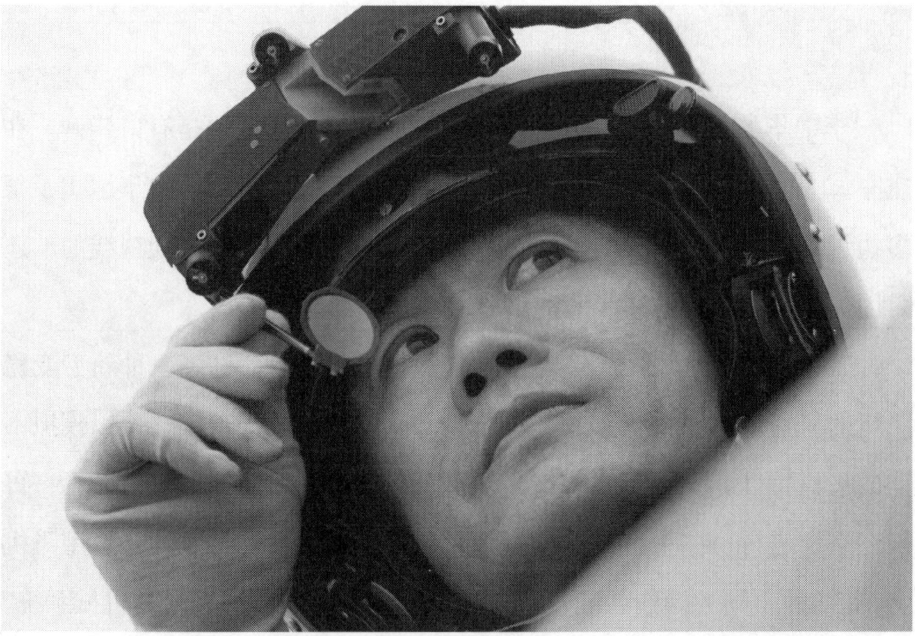

李中华训练生活照二

说，你别动，我来。

李中华知道，梁剑锋说"不行了"，意味着他将退出操纵，自己要来操纵了。飞机的两个操作系统中，李中华手上掌握的是保障安全的。

李中华第一反应，便是迅速切断飞机的电传系统。然而，正常切断、应急切断、暴力切断，几个方式都试了，都不行。接着，李中华把变稳系统电源卸掉，还是不行。飞机摇摆着，气流的呼啸声很大，机身直往下掉。

危急中，李中华突然想到，这型飞机跟其他飞机有什么区别，不就多了一个变稳系统吗？变稳系统的信号源是哪里？是计算机。在别的方法都不行的情况下，把电源切了是不是可以？电源平时是不能切的，而且在试验过程中从没有切过，但是别的办法都不行的时候，李中华就想到这个办法了。

因为对飞机特别熟悉，李中华连看都没看按钮，就一把关掉了右手边的三个电门。

电门关掉之后，飞机就像被点穴一样定在了空中。

李中华立刻明白，这个办法是有效的，因为飞机不再飘、不再摆。李中华随即一压杆，飞机终于翻过来了。

此时，高度 200 米。从开始倒扣到翻回去，过程 7 秒钟。

飞机翻过来之后，李中华一看，飞机断电了，地平仪、罗盘都不指示，好在高度比较低，能看清楚地面，于是李中华目视跑道，将飞机安全降落下来。

飞机安全降落后，地面一片欢呼。然而，李中华却平静得出奇。他喝了一杯水，把情况跟技术人员做了一些交流，接着又换了另外一架飞机。

他又飞歼 -10 去了。

12 年过去，就这个“生死 7 秒”，我与李中华有过这样一次对话。

“高度到 200 米、重新翻回来之前，那时候还有机会跳伞吗？”

“刚倒扣的时候，我们跳伞还来得及，再往下走，就来不及了。为什么呢？因为火箭弹射，向上弹射的高度是 120 米，就是头往上方弹。但如果反过来，500 米往下弹就成了 380 米了，380 米是不能开伞的。即使跳伞，也有生命危险。”

“可是最后你们到了 200 米。”

“200 米是没有任何希望的。”

“如果是没有翻过来，连跳伞的机会都没了。”

“是的，但是当时我没想这些。我说‘你别动，我来’，我是充满自信的。我认为我没问题，我能处理过来。这个自信来源于我对这个机型的熟悉程度。但是，处理了几次以后，几种方法都切不断，我也在想，这是怎么了？好在那个时候我没有乱。我突然想，这个飞机之所以跟其他飞机不同，差就差在总电门。于是，就有了那个属于灵光一现的最不可思议的办法，但恰恰就是这个最不可思议的办法，救了我们两个的命……”

尽管飞机安全降落，李中华异常平静，但在他心里，其实特别感激战友梁剑锋。

李中华说，你知道这意味着什么吗？意味着他对我的绝对信任。刚开始，他是有权利选择跳伞的。可自从我跟他说“你别动，我来”，他就再也没动，也没讲话。他没再动，意味着已经把生命交给我，这是战友间以命相托的信任。

短短 7 秒钟，李中华与梁剑锋结下生死之交。

当时，这个型号飞机我们国家仅此一架。如果摔机，很多在研的型号都将就此停滞，损失不可估量。

此生逐鹿长空，似是命中注定

参加“八一勋章”授勋仪式前，李中华给远在辽宁省新宾县的老母亲打电话报告了喜讯。老母亲今年80岁。2017年7月28日当天，她和李中华的弟弟一家，围坐在电视机前，观看了整个授勋过程。

李中华出生在辽宁省新宾县朝阳林场。这是一个国营林场。李中华的少年时代就是在这片茫茫林区中度过的。

李中华的父亲是一名参加过抗美援朝战争的老战士。在朝鲜战场上，他是团指挥所的无线译电员。战争结束后，李中华的父亲随部队回到驻地沈阳，并就地转业，一家人就此在朝阳林场安家。

李中华直到高中时，才离开农场，到新宾县高中就读。这所当地有名的省重点中学，给多年在林场生活的李中华带来了很多的变化。用李中华的话说就是，仿佛一下子觉得眼界宽了很多。

1979年高考，李中华的成绩非常好，满分是400分，李中华考了360多分。当时高考的录取程序是，分数公布后再填报志愿。李中华填报了南京航空学院。为什么会填这所院校？李中华告诉我，小的时候经常听父亲讲到朝鲜战场的经历。父亲告诉他，因为自己工作的地方是团指挥所，所以经常遭到美国飞机的空袭。美军的飞机速度非常快，经常突然就飞过来了。父亲这些不经意的断断续续的描述，却给少年李中华似乎作了某种人生铺垫。

让李中华选择南航，还有一个原因，那就是李中华的中学物理老师。他在李中华填报志愿的时候，向李中华推荐："李中华，你报这个航空院校好不好？你的成绩还是不错的，就报南航发动机系的自动控制专业吧。这个专业，咱们国家就这么一个班。"另外他还告诉李中华："这个南航啊，伙食也比较好。"

1979年的那个夏天，李中华从东北来到古都南京。从此，一辈子与航空结下了不解之缘。

20世纪80年代初期，是一个激情四射的年代。刚刚走出"文革"、迎来改革开放的国人，释放出压抑已久的激情，在各种新鲜事物面前充满了新奇，对未来生活也充满了美好期待。这种感觉，尤其体现在被称之为天之骄子、充满青春活力的在校大学生身上。此时的李中华，坐在让人羡慕的象牙塔里，如饥似渴地投入到专业学习当中。

世间很多事情，看似偶然，实则在很多不经意的时候，就已经种下了生命力极强的种子，给一个人的未来以诸多暗示。如果说，上大学时选择航空学院是因为父亲的战争故事，是因为物理老师的有意引导，那么李中华最终来到人民军队，则是在诸多理想与情感的交织下，一个坚定的选择。

在一门称作航空概论的课程当中，一个外国人的名字让李中华至今记忆犹新。这门课程涉及世界航空发展的历史和标志性事件，其中讲到一个叫耶格尔的人。他是全世界第一个突破音障飞行的人。当耶格尔突破音障后，长官把他狠狠地骂了一顿："你这个混蛋，你怎么能这么飞呢？"然后接着又说："你是好样的！你是个英雄！你为人类突破了音障。"当时大家都认为，音障就像一堵墙一样是不可逾越的。谁突破了，谁就是英雄。但为什么长官说耶格尔是混蛋？因为长官在之前并没要求耶格尔飞过去，耶格尔没有实施预定训练计划。

在李中华看来，在这件事情上，美国人的态度非常分明，功是功，过是过。而且，耶格尔也给他留下了很深的印象。耶格尔在年长以后，仍然忍不住要跑到美国部队，爬到飞机上去飞一飞。耶格尔对飞行的那种渴望，感染着年轻的李中华。他觉得，飞行对于这样的人来说，不是职业，而是信念。

除了耶格尔，李中华还给我谈起《长空比翼》，一部描写空军飞行员杜凤瑞的抗美援朝战争题材电影。影片中有一个画面，在其他飞机都回来的时候，一位机械师扶着梯子，对着天空望眼欲穿而无奈地说了一句："我的飞机怎么还没有回来……"这一幕深深触动着李中华。他觉得，作为一名飞行员真的很伟大，战场上需要他，战友们关注着他，牵挂着他……

大学四年很快在忙碌中过去，转眼到了毕业分配的时候。当时，大学生是由国家分配工作。李中华学飞机发动机，家又在辽宁，学校就初步把他的分配去向，定在了位于沈阳的某研究所。

就在这个时候，空军拟从大学生中招飞行员，为空军培养双学士飞行员，对象从地方五所航空院校的应届毕业生中选拔。工作组很快来到南航。李中华所在班的男生，除了戴眼镜的，基本上都去报了名。随着体检一步步走，最后剩的人越来越少。最终包括李中华的 15 名应届毕业生进入到录取阶段。离正式入伍，只剩下最后一个环节：家访。

李中华赶紧给家里发了一封电报："我要到空军当飞行员，同意否，请回。"第二天，李中华就接到家里回的电报，意思是不要当飞行员，不同意。

节骨眼上，怎么能不同意呢？李中华急了，赶紧又给家里发了封电报，表明自己态度非常坚决。第二天，家里的第二封电报来了："如果你想去的话，就去吧"。

为什么第一封电报不同意，第二封就同意了呢？

两年之后，李中华回家探亲，父亲才告诉他其中原委。当时，第一封电报来的时候，考虑到飞行员风险很大，父母其实都不太想让他去，所以第一封回的电报就是不同意。但李中华第二封电报再发过去的时候，这位参加过抗美援朝战争的老兵已经知道了他的心思。知子莫如父。老兵知道以李中华的性格，此时硬拦是拦不住的。于是，他开始做妻子的工作说："既然孩子想去，就让他去吧"，"孩子选的事情，不要让他遗憾"。

李中华父母都是山东人，夫妻间一直保留着一种默契，就是在家庭大事上，女人听男人的。所以，母亲最终勉强接受了李中华的选择，而且在部队家访的时候，也没有表露出家长不同意的意思。

大学毕业的日子，是最让人充满期待的日子。1983 年夏天，当一大批天之骄子从象牙塔奔赴工作岗位、开启新的人生的时候，李中华也打起背包，踌躇满志地加入了空军部队。

从飞行员到试飞员，是更大风险还是人生机遇

即使是不懂飞行的人，恐怕也明白试飞员的危险程度，在和平年代远比飞行员要高。因为试飞员的飞行科目，多是挑战飞行极限的动作。然而，在李中华看来，从飞行员到试飞员的角色，是自己人生的难得机遇。

为什么？

因为更先进的飞机。试飞员可以飞最先进的机型！

对于一个真正有理想、有信念的军人来说，能够战斗在自己挚爱的岗位上，风险和牺牲，亦何所惧！

事情还得从李中华到航空兵师报到后的日子说起。1985 年 8 月，李中华从飞行学院毕业分到某航空师。当时，这支部队刚改装完歼-6。没用多长时间，李中华就把歼-6 飞机的飞行驾驶手册从头背到尾，甚至哪一句话或者哪一条情况，都能清楚说出它在哪一页上，是黑体字还是小号字。他能最短在 26 秒钟内画出歼-6 飞机的座舱图，实际操作中闭着眼睛都能摸到某个电门。

然而，训练还在进行，对李中华来说就像炒冷饭一样，一次一次地

炒。在此期间，一架国外航班误入我国领空，李中华奉命驾机拦截。当时，他驾驶的是一架歼-6战斗机，只跟踪了一段，飞机就没油了，只好返航。着陆后，李中华心里像堵了一块烧红的火炭，感觉到自己的精力无处发挥，激情无处释放，一种焦虑与无奈深深地压在心里。

就是在这样的焦虑和无奈当中，李中华所说的机遇来了。

试飞部队要从空军里面挑试飞员，要选具有双学士学位的飞行员。李中华正好符合条件。他立即向上级请示，希望能够参加选拔。此时，团长找到李中华。

"中华，你一定要走吗？"

"是的，我一定要走。"

"为什么啊？你是你们这批飞行员里最先被提升为中队长、副大队长的，飞行技术、领导管理、群众反映都不错，将来在这里发展应该很好，怎么这会要走呢？你个小子，当试飞员干什么去啊？"

"团长，我喜欢飞好飞机。"

"你把歼-6飞好了就行了嘛。"

"歼-6飞起来没意思。这是我的一次机会。如果我不走，我可能很长一段时间就抱着歼-6、歼-7在飞，这种感觉确实让我觉得没有激情。我如果去当试飞员的话，哪怕我们现在飞的飞机还不是特别新，但是我一定跟着我们国家最好的飞机在一起，我每天飞的东西是不断进步的。飞机在进步，我也在进步，我觉得有一种成就感，所以我要去。"

…………

李中华去的试飞部队，组建于1975年的3月25日，尽管不如作战部队那么管理严格，却是一支英雄辈出的部队。在李中华去之前，这支部队曾经走出3位被中央军委授予荣誉称号的试飞英雄。到目前，已经有29名试飞员牺牲在试飞岗位上。

勇闯世界航空界的“死亡陷阱”

在李中华的试飞生涯当中，有一个科目反复被人提及，那就是勇闯世界航空界的“死亡陷阱”。

为什么是世界航空界的“死亡陷阱”？

因为这个动作是一个边缘科目、边界科目，也是一个极为危险的科目。当时全世界因为这个动作摔的飞机已经很多，很多国家的试飞员都对此望而却步。

然而，如果平时不飞这个科目，拿不出解决的办法，那么这一风险将永远摆在飞行员的面前。1997 年初，空军领导意识到问题的重要性，要求试飞部队把这个科目飞出来，提供一个完整的报告。

当年 4 月，任务落在了李中华和战友李存宝身上。李中华和李存宝颇有默契。那些年，试飞部队很多重大任务都是两人一起完成的。

然而，这个科目毕竟是一个极其危险的科目。它意味着飞机在迎角较大的情况下失控，然后沿着一条螺旋线下降。此时，一般的操作已不起作用，或者说在操作不好的情况下对飞机不起作用，飞机不断下降。科目的要求是让飞机进入这个状态，然后再想办法把飞机从这个状态控制住，可靠地改出来，安全飞回去。

因为危险，以前没有人飞过。地面技术人员试图解决这一难题，研究了多年终究没有结果。李中华和战友正是在这种情况下，开始了这一科目的试飞。有人后来根据两人的回忆和相关数据，还原了当时的情景。

…………

李中华向地面指挥员报告飞机高度和速度等状态参数，然后按计划进行试飞。当表速降至 350 千米 / 小时，他收回油门至“慢车”位置，并保持飞机无侧滑直线减速平飞，当指针到达 220 千米 / 小时，李中华迅速蹬左舵，并同时迅速一把抢杆到底。此时战机像被激怒的雄狮，机身剧烈地抖动，并伴随着机头的突然上仰，飞机向下翻滚起来。此时李中华和李存宝如骑在疯狂狮背上一般，突然被抛起来，头撞在座舱盖上……瞬间又被死死地按在座椅上，紧紧抱住驾驶杆的双手此时似被千斤重的东西压住……机窗外伴随着飞机高速向下翻滚，风声一阵紧似一阵地怪叫着……这就是“死亡陷阱”！

1 圈……3 圈……6 圈……李存宝在后舱一下一下地数着翻滚圈数。“06，06，改出，改出。”李存宝向前舱发出指令。

李中华立即以全身力气推杆向中立位置，飞机转过身后又向下偏转。李中华又迅速蹬右舵到底……飞机顺从地摆动着双翼停止了“发怒”。李中华顺势加大油门，“轰”的一声，飞机平飞冲向天际。

第一次挑战“死亡陷阱”成功后，李中华他们又开始向更复杂、更危险的“死亡陷阱”探索。“失速尾旋”在理论和实践中有“正飞尾旋”和“倒飞尾旋”两种，其中后者则是“死亡陷阱”中最残酷的魔法，一般进去后生还者极少。

5 月 18 日，李中华和李存宝驾机升空准备去趟“死亡陷阱”中的“倒飞尾旋”。飞机爬到万米高空后，爬升滚转成倒飞状态。收油门减速后，向前猛推杆，机头缓慢下沉，并逐渐加速滚转起来。同时发动机发出刺耳的怪叫。突然，随着滚转的加剧怪叫声消失，发动机振动减弱，转速表回零。“不好，发动机停车……”后舱李存宝叫了起来。此时飞机不但失去了正常姿态，而且又失去了动力，这是“死亡陷阱”中最置人死地的“鬼门关”。

随着飞机迅猛翻滚，李中华和李存宝镇定自若、有条不紊地按“特情”操纵着飞机。在短短的时间里，当飞机距地面 6000 米时，他们改出了“倒飞”状态。紧接着启动发动机，伴随着一阵轰响，发动机启动成功。他们驾机像轻盈的燕子展翅返航了。

当两位勇士走下机舱时，满头白发的中国飞行试验研究院"失速尾旋"总工程师李树有，眼含热泪向前迎接他们的凯旋，并握着他们的手激动地说："我研究了近30年的课题，今天终于全部攻克，你们真了不起！"

…………

最终他们圆满完成歼教–7飞机失速尾旋试飞任务，拓展了国产战机性能，给空军提供了一个完整的报告，填补了我国航空领域该项空白。

这份来之不易的数据，李中华现在还保存着。这些年来，李中华给自己的飞行数据，除了保密的，整理了几本厚厚的册子。在我看来，这些数据就像一本本相册一般，是李中华一次次在空中挑战极限的见证。然而，李中华告诉我，他并不是一个感性的人，保存这些数据并不是为

李中华飞行后与技术人员分析数据记录（右一为梁剑峰）

了怀旧，而是希望这些极端科目的数据，可以为自己在地面研究时作一些参考。

在国外的日子

作为试飞团的优秀试飞员，李中华曾有多次到俄罗斯、以色列、法国等国家参观见学的经历。让他印象尤其深刻的，是在俄罗斯国家试飞员学校的经历。这是一所世界著名的试飞学校。学校坐落在俄罗斯航空城，不属于俄罗斯军队，但从苏联到现在的俄罗斯，很多试飞员和宇航员都从这里走出。

在这所学校，有一处试飞员烈士公墓。李中华曾多次来到这个墓地。墓地的墓碑做得很精致，每块墓碑上都有烈士的烤瓷照片，并刻相关个人情况，包括姓名，出生日期，牺牲日期，在飞行什么科目时因为什么原因牺牲等。

让人震撼的是，其中有的墓碑上刻有牺牲者是某某烈士的父亲，他儿子也牺牲了，具体在墓地的哪个位置等。这意味着，父亲因为试飞牺牲了，儿子继续当试飞员，结果又牺牲了。在李中华看来，这样的情景生动诠释着一种伟大的牺牲精神。正是因为有了这样的牺牲精神，当时的苏联在航空技术上，才能跟美国抗衡；这种牺牲精神，对于一个国家的发展，对于一个航空支柱产业的发展，是多么不可或缺啊！与此同时，李中华的内心更加受到触动：作为一名试飞员，无法回避牺牲，但必须勇于面对牺牲；为了不牺牲，就要更努力工作，多思考问题，多想办法。

李中华正是在这种氛围中，在这所世界著名的飞行学校，对诸多飞行难题展开了冲锋。其中，最有名的莫过于成功突破“眼镜蛇机动”。

“眼镜蛇机动”是苏–27 飞机的一个机动动作。这个动作最早是

1989 年 6 月，由苏联飞行员普加乔夫在巴黎航展上首次对外展示的。在这个动作中，飞行员让飞机头朝上，然后几秒钟之后落下来，继续往前走，就像眼镜蛇一样把头立起来再下来的过程。因此，国际同行给这个动作取名为“眼镜蛇机动”。当时的俄罗斯，只有屈指可数的几名资深试飞员可以驾驭这一高难动作。

初到俄罗斯学习期间，李中华就瞄准了这个动作。那是 1994 年，在一次考试中，李中华的考官是俄罗斯一个著名的飞行员，叫考切尔。考完后，考切尔对李中华说：“李，我给你做一个‘眼镜蛇机动’吧？”动作结束后，李中华特别羡慕，恳请让自己也做一次。但是，考切尔拒绝了。因为飞“眼镜蛇机动”是有要求的，必须是苏–27 飞机失速尾旋的教员才能去飞行。

时间到了 1997 年，李中华再次来到俄罗斯国家试飞员学校。这一次，李中华有两个目的，一是取得失速尾旋的教员证书。第二就是完成“眼镜蛇机动”。对于这段经历，我曾见到李中华的一段回忆：

1997 年 4 月 23 日，我和战友李存宝第三次踏上俄罗斯的国土。我们来到茹科夫斯基城的俄罗斯国家试飞员学校，校长康德拉钦科非常热情地欢迎了我们。他问我：“李中华，这次你想飞什么？”我不加思索地回答：“飞‘眼镜蛇机动’！”

带教我们的俄方教官是 43 岁的热尼亚。有一天，我飞完倒飞尾旋后，热尼亚走向前兴奋地对我说：“听校长说，你这次来的头一句话就是要飞‘眼镜蛇机动’，我很钦佩你们中国人的这种挑战精神。从今天你的动作来看，你已把苏–27 最危险的领地征服了，可以说这是挑战‘眼镜蛇机动’的必过之门。”

6 月 16 日，我们被紧急召见。校长和其他几位教官等候我们多时了，其中一位是世界著名试飞员、俄罗斯国家试飞研究院院长考切尔。一个振奋人心的消息是，我们将由考切尔带教，挑战"眼镜蛇机动"！

6月23日上午10时，我驾着苏-27起飞了，不一会儿就爬到8000米的指定空域。我紧盯着速度表，指针在回转。到了，到了，我冷静地开始操作起来。关闭"迎角限制器"电门，断开"电传操纵系统"电门。拉杆，飞机抬起头来约20度。再猛拉，迅速将驾驶杆抱在怀里。

飞机动怒了。机头猛然抬起，我"忽"地被什么东西迎面掀倒向下坐去，只见前窗外光秃秃露出一个硕大的圆锥形机头，黑压压地扑面而来。同时机体强烈震动起来，并带有中度横向摇摆侧向晃动。就这一瞬间稍顿，突然机身停止旋转，震动消失。耳机里传来考切尔的声音："蹬满舵，推满油！"同时我感到脚下舵杆和右发油门被后舱连动操作了。就这一下，飞机顺从地向下平稳地滑去。

这第一次挑战"眼镜蛇机动"，是教官考切尔帮了我闯过结尾部分。飞机恢复常态后，我心里有些不平，决心再挑战一次。我掉转机头又爬升到8000米。飞机再次怒吼起来。一遍又一遍，从高度8000米到2000米，"眼镜蛇"屈服了！

飞机降落后，俄罗斯国家试飞员学校校长康德拉钦科对李中华说："李，这个动作飞下来之后，我们的苏-27对你没有任何秘密了。"

这位资深校长当时复杂的语气和表情，至今让李中华记忆犹新。1997年8月，李中华以优异的成绩获得由俄罗斯颁发的"失速尾旋"试飞证书，这也是中国人首次闯过这一世界性航空禁区领域，填补了我国航空史及我军航空兵器发展史上的空白。

在安全面前，个人的面子又算什么呢

作为一名在试飞领域打拼多年的英雄试飞员，李中华试飞过很多机型，这其中与他感情最深的，莫过于歼-10。在歼-10飞机定型试飞中，他完成57个一类风险科目，飞出了歼-10飞机最大飞行表速、最大动升限、最大过载值、最大迎角、最大瞬时盘旋角速度和最小飞行速度6项纪录，为歼-10飞机最终定型作出了重大贡献。

在歼-10的试飞过程中，李中华曾给自己定位成一个工兵的角色，"挖雷的"。因为他飞的都是一些边缘科目和风险科目。其中有一次，就让他非常焦灼，同时也感到特别有收获。

2002年5月6日，李中华飞的科目是燃油性能，就是测量飞机在每分钟在速度点上耗油率是多少。这个科目要求保持高度不变、速度不变、油门也不能变，三个都不动。这就要求试飞员找到一个很好的平衡点，集中精力保持高度集中。

当时，李中华为了保持稳定状态，小心翼翼地操纵着飞机。这时，他不经意地看了下液压表。指针在晃动，平时它也是晃动的，没什么不正常。但是，多年造就的敏感让李中华觉得，此时指针的晃动与平时不一样。具体怎么不一样，他说不清楚，就是觉得跟平常不一样。

李中华于是有意识地开始盯着它看，隐约感觉指针晃的幅度慢慢变大，而且中心点慢慢往下移，有下降的趋势。

按常理，在这种情况下，李中华不能向地面报告飞机有任何问题，因为此时飞机指针的值是正常的，告警系统也没有告警，没有任何信号灯亮。但是，他就是觉得哪里出现了什么问题，果断跟指挥员说，我觉得液压表有问题。

"告警灯亮了没有？"

"没亮，指示也正确。但我感觉有问题，我回去了。"

此时李中华距离机场还有150千米。做这个决定，其实他当时内心还是非常复杂的。因为飞这个科目，在外人看来非常简单。如果他判断不正确，飞回去了，意味着这个起落是报废起落。同时，没有告警，液压值又好的,这就属于误判,回去之后面子上挂不住。作为一个老试飞员，这么点事情就吓回来了?

然而，李中华最终决定相信自己的判断，回去。

李中华开始调转飞机往机场飞。当时飞机上的油很多，因为机身太重，直接回去也落不了地。为了耗油，他在高度9000米时就把起落架放下来，以增加阻力，增加耗油，然后往机场飞。

仅仅过了几分钟,李中华就看到液压表逐渐逐渐像自己判断的那样,开始下降。

再过几分钟，告警器开始告警，液压表告警。李中华立即向指挥员报告，液压表告警……

落地之后，滑行还没有完全停下来，飞机已经不可操纵了。李中华用刹车把飞机刹住后，飞机连转弯的能力都没有了，直接停在了跑道上。

事后发现，这是飞机液压系统的一个瑕疵。在高压的不断冲击下，它的小孔一点一点扩大,所以之前下降很小,随着时间推移,液压下降快,油也耗光了。

这是非常可怕的情况。意味着什么?意味着当时如果李中华再往前多飞半分钟（往前飞半分钟，往回飞半分钟，总共一分钟），飞机就落不了地。当然，李中华可以跳伞，但是飞机肯定摔了。

回忆起歼-10战机的试飞过程，李中华感慨地说：“我们是累并快乐着，危险并快乐着。我们试飞的歼-10战机，被中国航空人称作‘争气机’。在未来战场上，它是要和敌人实打实、硬碰硬的，如果我们试飞员不能尽快把它的最好性能飞出来，我们将愧对祖国、愧对民族、愧对历史。我们漂亮地飞出来了，不辱使命，怎能不高兴?”

战鹰飞得再高，也有归巢的时候

当得知李中华获得"八一勋章"的时候，作为一名军人，作为一名军人的妻子，作为一名军人的后代，潘冬兰深知意义重大。她反复跟李中华说，全军首批就十个人，空军就你一个，这么重的荣誉给你了，太不容易了。你千万要低调、踏实，本本分分把自己做好……

新闻播出那天晚上，潘冬兰带着儿子一直守在电视机前。

熟悉飞行员职业的人都知道，为了让飞行员在飞行期间做到心无旁骛，飞行员的工作生活状态特别是家庭生活状态都是受到高度关注的。这一点尤其体现在试飞员的家庭里。因为试飞员在飞行时，遇到的极限挑战更多，更需要保持高度专注。如果此时受到外界困扰，说不准就酿成生命危险。

潘冬兰对此感受自然深刻。因为期间，凝结的是数十年岁月，凝结的是常人难以想象的心理压力。

只要丈夫在飞行，这种压力就永远存在。但是，时间长了，这种压力已经被磨炼成一种淡定。一种看似平静，却极其坚韧的淡定。

李中华曾说："我们家的事情，我只要有飞行的时候，她根本不跟我讲。什么事情都是她来处理，所以我也没什么分心的事情。"一个家庭，柴米油盐，老人需要照顾，孩子需要成长……这样一句轻描淡写的话，似乎说尽了数十年来潘冬兰为丈夫做出的一切，也饱含着李中华对妻子的深深感激。

李中华与潘冬兰是经战友介绍认识的。当时李中华在齐齐哈尔的飞行部队。潘冬兰家在长春空军医院，父母原来都是空军的干部。

李中华在恋爱前就决定找一位军人，因为他觉得军人肯定对自己的想法能够多一些理解，多一些支持。至于其他条件，他就没考虑太多了。

事实证明,李中华的这个考虑是对的。自从李中华和潘冬兰相识后,两人之间在很多事情上都有共同点,在恋爱阶段的话题就主要集中在工作、飞行上。李中华相信,既然妻子爱他,也就会爱他的事业。李中华至今记得当时两人还在两地分居的时候,妻子曾给他寄过一张明信片,上面写着这样一句诗:“虽然,我早已过了做梦的年龄,但是我懂得倾听、赞美和呼应……”

这种默契成就了两人的婚姻,也让潘冬兰从长春随军到黄土高坡上的小镇,从此数十年如一日默默地陪伴在丈夫身边,为这个常年在高空挑战极限、像战鹰般翱翔的男人,撑起一个温暖舒心的港湾……

这些年来,李中华回到家后,从不跟妻子说飞行的事情。李中华不说,潘冬兰也不问。至多问一下,明天飞什么,这个科目好飞吗,就不再说别的了。跟李中华一起在试飞团生活那么多年,潘冬兰从来没去过李中华的飞行现场。她说:“我就是不想去看飞行现场。”李中华深深知道,妻子这是因为担心而刻意回避。这种刻意回避,特别是在经历了身边战友的几次重大牺牲之后。

1994 年 4 月 4 日,李中华以前在学员队时的队长卢军光荣牺牲。由于是多年的战友,李中华与卢军感情很深,两家平时也走得很近,互相都很投缘。然而,转眼间,一位挚友就离开了,一个家庭由此破碎。卢军的牺牲给潘冬兰深深触动。她很自然地想到自己的丈夫。当时,李中华正在俄罗斯学习,尚不知卢军的噩耗。

那些天,潘冬兰一边为牺牲的战友难过,一边为李中华担心,天天夜里睡不好觉。4 月 7 日晚,屋外刮起了大风,家里窗子没关好,李中华的一架飞机模型被吹到地上摔碎,这更增加了潘冬兰的担忧。她在无比复杂的心境下,给远在俄罗斯的李中华写了一封信 :

中华：

今天，我接到了你的信，得知你各方面情况都好，我不知道有多安慰。只要你在那边快乐、健康，对我就足够了！

中华，别怪我啰唆，飞行时一定要非常谨慎小心，不一定急着赶进度，好吗？也可能我讲了外行话，但我的心情你会知道。飞行时你的急脾气就该控制，要沉稳谨慎，我说的对不对？无论飞什么科目都要认真准备，千万不能随便对待你认为毫无问题的科目。我是太啰唆了！其实我知道对待飞行你从不会马虎，是吗？

中华，算我求你，飞行期间别想我累不累、忙不忙，不用担心我会不会吃食堂。休息日就好好休息，飞行准备就认真准备，这就是我对你的要求，你的行为准则！其他不用操心！！！

另外，你常跟我说飞行需要勇敢，但这个勇敢一定要建立在科学的基础上，千万别蛮干！！中华，我相信你能处理好一切，我不会为你担心。你更不要担心我。我会把自己照顾得好好的。

昨天一场雷雨淋醒了地，放眼望去，几枝嫩绿的新芽倔强地闪着亮色，不禁让人感动，令人鼓舞。原来弱小的生命也是可以这般坚强，这般无畏的……窗外风刮得很大，雨也还在飘着。真想和你一起在风雨中漫步，不打伞，就让我挽着你的臂膀，默默地走，默默地感受天地的空远，生命的无限……

作为试飞团政治处的干部，潘冬兰这些年经历的身边战友的牺牲，并非此一次。1996 年 8 月 12 日，李中华所在试飞团的两个飞行员牺牲。潘冬兰当时负责照顾牺牲飞行员的家属，协调落实很多具体的后事工作。逝者都是试飞员，昨天见面还有说有笑，起飞后就再也没回来。

我们完全能想象，当时那种氛围，那种失去亲人的悲痛，对于同样是试飞员妻子的潘冬兰来说，在内心里是多么大的刺激。

然而，即便在这种情形下，潘冬兰也从来没有跟李中华说过，“你别飞了。谁谁谁都怎么样了，你怎么还要飞啊……”她只是反复提醒李中华要注意安全，而且把李中华的休息状态、作息时间等，盯得特别紧。

“我觉得，这是我爱人特别、特别、特别可贵的地方！”李中华一连用三个“特别”来评价妻子对自己的理解。

在妻子潘冬兰眼里，李中华是一个单纯、真诚、执着、坚强的人。作为丈夫，他是个有责任感的丈夫；作为朋友，他是值得信赖的朋友；作为军人，他是合格的军人。

战鹰飞得再高，也有归巢的时候。同李中华的接触当中，我感觉更多的，是他作为一名军人的阳刚、执着与坚毅，是他作为一名试飞员的专注、敏锐与激情，是他作为一个男人的粗犷、热情与干脆。然而，当我仔细品味这些生活细节，我才明白，原来在李中华和潘冬兰的内心世界，流淌着如此温情细腻的涓涓细流。这股细流缓缓流淌在数十年的岁月里，也流淌在两人对国家、军队、事业、家庭、亲人无比炽热的生命里。

面对越来越多的鲜花和掌声

从最初新闻报道中的主角，到全军、全国重大典型，全军优秀共产党员、全军爱军精武标兵，2 次荣获国家科技进步特等奖，被中央军委授予“英雄试飞员”荣誉称号，再到今天在建军 90 周年的历史时刻，作为全军首批“八一勋章”获得者接受习主席授予勋章和证书，近些年来，众多荣誉光环萦绕在李中华周围。

对于这些荣誉，李中华有着自己的体会。他觉得，作为一名军人，荣誉是军人的生命，当然要崇尚荣誉、珍惜荣誉，要为荣誉而战；但是，从某种程度上说，还要看淡荣誉。因为荣誉有的时候不属于个人，只是它戴在你头上了。比如"八一勋章",他始终觉得这份荣誉是属于空军的,给予试飞员这个团队和群体的，他只是其中的代表。

2007 年 2 月，由中宣部、总政治部组织的李中华同志先进事迹报告团先后走进北京、南京、广州、沈阳、抚顺、西安等城市。李中华"牢记使命、为国奉献，爱岗敬业、刻苦钻研，临危不惧、勇攀高峰"的英雄事迹，在社会各界引起强烈反响。

在处处被鲜花掌声包围的巡回报告过程中，很多事情深深感动着李中华，至今难以忘怀。

巡回报告团的其中一站是沈阳军区空军。李中华到达沈阳后，李中华的家乡辽宁抚顺的市委书记周中轩得知消息后，带着宣传部长专门赶到部队，请求报告团专门安排到抚顺去做一场报告。他动情地说，家乡出了这样一个英模，对家乡的地方建设、转型发展都会产生积极影响。李中华的英雄事迹被广泛宣传，抚顺市委迅速发出《关于深入学习李中华同志的决定》。

故乡是军人心中永远牵挂的地方。作为一名军人，李中华很早就离开家乡，每次回家也是来去匆匆。现在自己能够有机会为家乡建设做点贡献，李中华觉得很满足。

2007 年 3 月，报告团来到广州。这是李中华第一次到广州，有关部门利用报告空隙，请李中华到白云山参观。让李中华没想到的是，自己不是明星，那天也没有穿军装，但是在路上很快被几位从国外回广州探亲的老人给认出来了。老人们激动地请李中华合影留念，并和李中华聊起媒体上介绍的有关情况。其中一位老人感慨地说，"我们国家发展强大了，我们的军队强大了以后，我们在国外都骄傲自豪"。后来，李中华了解到，这几位老人中有一位是华南农业大学动物医学院享受政府特殊津贴的毛鸿甫教授，同李中华合影后，他说："要把照片寄给在美国学习的儿子，鼓励他以试飞英雄李中华为榜样，多为祖国建设出力。"

老教授的话，直到现在仍然让李中华颇为感慨。他觉得，国家和军队的强大，才能真正让中国人更加有尊严，才能真正让"中国人"这 3 个字在全世界更加有分量；在这个过程中，自己能有机会为国家做一点贡献，是多么幸福的事情！

是的，时代需要英雄。走向强大的国家和军队尤其需要用英雄的精神，来激发出干事创业的源源不断的动力。从 2007 年到现在 10 年多的时间里，获得的荣誉越多，李中华就愈发谨小慎微，愈发保持着低调而积极的工作生活状态。因为他觉得，组织上给了他这份荣誉以后，战友们看他的眼光和标准就不一样了，他一定要让大家觉得自己是过硬的。这不是说出来的，而是靠一件事一件事做出来的。这也不是靠一天两天做出来的，而是长年累月，经得起时间检验的。所以，这些年来，无论是下部队，还是执行飞行任务，包括带队出国执行任务，李中华都尽最大努力让自己工作到位、工作过硬，经得起检查、经得起质询。

军人的最高奉献是胜利

有人把李中华比作"与死神掰手腕"的人，也有人把试飞职业称作和平年代离死神最近的军人职业，然而李中华并不愿意更多强调这种风险和牺牲。

李中华告诉我，他很赞同金一南教授说的一句话："牺牲是军人的最大付出，不是军人的最高奉献。军人的最高奉献是胜利。使命在要求我们，父老兄弟也在关注着我们。国家和人民养育这支军队，不仅需要军人关键时刻能够不怕牺牲，更要求军人任何时候都能够夺取胜利。"能以最小的牺牲换来胜利，这就是军人的价值所在。所以，在李中华管理试飞部队的时候，他一直给战友们说，试飞部队不要强调自己牺牲了多少，而要讲我们以多么小的牺牲，换回了多么大的成就。他觉得，试飞员是一个最讲究团队精神的群体，试飞本质上就是“试错”，就是前赴后继。站起来就是经验，站不起来就是灾难。

普通人可能永远也无法理解一名试飞员对于蓝天的理解。风险乃至死神随时可能降临的天空，在他们眼里，就像老农眼中的土地一样，浸润着艰辛，也孕育着收获的希望。一旦驾驶战机飞向长空，他们就感觉像鱼儿重新回到了江河大海，战鹰重新回到了自己的世界。因为那里是他们生命的高地，那里是他们实现价值的制高点。

离开飞行岗位后，有一段时间，李中华经常梦到自己飞行。每次梦到飞行，他就总想到飞行部队去，现场感受一下战机，感受一下蓝色的天空。

那种感觉，真是特别好！

李中华说，每次在天空飞行，他就有一种“海阔凭鱼跃，天高任鸟飞”的感觉。可以在天空中自由地穿梭，上下飞舞，可以云上云下，感受云上晴空万里，云下细雨蒙蒙……

当然，战鹰凌空不仅是为了自由翱翔的快乐。除了这种常人难以体会的激情与快感，李中华钟情飞行，还因为其中蕴含着更为特殊的成就感。他给我作了一个非常形象的比喻：有些时候，人就像我们看到的赛车手，为什么拼了命要做那么刺激的动作？像斗牛士，在牛背上骑 8 秒、10 秒，最后摔得够呛？就是因为其中有一种成就感，有一种征服的喜悦。试飞也是这样，我跟着这个型号不断进步，我看着它不断地成熟。每一次克服困难，每一次解决问题，每一次跟工程师的合作，每一次跟设计师的交流，都能给机型带来改进。这就特别有成就感，这是我作为军人的责任和价值。“作为试飞员，必须坦然面对生死；作为军人，使命永远高于生命。”“只要党和人民需要，不论是试飞高风险科目，还是驾机飞赴战场，我都会无所畏惧，义无反顾。”

那天，朱日和举行沙场阅兵，当在电视上看到飞行编队从朱日和上空呼啸而过的时候，我问李中华：“那里面有你参与试飞的机型吗？”

“有啊！歼-10，歼-11B……”

“看着它们飞过去，什么感觉？”

“很向往。真想再飞一次！”

…………

是啊！战鹰为什么让人敬畏，因为战鹰振翅九霄，一去万里，敢以生命与风雨雷电相搏。锐利的眼神，强壮的翅膀，敏捷的身形……它是强者的代名词。战鹰盘旋于长空，俯瞰大地，在它翱翔的天宇之下，是深深眷恋的家园！

战鹰的世界，跳动着战鹰的灵魂！

“兵王”王忠心

张磊峰

王忠心，安徽休宁人，1968年10月出生，1986年12月入伍，1991年7月入党，现任火箭军某旅班长、一级军士长，十二届全国人大代表。入伍30多年来，他熟练操作3种型号导弹武器，精通19个导弹测控岗位，执行重大任务28次，参加实装操作训练上万次，为部队建设发展作出突出贡献。先后被评为全国道德模范、全军爱军精武标兵、全军优秀共产党员、践行当代革命军人核心价值观新闻人物、百名好班长新闻人物，原第二炮兵“十大砺剑尖兵”“十大优秀士官”“十大好班长标兵”，4次获全军士官优秀人才奖，荣立二等功1次、三等功2次。2015年3月，被原第二炮兵授予“践行强军目标模范士官”荣誉称号。2017年被中央军委授予“八一勋章”。

不厌烦事小 只要求干好

王忠心

王忠心是一个兵，只是一个兵。

其貌不扬，语不惊人，老兵王忠心总是队伍里最不起眼的那个。有人开玩笑说，他若换上便装，提起渔网像渔夫、拿起锄头像农民。

可你要是往深里接触，特别是谈起导弹专业，王忠心的眼睛立马发光，像被取掉阀芯的水龙头，话题一旦打开就止不住，他身上散发出的神采与自信会让你分明感到：这个老兵不一般!

一个兵能有多不一般?

有这样一个时刻彰显出他的不一般：2015 年 1 月 21 日，中共中央总书记、国家主席、中央军委主席习近平视察火箭军某基地时，曾指着军史馆中王忠心的照片对身边的人说：“这个兵，我认识！”

2012 年 12 月 5 日、2013 年 3 月 11 日、2016 年 12 月 12 日、2017 年 7 月 28 日——这是习主席 4 次同王忠心亲切握手的日子。

有这样一组数据记录着他的不一般：熟练操作 3 种型号导弹武器，精通测控专业全部 19 个号位，实装操作上万次，无一差错；先后参与执行重大任务 28 次，操作和指挥发射多型号导弹武器，次次精彩，发发命中；培养出 200 多名技术骨干，有 40 多人进入火箭军和基地技术尖子人才库，帮带出 10 余名全国、全军和火箭军先进典型，是部队上下公认的“操作王”“排故王”“示教王”；4 次获全军士官优秀人才奖，荣立二等功 1 次、三等功 2 次……

战友们说，30 多年来，王忠心没有做错一个动作、没有下错一个口令、没有接错一根电缆，这就是“兵王”的传奇。

品读王忠心，如同读一本书，11300 多个日日夜夜组成的军旅画页，页页藏珠玑。如若漂去华丽油墨，一张张画页其实只有一种永远不褪的底色——我是一个兵。这底色，铸就了一个普通士兵的不朽军旅传奇。

名字是出生时爸妈取的，信仰是一辈子干出来的

朴实 忠心

你叫王忠心，那什么是忠心？

时刻听从党召唤，党叫干啥就干啥——一提到"忠心"二字，朴实的王忠心总会重复这句朴实的话。对于王忠心而言，忠心的含义就是这么简单。

从一个农村娃到一名优秀战士，王忠心知道是党教育了他，引领着他不断成长进步。王忠心也总是不遗余力地学习党的创新理论，这么多年，每次部队组织学习教育，王忠心一直都是最认真的那个。

"习主席的教诲、嘱托，既是勉励，更是鞭策。"多次受到习主席接见的王忠心，并没有迷失自我，反而时刻告诫自己："我叫王忠心，就要时刻谨记对党忠心。"

当兵30多年，王忠心有个老习惯：每次上级配发教育读本和参考资料，他都主动去借阅，先睹为快；每次上完政治教育课，王忠心总是要复习一遍，加深认识。

久而久之，战友们给王忠心取了个外号叫"学习狂"。战友开玩笑地说："王班长，这些理论你早就学过了，还学它干吗？"

"学习永无止境。"这是王忠心对学习观的认知，他常跟身边的战友说：党的理论博大精深，只有不断用党的科学理论武装头脑，才能树立正确的世界观、人生观和价值观，坚定投身国防事业的政治信念。

朴实的王忠心也会讲大道理。面对身边不爱参加学习的战友，王忠心常幽默地告诫他们：不学习思想就会缺钙，头脑就会丧失控制力，身体就会失去免疫力。

有一回给战友们上专业课的时候，课上到一半，王忠心突然发现有战友开小差，便一脸认真地问大家："同志们啊，你们当兵是为了啥？"

有的战友说是为了锻炼自己、磨砺意志；有的说是为了考军校、当干部；还有的战友直言不讳：为了以后回家得到政府安置。

听完之后，王忠心笑着对大家说："不管你们的'小目标'到底是什么，又为了什么来当兵，但我们既然选择了，就得好好干下去。有时尽管很累很枯燥，但有这么多战友在一起，这一切又算得了什么？如果大家当兵只是为了达到个人的目的，不好好学专业、练本领，又有谁来保卫我们的祖国，保卫我们幸福的生活……"

王忠心的话总是很朴实，大家听过无数遍，可从他嘴里说出来总是显得格外有力量。接下来的课，大家听得很用心。

行得正，说话当然有力量。30多年来，王忠心写下了30多本、100多万字的理论学习笔记，成为连队的"理论学习标兵"。接触过王忠心的人都说：这个标兵我们服！他把理论学到骨子里了。

2013年，王忠心当选全国人大代表。

在审议政府工作报告时，王忠心特意将"坚持党对军队的绝对领导，维护和贯彻军委主席负责制"这句话作了标记。

他感慨地说："党的十八大以来，国家面貌焕然一新，我军经历了革命性、整体性重塑。这一切，根本在于有习主席这个核心、军队统帅的正确领导。"

由于平时训练任务繁重，王忠心只能挤出时间"当代表"。每年建议起草前，他都会花三四个月的业余时间进行调研座谈和资料收集，光是调研手记就厚达3本600多页。

该旅一些单位地处偏远，可按照以往的规定，官兵生病只能到本单位的医疗门诊或指定的军队医疗系统就医，"就医难"一直是困扰大部分官兵的烦心事。王忠心迅速对此专项调研，跑医院、找医生，不知道的还以为他得了啥大病。

在王忠心的积极呼吁下，如今，该旅已经依托本级卫生系统、联勤医疗保障机构和驻地定点共建医院，打造“三位一体”医疗保障体系。旅卫生队在加强病房基础设施配套的同时，与驻地多家医院签订共建协议，实现了“小病不出营门、大病体系保障、急诊驻地接纳”。

在履职人大代表5年的时间里，王忠心跑遍了附近的大小兄弟单位，收集第一手资料，积极建言献策，主动播撒理论种子，作了20多场次的理论辅导和政策宣讲，先后向全国人大提交5份高质量议案。

“两会”期间，一条“忠心热线”火热上线。

2014年3月16日晚，中央电视台的《新闻联播》节目刚刚结束，王忠心所在旅技术营的“忠心热线”便准时响起。作为全国人大代表，王忠心在赴京参会前便与战友约定，他在会议期间每天打电话回来，给大家传达会议精神，与战友分享参会感受。

王忠心激动地告诉战友：“习主席勉励我们，实现强军目标，必须勇敢承担起我们这一代革命军人的历史责任……”

2013年入伍的大学生士兵小张得知习主席鼓励大家“努力在强军兴军征程中书写出彩的军旅人生”后，兴奋难抑：“我就是在您的影响下参军入伍的，一定向您看齐，争取做出成绩。”

“相信你的军旅生涯也会同样出彩！”王忠心热情地鼓励新战友，一股强军兴军的正能量在官兵心中积聚、传递。

当兵30多年，王忠心的忠心不仅表现在切身行动之中，更体现在困难面前的抉择上。

2002年，兵龄满16年的他面临走留的艰难抉择：一位江苏籍退伍战友得知后打来电话，劝说王忠心退伍，他将高薪聘请王忠心去他的公司上班。

这份报酬是王忠心当时年收入的4倍之多。

“这是个好机会呀！”王忠心的亲朋好友也替他感到高兴，认为机不可失，劝他答应。

然而，王忠心做出了令大家意料之外的决定——他谢绝了老战友的好意邀请。原因很简单，却只有他自己知道，他始终未改扎根军营的初衷，认定困难只是暂时的，办法总比困难多。

王忠心深信，只有正视自我才能正确对待选择，端正心态才能用心工作。

王忠心坚定的态度令他的老战友敬佩不已，从此再未说过劝他退伍的话。而王忠心也凭着执着的信念，一步一步走出家庭生活的困境。

如今，已近知天命年纪的王忠心依然奔波在演训一线、操作间和连队班排。在他的影响和带动下，他所在旅的中高级士官群体充分发挥“酵母”作用，培养、帮带了一大批技术骨干和技术人才，逐渐成为一道独特的亮丽风景。

“名字是出生时爸妈取的，信仰是一辈子干出来的。”好个忠心耿耿的王忠心，此时无声，一默千钧。

性格里的倔强，源于对打赢的渴望

倔强　必胜

1991年秋，高原戈壁，刚刚列装一年的某型号导弹实弹发射进入最后时刻。

指挥所内，年仅23岁的王忠心已是关键岗位的操作手。他步履稳健、口令清晰，分解、通电、检测、组合……每一个动作都精准到位。

“5、4、3、2、1，点火！”随着指挥员一声号令，导弹挟雷裹电，直冲云霄。数分钟后，落区传来捷报，导弹准确命中目标。

庆功会上，刚从士官学校毕业的实习生王忠心出现在领奖台上。主持人介绍他的事迹：一个接触新型导弹才一年多的“新兵”，能担任关键岗位操作手，而且操作精准无误，这在全旅尚属先例。

现场谈获奖感言时，王忠心的话简单而深刻：“武器装备越是现代化，越是需要操作精准。国家花那么多钱培养士兵骨干，要的就是精准可靠。”

掷地有声，直抵人心。

王忠心当兵的30多年间，正是火箭军部队跨越发展的关键时期。在此期间，王忠心所在旅经历了2次武器装备换型，先后装备了3种型号导弹武器，一种比一种先进，一种比一种威力大，一种比一种对官兵素质要求高。

每次装备换型，王忠心都战斗在新装备交接、列装的第一线，一步步成长为导弹地面控制领域全旅当之无愧的“大拿”。

王忠心对装备的学习痴迷程度可以用12个字来形容：“缺什么、学什么；学什么、精什么。”

20世纪90年代初，王忠心所在旅装备换型之时，“海湾战争”烽烟正浓。每天看到电视上导弹呼啸的镜头，昔日的“金牌操作号手”悄悄在心里给自己打上了一个大大的问号：“高精尖”时代，迈不过去“高科技”这道坎儿，再耀眼的“金牌”也会失去光泽，如果换成自己上战场，能把仗打成什么样呢？

想到这些，王忠心恨不得自己驾驭的武器第二天就能形成战斗力。

缩短武器战斗力生成周期，一名士兵要做的就是自身能力升级。人们印象中，攻关这些火箭军部队的高精尖装备是专业干部的事，一名战士带头参与攻关新装备，这种情景着实少见。

新型号导弹与老型号相比，设计原理截然不同，那一张张密密麻麻的电路图纸和从未涉足过的计算公式，对一个门外汉来说无疑是天书。

用笨办法学习理论。改学测试控制专业的王忠心抱着“学什么就要学通，干什么就要干好”的朴素愿望，翻烂了《电子线路》《模拟电路》等初级教材，把十几米长的装备结构图化整为零，反复默画背记。

用巧办法攻坚克难。面对迷宫似的电路图，他像庖丁解牛一样分解成若干个小电路图，把每个小电路图与相应仪器设备对接，再将测试流程、工作原理与细化的小电路图串成一条线，达到了形象直观、化繁为简的效果。

用严办法掌握规程。每次训练都一丝不苟，仅一个电缆插拔动作就练习上千次。“三板斧”下来王忠心创造了“神话”：在经历的 3 种型号

大漠戈壁，火箭军某导弹旅导弹发射瞬间

导弹武器中，19 个专业他样样精通，赢得了“操作王”的美称。

老兵王国胜至今仍清楚地记得，第一次和王忠心一起参加装备训练的情景。

偌大的训练场上，数百双目光的注视下，王忠心递给他一根电缆让他练习 2000 次插拔电缆插头。

“如此简单的动作也要专门训练，这哪是高科技部队啊，该不会是故意整我的土招法吧？”王国胜嘴上不说，仍觉得情面难堪。

王忠心没言语，让王国胜站在一边，自己纵身跑向不同战位，手腕粗的电缆插头在他手中如仙女织布，针线飞舞，不到 10 分钟，数百个电缆插头悉数对接完毕。

“你去按照型号标准挨个检查一下！”王忠心一声断喝惊醒了发呆的王国胜，连忙拿着标准参数逐个对比，几十圈查下来，眼里只有大写的“服”！

不同型号、不同类别、重达数十公斤的上百根电缆，普通号手整个流程跑下来耗时几个小时也绝非易事，而这位传说中的“操作王”仅在如此短的时间内就能使数百个插头全部精准到位，若不亲眼所见，实在难以置信。

“导弹号手操作动作要求稳、准、精、细，武艺来自千百次训练，不管武器装备如何升级换代，我们号手始终要确保战位‘零差错’‘零失误’！”

王忠心一句话让王国胜瞬即懂得了“号手”的意义，体内陡然升腾一股兴奋的力量，对眼前这位传奇人物也有了真正的认同感。

难怪他与 1 台仪器、1 副面板、7 块仪表、30 余个开关按钮相伴 30 多个春秋，始终如同蜜月一般；旅里武器装备先后数次换型，他都是第一个通过操作认证，并为新装备编写了 20 余套训练教材；每次新装备列装前，他都加倍珍惜到厂家学习的分分秒秒，回来后广收徒弟，使旅里战略人才储备成倍递增；历次参与重大任务中，从没有下错一个口令、做错一个动作、连错一根电缆、报错一个参数、记错一个数据、损坏一件仪器、按错一个按钮……

对于一个导弹号手来说，一时不出差错，是要求；常年不出差错，是出色；从来不出差错，是传奇。

技术水平一步步提高，王忠心的职级也一次次顺利晋升。感恩的王忠心不再满足于当一名会操作、懂原理的号手，他更想成为能把关、善于排除故障的技术尖子。

又一次“涅槃”开始了。王忠心开始慢慢研究导弹机理，并逐渐涉猎整个测试控制专业。

没有人知道王忠心付出了怎样的努力，但王忠心的成绩所有人都看得见：专业样样精通，走上指挥岗位。

软肩膀挑不起重担子。作为旅技术把关组唯一一名士兵组员，每次导弹出入库检测和年检，以及驻训演练、实弹发射等重大任务期间，王忠心除了担任控制指挥外，还要深入一线把关指导，临机处置技术故障。

2007年秋，部队开赴西北地区，执行检验性实弹发射任务。

按照发射流程，发射前需对导弹进行综合整治调试。在一次重要分系统测试中，一个信号指示灯一直没有显示。

这种现象非常反常，以前从未出现过。眼看着发射窗口越来越近，晚一天，哪怕晚一个小时排除故障，都会耽误实弹发射进程，进而影响上级的战略意图和演练大局。

紧要关头，王忠心临危受命，带领技术组排除故障。只见他打开相关的4张电路图，在地板上平整展开，一边顺着电路图进行推演，一边不停地报着装备参数，快速地剔除着多种“不可能”。

周围的人都屏住呼吸，焦急地等待着结果。一个多小时后，王忠心把故障锁定在一块电路板上。通电检查，果然是这块电路板上的一个电容被击穿了。换上新电容后，指示灯显示正常。整个处理过程如行云流水，一气呵成。

几天之后，一枚新型导弹在西北戈壁拔地而起，直冲云霄，打出超高精度。

兵器生产厂家的技术人员感叹："多亏了那个黑黑瘦瘦的老兵。要不然，发射时间肯定要推后。这样的兵真的堪称'镇旅之宝'！"

名声大噪的王忠心没有因为外界的赞誉沾沾自喜，对导弹技术的极致追求，反而让他朝着更高的目标不断迈进。

2009 年，部队远赴荒漠戈壁进行跨区驻训演练。

王忠心赴深山哨所宣讲交流

在一次对抗性模拟实弹发射中，导弹在离发射窗口不足3分钟时突然出现异常，数十个警报灯同时亮起。刺耳的警报声让现场的任务官兵慌了神，一个个都束手无策。

这时，有人提议立即叫停演习，赶紧排除故障，避免给国家和军队造成更大的损失。危急关头，这不失为一种明哲保身的办法。

可王忠心不这样想。虽然是模拟实弹发射，但所有的武器装备用的都是实装，所有的发射流程都已按照实战状态走完，这个时候出现故障，如果不及时排除，轻则损坏导弹元器件，重则弹毁人亡。

箭在弦上，分秒必争。只听王忠心斩钉截铁地说："这要是在战时，我们能叫停战争吗？！"

话音未落，他一个箭步冲上导弹发射车，迅速打开控制面板，在一连串让人眼花缭乱的操作动作中，奇迹般地找出了故障。整个过程用时不到2分钟。

当他排除完故障，撤到安全地域时，导弹呼啸升空，精准命中目标。

沧海横流，方显英雄本色。

有一年，王忠心所在旅担负上级赋予的导弹延寿整修任务。经过3个月的技术改造，一枚超期服役的导弹崭露新姿，等待最后的综合测试。不料，弹体刚通电，保护系统立即启动跳闸保护，无法操作。

连续奋战3天3夜也没找到问题所在，生产厂家的技术人员急了，参与该型武器设计的专家闻讯赶来，还是无法确定故障点。

这时，王忠心根据多年排除故障的经验推断：故障应该出在电缆连接环节。

顺着他的思路，专家和技术人员终于在数以千计的电缆插头中发现了问题，原来是两根电缆接反了。事后，一名专家感叹道："排除故障离不开操作实践，这个士官了不起！"

王忠心一次次用技术和胆识刷新着大家对一个兵的认知。

一次旅里组织新装备的实装操作演练，在发射营阵地上组装后的仪器突然出现了故障，无法启动。大家急得像热锅上的蚂蚁：厂家技师、武器专家一系列人员悉数登场，整整 4 天，愣是没查出个结果。

王忠心虽然不是科研人员，但是也在反复思量，他突然想到有 2 个零部件极其相似，会不会是安装上出现了差错。再次复现故障，结果印证了他的想法。

现场的专家和技术人员由衷地向他伸出了大拇指。

一位将军听了王忠心的先进事迹后，曾深刻感叹：在推进军事人才体系建设的征途上，士官队伍既是主体，更是主力。

技术型士官队伍崛起并担当主力，夯实了战斗力基础；专家型高级士官涌现并挑起大梁，丰富了战斗力生成模式。

王忠心就是这支技术型士官队伍的领军人物。

他的身后，站起了一群兵

做人　育人

品味王忠心的传奇，不能不提他对部队人才队伍建设所作的贡献。

新兵第一次参观旅史馆，班长们总要指着老王的“光荣照”津津乐道。听完“兵王”的传奇故事，新战士们都想找王忠心“拜师”，但大家心里也打鼓：既然兵王这么厉害，会不会脾气不好难接近？

恰恰相反。论名气，他家喻户晓；论兵龄，他全旅最长；论能力，他专业全能……但王忠心之所以那么让人亲近，还是因为他对待战友没有一点架子，如同自家老大哥一般。

2013 年 3 月 11 日，习主席在出席十二届全国人大一次会议解放军代表团全体会议后，听取了王忠心的汇报。习主席动情地说："部队建设需要更多像你这样的士官技术骨干。"

习主席的殷切嘱托，是肯定和褒奖，更是勉励和鞭策。

可是，老师并不好当，对学历不高的王忠心而言，更难。

"要给别人一瓢水，首先自己要有一桶水。"这是王忠心总结出的带徒经验，每次在给旅"四会"教练员上课前必讲的一句"开场白"。

为了能胜任"教员"岗位，王忠心坚持每天清晨背记导弹专业理论知识，常对着大树练习"讲解"，对着镜子作示范，一练就是大半天。刚开始上台授课时，尽管王忠心紧张得满头是汗，却凭着独到见解和坦诚态度赢来阵阵掌声。

后来，经过不断尝试，王忠心又摸索出"四会"教学经验，并整理成笔记，毫无保留地传授给其他战友，极大提高了营队"四会"教员的整体教学水平，为此他受到旅领导的高度赞扬。

每年秋季，旅教导队导弹专业教室定期开讲，王忠心是"铁定"的授课人。面对刚从地方大学入伍的新学员，他从不觉疲倦，恨不能把自己所掌握的全部技能倾囊相授。

王忠心有这么一种个性：不怕你向他提多难的问题，不怕你占用他的休息时间，就怕你不懂装懂。三级军士长黄峰对于这点记忆深刻。

一次，黄峰在训练时犯了错误。王忠心看到后，主动上前给黄峰讲解装备操作要领。讲完一遍，王忠心从黄峰闪烁的眼神中发现，黄峰还是没弄懂，但又不好意思说。于是，王忠心便一连讲了好几遍，直到黄峰脸上的疑惑全部解开。

对此，黄峰十分感慨："对待我们这些年轻战友的成长，他从来都不遗余力，真心希望我们进步！"

毕业于某知名大学的王治基下连时，旅里安排王忠心与他结成帮带对子。让自己向一个只有中专学历的战士拜师，尽管对王忠心的“名望”有所耳闻，但王治基还是半信半疑，心有不甘。

一次实装检测中，电脑显示某项测试数据超标。旅里安排王忠心组织技术人员排障，王忠心却因紧急任务无法赶往现场，营里只好派王治基带队排障。

让王治基愁眉不展的是：技术操作中，能想到的方案都试了，数据仍然不稳定。

无奈之余，王治基只好抱着试一试的态度偷偷向“老师”讨教。电话那头，王忠心听完“症状描述”后，立刻让王治基安排 7 号手检查导弹某设备靠左第三根电缆。

撂下电话，王治基回到现场重新下达排障方案，一查，果真是那根电缆出了问题。

此事，让王治基佩服得五体投地，更坚定了他跟着王忠心学本领的决心。

在王忠心的帮带下，王治基很快成为导弹控制专业的“大拿”，先后荣获“全军优秀指挥军官”和原第二炮兵“十大砺剑尖兵”殊荣，并被破格提拔为旅装备部部长。

2007 年 12 月 7 日，头顶“北大”光环的高明走进战略导弹部队，成为当年一大新闻。

新兵一下连，营领导就领着高明找到王忠心：这个北大的高才生交给你了！

从此高明拜入王忠心门下，这位焦点人物一时间成为全旅官兵议论的热门话题。可让人大跌眼镜的是，高明在营里组织的第一次专业理论考试中，竟然只考了 47 分。

王忠心并没有责备高明，而是告诉他不要气馁：面对全新的专业，大家都在同一起跑线上，“北大”只是过去的名片，而“战士”才是军营的通行证。

随后，王忠心专门给高明制订学习计划，每天辅导督促他学习，还让他自学电工学、电子电路、机械制图等多门与导弹专业有关的课程，并要求他把导弹测控专业的核心电路图搞得清清楚楚、明明白白。

功夫不负有心人，第二个月的理论考试，高明考了94分，全营第3名；第3个月理论考试，高明考了97分，全营第1名。

在所有徒弟当中，高明是让王忠心最有成就感的一个。聪明好学的高明在王忠心的调教下，仅用1年多时间，就成为控制专业2号操作岗位的“金牌号手”。第2年，高明就赴高原执行任务，并担任一岗操作号手，圆满完成任务，年底荣立三等功，随后被评为“全国优秀大学生士兵”。

有人问王忠心为何如此器重高明。他回答说，看到高明，就看到年轻时的自己。

一位有着30多年教龄的军校教授到部队了解到王忠心带徒弟的事迹后，感慨地说：“如果说部队是所大学校，王忠心至少得评个特级教师。”

如同一枚硬币的两面，对待年轻的战友和徒弟们，王忠心的一面是耐心，一面则是严苛。他的这些徒弟中，不论是走上领导岗位还是在地方建设中小有成就的，看到王忠心，都会毕恭毕敬地喊上一声“师傅”。

技术分队情况特殊，官兵的年龄、知识差异较大，管理上会遇到不同的棘手问题。王忠心善抓敢管、以理带兵，努力做到“问题不出班，矛盾不上交”。

2010年，连队接收新装备，有2名高级士官因晚上加了班，借故不出早操。

很少红脸的王忠心发火了：“连队把我们当个‘宝’，咱们更应该严格要求自己，千万不能把‘宝’变成了‘问题仓库’！”语气平静，却不容置疑。

随后，王忠心还专门召开班务会开展批评和自我批评。这 2 名高级士官认识到自己的错误，主动作了检讨。

后来，有人把王忠心的带兵秘诀总结为“王忠心科学带兵 24 法”，并在全旅推广。

王忠心在连队影响力如此之大，连队里干部会不会有意见？当被问到这个问题的时候，连长黄胜清摇了摇头：“没有嫉妒，只有感激。”

翻开王忠心的弟子名录，可谓人才辈出。

“科技练兵模范战士”徐海波、“全军优秀指挥军官”董慧等“风云人物”，都是他带出的“徒弟”。30 多年来，王忠心甘为人梯育才，换来桃李满园，他带的“徒弟”先后有 38 人立功受奖，11 人考入军校，5 人提干，近百人成长为基地、旅两级技术尖子，6 人走上旅团领导岗位。

“这是一份何其显赫的‘弟子名录’，简直就是一支导弹劲旅全面形成作战能力的人才梯队！”部队领导对此作了生动注解。

“王忠心是个好人”，这是所有人对王忠心的评价。大家给王忠心的评价中还有三个第一：首先是做人第一，其次是技术第一，第三是作风第一。

佩戴着中国士兵的最高军衔，早已获得荣誉无数，却心甘情愿为他人作嫁衣，一丝不苟给别人当老师，这样的人还能不是好人？王忠心的好，还在于他不仅是大伙儿技术上的老师，更是人生中的导师。

今天哪个战士愁眉苦脸了，明天哪个骨干闷闷不乐了，王忠心都要凑上去问个究竟。每当战友遇到困难时，王忠心总是满腔热情地提供帮助。2012 年年初，班里一名战士因结婚买房凑不齐首付，王忠心就把自己的工资卡硬塞到他手里，让他把卡上的 4 万元全部取走。

那年王忠心去北京出差，已退伍的大学生士兵高明得知消息后，立

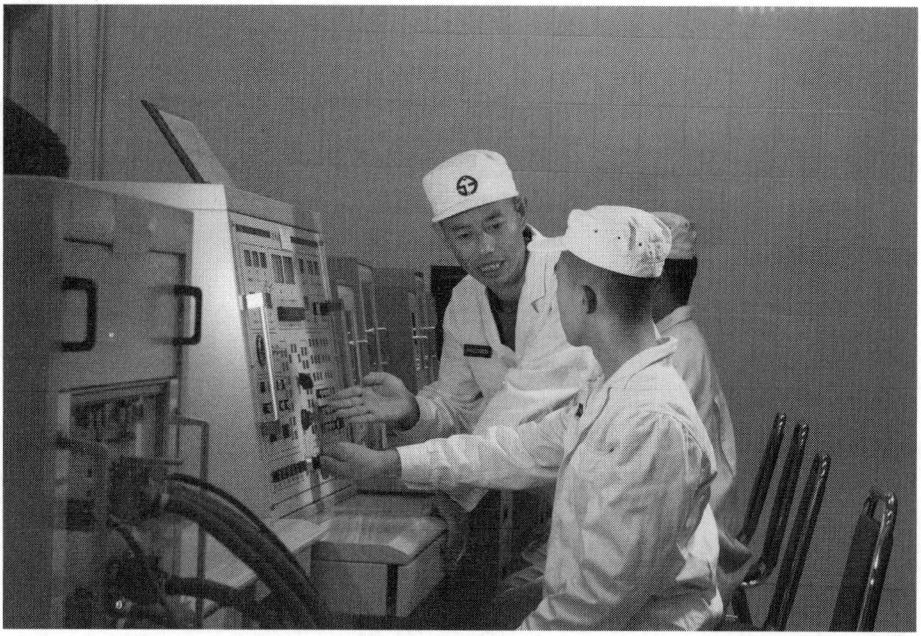

王忠心悉心帮带

即从住处赶去见王忠心。

虽同在首都，可两个人却相距甚远。高明一路上打车、乘公共汽车，经过一个又一个十字路口、公交车站。

不巧的是，王忠心当时已办完公事，正准备归队。刚走到门口，只见高明气喘吁吁地冲到面前，"王班长！"高明喊了一声。

霎时，两人紧紧地抱在一起，没有过多的话语，男人间、战友间几分钟的拥抱诉说了一切。

和高明一样，成名后的徒弟们，不论在部队还是在地方，都会经常去看望王忠心，或告知近况，或向他倾诉，或讲述自己的所见所闻。

还有的徒弟会特意来跟王忠心交流心得体会，王忠心一如既往地推心置腹。

王忠心常说："一个好班长可以带出一批好兵，而士兵强了，部队也就强了。"如今，他的身后，站起了一群兵。

因为真实，所以可敬；因为真情，所以可爱

真实　真情

“兵王”的生活，和普通人没什么区别。

离营区大约5千米的旅家属院一套80平方米的团职房，是老兵王忠心享受的待遇。走进王忠心的家，整洁、明亮、朴实、简单，家如其人，让人温暖踏实。

王忠心的爱人杨洪苗快人快语，每当聊起老王，她总是幸福洋溢在脸上："很知足，老王的工资足够一家生活，还有节余，与普通人比我已算是嫁了个富贵人家！"

没有预想中的“诉苦”，倒是王嫂简单的幸福观让人感动。有人问："听说你们结婚20多年，经常聚少离多，家里老小全靠你一人，怕不全是幸福吧？"

“我们都来自农村，那点苦怕是多数人家里都有，我们老王凭自己的本事撑起这个家，得到那么多荣誉和尊重，多好的事啊，至于我在家承受的，那是本分，不苦，所以我幸福！”

听得出来，王嫂的话言由心生！

提起当年王忠心上门时的场景，杨洪苗更是笑得合不拢嘴。

提亲时要有彩礼，这在农村是再正常不过的事了。可据王嫂回忆，王忠心第一次上她家，不但只身一人，而且两手空空，这在杨洪苗的老家实在少见，连朴实的杨洪苗都对他有些意见。

好在杨洪苗的父亲通情达理，不拘泥于世俗之事，他对两手空空的

王忠心非但没有生气，反而很有好感，觉得王忠心实在。他告诉女儿，从小王的言行举止可以看出他的人品很好，相信他对女儿的情意是真的。

在杨洪苗的眼里，王忠心做什么事都是本本分分，从不走投机取巧的"偏门"，他认为凭自己的能力能得到的，自然能得到，超出能力之外的，就不要去空想。

丈夫的孝顺也让妻子感动不已。2010年，老丈人生病住院，面对高额的医疗费用，手头拮据的王忠心二话不说东挪西凑拿出1万多元。

有一年预选士兵提干，王忠心测评排名靠前。可结果下来之后，王忠心没有提干。有人替他抱不平：为什么不去走动走动？

王忠心却说：提不提得成靠的是工作，走动那一套我不会干。每次去领导家串门，杨洪苗都劝他提上一瓶酒或一条香烟，他都不予理睬：干好工作就是对领导最好的回报，带这些做什么？

在杨洪苗眼里，丈夫不仅是一个不懂得"办事"的人，也是个不懂得浪漫的人。结婚这么多年，王忠心没有给杨洪苗买过一次礼物，也没有说过一句动情的话。

但杨洪苗的幸福在于，王忠心每次回到家中都会帮助她一起做饭和料理家务。如果孩子过生日，他们就在家里为孩子准备派对，请孩子的同学到家里来一起庆祝。他们自己过生日，王忠心在家时就会多炒几个菜，王忠心不在家，彼此就给对方发条祝福的短信。"平平淡淡才是真。"王嫂直言，丈夫让她感到很踏实。

1999年，服役期满的王忠心转业回到老家。同年5月，他和妻子在老家经营起一家新缝纫店。

然而，5个月后，王忠心突然连续接到3份从部队发来的电报，要他立即归队。王忠心一时不敢相信，自己都已经退伍了，怎么可能还要被召回部队。当他回到部队才知道，全军正在实行第一次士官制度改革，他被告知留下继续服役。

这个消息让王忠心兴奋了好几天。而对于远在老家的妻子来说，杨洪苗虽然也颇感欣慰，但同时意味着整个家庭的重担一下子又落到了她一个人的肩上。

双方父母都已年迈，只能靠着自家的三分地过活。杨洪苗既要照顾嗷嗷待哺的孩子，又要照顾年迈的双亲。因为分身乏术，很快，她的缝纫店也陷入了危机，经济入不敷出，最后连房租都付不起。

杨洪苗把店面转让后，又在一所学校附近开了个小服装店。可生意还是不景气。到了年关，无奈的杨洪苗只好再次把店面转手，为此她几乎赔光了家里所有的积蓄。

王忠心得知后，在电话中多次宽慰妻子：“不要紧，困难总会过去的。”

但不知为什么，丈夫平平淡淡的几句话，总能给杨洪苗莫大的力量和支撑。每当生活的重担压得她透不过气来的时候，她就在内心不断重复丈夫对自己说过的：“不要紧，困难总会过去的。”

2004年春，王忠心和杨洪苗终于迎来了小家庭的春天。按照相关规定，杨洪苗随了军，正式从老家搬到驻地生活，并入住部队家属院。

王忠心与杨洪苗的女儿名叫王杨，单听名字，就会让人联想到这一家三口的感情有多好。

在女儿面前，王忠心常常表现出一种严肃的父爱。俩人在一起话不多，感情却很深，每次听到有人叫父亲“老王班长”“老兵”时，天真的女儿总爱辩驳：“我爸不老！”

遇到周末休息时间，王忠心总喜欢骑着自家的电动车，送王杨去上辅导班。路上，父女俩基本保持沉默，父亲两眼注视着前方，女儿便靠在父亲的背上欣赏沿途的风景，或者小声吟唱，满脸洋溢着幸福的笑容。

一个星期天，王杨吃过晚饭后突然觉得胃不舒服。可她不懂病状，告诉大人说自己胸闷，这可急得老王夫妻俩团团转。

"胸闷是怎么回事？"在去医院的路上，紧锁眉头的王忠心一直追问女儿，可王杨依然没有说出个所以然来。后来，经医院检查，女儿只是患有轻度胃炎。但从医院回到家里，王忠心的心情却未有丝毫轻松。

第二天早上，等王忠心回到部队后，杨洪苗才告诉女儿："你爸爸昨晚一夜没睡好，你爷爷有胃病，你爸也有，他一直担心是不是把胃病也遗传给你了。"王杨听了，默默地流下了眼泪，父亲对她的爱如山一般沉默厚重。

王忠心对自己很抠，仅有的几件便装都是20世纪90年代的"产物"，手机更是多年前的"大块头"。有一次看好一块手表，一看价格，拉着妻子扭头就走。

但是，王忠心对妻子女儿却挺大方。妻子买手机，他想都没想就买下一款时下最流行的手机；家里布置简朴，最值钱的要数那台液晶电视，王忠心说，女儿正在长身体，电视太差会影响她的视力。

每次带王杨和妻子出去玩，妻子想要给他添件衣服，他总说不用，王杨也劝他，他却总以"身上这件还可以穿""家里还有呢"诸如此类的话搪塞娘俩儿。

在王杨眼里，爸爸也只是个平凡的人，他只是尽心尽力做着自己该做的工作。

最让王杨自豪的，是父亲赢得的一柜子的荣誉。那琳琅满目的荣誉柜里，不仅有在各项工作中获得的，甚至体育运动方面的奖状也有好多张。王杨问父亲，跑步有什么方法，王忠心说坚持就行。"确实就这样简单，父亲一直在坚持，但不是什么人都能做到。"说罢，王杨眼神中流露出了一丝甜甜的自豪和敬佩。

王杨说，父亲珍视荣誉是发自内心的，而对于形式却并不那么在意。

记得有一次，王忠心得了一项荣誉，结果奖状被别人错拿了，父亲说拿了就拿了吧，没关系，以后总能找到。

2017 年 11 月，王杨即将迎来 20 岁生日。她说，当自己踏入成年人的世界后，最想学习的，还是父亲的品质。别人让王忠心帮忙的事他很少拒绝，吃亏也并不在意。“将祖国扛在肩上，把小家放在心上，踏踏实实做事，本本分分做人……爸爸教给了我很多很多。”

王忠心一家三口的幸福在哪里？它氤氲在祥和的圆月下，它洋溢在母女的笑容里，它沉淀在无言的父爱中，它融化在万家灯火里……

老兵的本色，是一种可以触摸的质感

踏实　本色

这是王忠心 30 多年军旅生涯中一个很普通的早晨。6 点 25 分，他床头的闹钟准时响起。穿衣、叠被、整理着装……15 分钟后，早操号响，王忠心转眼便融入“直线加方块”的队伍之中，开始了新一天的连队生活。

从“一道拐”到一级军士长，30 多年过去了，王忠心的生活一成不变，王忠心的初心依旧如昨。

在王忠心的观念里，“当干部还是当战士，只是分工不同，关键是要履职尽责”。他曾两次被列为提干对象，最终都落选了，可他没有丝毫怨言和失落。

夏家鸿和王忠心同年入伍，同在一个班，又同年考取士官学校，两人的感情一直很好。毕业后的第二年，夏家鸿提干成为一名军官，回到连队后任王忠心的排长。

这天，王忠心给夏家鸿汇报班里工作，进门前打了声“报告”，进门后给夏家鸿敬了个军礼。

这让夏家鸿感到很不好意思，小声说：“老王，你太见外了，以后你还是叫我老夏吧”“那怎么行，军人的称呼是根据条令条例上的规定来的，你如今成了我的排长，我就得向你敬礼。”王忠心认真地说。

话虽如此，但夏家鸿还是在内心里对王忠心有所“偏袒”。有一天，排里接到出公差的任务，当时王忠心正在专心准备全旅举行的军事技术比武。夏家鸿为了不让王忠心分心，便带上其他两个班去了。

回来后，王忠心红着脸找到夏家鸿，生气地说：“我们排一直都是拧成一股绳的，每次不论是大项任务还是公差勤务，从不搞特殊照顾，你这次只带其他两个班去干活，是什么意思？”问得夏家鸿无言以对。

此后的几年中，王忠心依然担任班长，而夏家鸿逐渐提升为连长、营长。

王忠心并没有因为称呼上的变化和职务上的差距感到眼红，而是更加主动地搞好配合、积极工作。同时，夏家鸿也十分敬重王忠心的为人，经常和他一起探讨专业上的问题。

领导过王忠心的 21 任排长中，有的没当过一天兵，有的年龄比他小，有的曾是他带过的兵，他都能自觉摆正位置，始终坚守一个兵的本分。

作为一名老兵，王忠心更多追求的不是名利和待遇，而是表率和贡献。他把为部队建言献策、为干部分忧解难作为履行职责的重要环节。

教育训练遇有难题，他积极出谋划策；大学生干部分到连队，他主动介绍带兵经验；个别战士不好管理，他靠上去做好转化工作；干部在一些问题上考虑不周、处理不当，他及时提醒和补台。

2007 年，部队准备装备换型，王忠心系统梳理了新老型号导弹的异同点，建议旅队组织对口移植培训，有效解决了超前训练无装备、缺人才的矛盾。

2009 年，部队士官军衔制度改革后，王忠心成为我军第一批一级军士长中的一员。

很多人认为他“睡觉都可以躺到退休”，但他仍然处处严于律己、事事模范带头。无论是出早操、看新闻、晚点名，还是学习教育、专业训练、文体活动，王忠心从不迟到早退、无故缺席。

2012 年 4 月，王忠心出席基地党代表大会，一连 3 天早上准点起来跑步，还把招待所的被子叠成“豆腐块”。一同参加会议的其他代表得知后感慨地说：“遵章守纪已经成为王忠心的习惯和本能。”

有人劝王忠心要有点“老兵样”，言外之意是可以放松一点了。王忠心却认真地说：“老兵是什么样？难道兵龄长就该闲下来、歇下来吗？贡献多一点就该要待遇、要享受吗？不！身先士卒、以身作则才是真正的‘老兵样’。”

虽然早已年逾不惑，但王忠心仍然和“90 后”的年轻战士一样遵守一日生活制度。不仅如此，作为老班长，他排队站第一，睡在第一铺，操作第一岗，出操第一名。

有年深冬，部队前往驻地河道清淤。面对直往领口钻的寒风和不断散发恶臭的淤泥，一些战士缩手缩脚。

就在大家犹豫不决时，王忠心“扑通”一声跳进河道干起来。看到王忠心跳下去了，其他战士也跟着“扑通”“扑通”往下跳，上百人的队伍在淤泥中干了一下午。

事后，有人问：“大家怎么突然没有了畏难情绪？”有战士回答说：“这就像在家干农活，长辈都下地了，谁还好意思蹲田头！”

王忠心无声的表率，不仅带动全旅几十名高级士官坚守岗位履职尽责，还对全体官兵形成了强有力的感染。

当兵以来，类似的场景王忠心不知经历过多少次。每当此时，很多人都会赞叹：“老兵不摆‘老兵谱’。该他干的，他都干了；别人觉得他可以不干的，他也干了。”

2017年“两会”结束后，王忠心刚刚回到连队便跟随连队在测试大厅搞弱小险难科目攻关，王忠心闲不住到各个专业组串门儿，教号手操作手法，指点专业组长指挥把关，一上午到处都是他的身影。

“这算是老王最闲的两个月了。”战友回忆，参加完“两会”回来，恰逢“脖子以下”军改启动，王忠心待了近20年的连队和专业组被抽调分流到另外一个旅，而他作为技术尖子留在了另一个连的测试班子，新的任务还没下来，这俩月王忠心真正有了自己的时间。

然而，战友们不知道，王忠心一刻都没闲下来，除了落实一日生活制度，他全部心思精力都在琢磨一件事——把营里所有高级士官都淬炼成“本专业精通、跨专业通用、全系统多能”的专家型人才。

这是他退休前最大的心愿。

49岁，按说还不到身体“零件”频频告警的年龄。但从去年开始，他总耳鸣、伴着头晕，还两次胃出血，住了一个星期院。“我是当班长的，自己身体吃不消，怎么带兵？他们总会成长起来，干得比我更出色。”

走或留，都是贡献——对于这样一位老兵，谁还会要求更多？

当兵已满30载的王忠心2016年就达到最高服役年限，可旅里和他本人都希望他能继续留在部队发挥余热。2016年，旅里研究并报上级批准，他被确定延迟退休。

“什么时候走还不知道，既然留下了就要扎扎实实干点事。”王忠心一直牢牢记着一句话，“部队建设需要更多像你这样的士官技术骨干”，这是2013年习主席在接见基层代表时，当面对他的殷殷嘱托。

“主席的嘱托是我继续前行的最大能量。”王忠心向营里立下“军令状”：“离开前，一定把高级士官队伍带出来，不辜负主席的期望嘱托，这样我也走得踏实放心。”

没多久，王忠心给旅里递交了一份《士官队伍分层次培养计划书》。

翻开计划书，旅领导被王忠心的细腻心思深深感动：细化明确了每一个军衔层级、每一个专业号位的士官应掌握的专业知识、要破解哪些重难点问题、达到什么样的技术等级标准，不同训练阶段不同任务期要有怎样的状态，考核评定该怎么考核、考什么内容、依据什么标准评判等，都列得清清楚楚。

“培养一批专家型士官不容易，我能做多少就尽全力。”其实，王忠心对电脑操作不熟，这些东西他熬了两个月的夜。战友都说，像这样为了传帮带培养人才，王忠心费尽了心血，尤其临近军旅尾声，他越发地紧张和认真。

走在王忠心所在部队，每时每刻都能感受到战友对他发自内心的钦佩。

那天，王忠心吃完饭与战友散步，路遇新兵微笑着给他敬礼问好。依照部队条令条例，兵兵之间本不敬礼的，同行的战友讲，这是一种真诚的敬重之情。

王忠心标准地回了礼后告诉战友，这个可爱的新战友敬的这个军礼，让他想到了自己当新兵的时候，想起了那时“要当个好兵”的初心誓言。这些年来，当初的誓言一直留在他神经最敏感的区域，就如同按时早起、遵规守纪、谦虚谨慎，早已内化为自觉、固化成习惯，30 年如一日坚守如初。

三十载，人生半甲子，王忠心把青春最好的时光用在了导弹上，技术阵地是他待得最久的“家”，导弹是他接触最多的“亲人”，他以对导弹事业 30 年如一日的挚爱，践行了“当个好兵”的初心和诺言。

如今，官兵以为他在发挥余热，可王忠心用无言的行动证明，他还在炙热燃烧，辉映出一名战士、一个党员的人格光芒。

对于旁人的疑惑，他解释说：“只要你一直坚持高标准，渐渐地，高标准就会成为一种习惯；只要你不断创造一流业绩，久而久之，争当尖兵就会成为你的本色。”

从王忠心的身上，我们分明感到：本色，是一种可以触摸的质感。

这种质感很厚重。外形弱小的他，黑乎乎，瘦长条，穿着土气，其貌不扬；而内心强大的他，立如梁，韧如簧，满腹锦绣，举止不凡。他在会场作报告老是低头念稿、磕磕巴巴，但一上讲台授课就神采飞扬、滔滔不绝。他害羞腼腆、不善言辞，给战友做思想工作时却能深入浅出、有理有据。他生性谦和，当兵 30 多年不曾跟谁红过脸，却总在技术问题上与别人争论不休。平时不管干了多么漂亮的工作，他总说“没什么”“应该的”；一提到本专业领域的知识技能，他却放出豪言要“说了算”。

这种质感很崇高。从当班长起，王忠心就给自己约法两章：一是不收战士半点礼物，二是不对干部说半句假话。这看似微不足道，但作为一名班长骨干，要做到这一点需要一种境界。战士们都知道王忠心在连队和营里说话管用，想通过他在入党、转士官、当骨干等事情上走捷径，便拎上好烟好酒去找他，可他每次都坚决谢绝，并真诚地与这些战士谈心，鼓励他们通过奋斗实现理想抱负。

或许，正是因为王忠心踏实过好每一天的纯朴本色，才让人们更加敬佩这名老兵的常青秘诀——没有常青之心，焉有常青之术；没有常青之术，何来常青之人！

拿破仑曾经说过：不想当将军的士兵不是好士兵。

王忠心用他30多年的军旅生涯道出了一片初心：“当一个好兵！”

纯粹，质朴，美好。这是人生起点的期冀与梦想，事业开端的承诺与初衷，面对考验的责任与担当，身在喧嚣的恪守与坚持。

人生云水过，初心莫相违。扎扎实实做好本职工作，当好一名基层战士，同样可以创造卓越的军旅人生。

“兵王”王忠心，就是这样一个兵。

景海鹏
Haipeng Jing

“英雄航天员”景海鹏

王通化

景海鹏，山西运城人，1966年10月出生，1985年6月入伍，1987年9月入党，现任解放军航天员大队特级航天员，少将。1998年被选拔为我国首批航天员，经过多年刻苦训练，圆满完成基础理论、航天环境适应性、专业技术等八大类上百个科目的训练任务，以优异成绩通过各项考核。2008年9月，他奉命执行“神舟七号”载人飞行任务，与另外两名航天员密切配合，实现中国人首次太空行走；2012年6月，再次执行载人飞行任务并担任指令长，圆满完成“天宫一号”与“神舟九号”载人交会对接任务。2016年10月，他再次奉命担任指令长，执行“天宫二号”与“神舟十一号”载人飞行任务，圆满完成与“天宫二号”交会对接，首次实现我国航天员中期在轨驻留，成为执行载人飞行任务次数最多的航天员，成就了三巡苍穹的中国奇迹。先后获国家科技进步特等奖一项、一等奖一项，2008年被中共中央、国务院、中央军委授予“英雄航天员”荣誉称号，2017年被中央军委授予“八一勋章”。

飞天是梦想，更是面对国旗的承诺和初心。不忘初心，时刻准备着，接受祖国和人民的选拔。

景海鹏

2017.8.27

引子：授勋时刻

2017 年 7 月 28 日，首都北京，八一大楼。

中央军委颁授“八一勋章”和授予荣誉称号仪式隆重举行。中共中央总书记、国家主席、中央军委主席习近平亲自为“八一勋章”获得者佩挂勋章、颁发证书，并同他们亲切握手、合影留念。

首批 10 位“八一勋章”英模名单中，景海鹏赫然在列。

在中国人民解放军建军 90 周年之际，这位被誉为矢志报国逐梦太空的英雄航天员，站在党和国家功勋荣誉表彰制度体系的塔尖上，名副其实，众望所归。

这样的授勋时刻，对于眼前的这位英雄来说，并不陌生。

2008 年 11 月 6 日，中共中央、国务院、中央军委决定授予景海鹏“英雄航天员”荣誉称号并颁发了“航天功勋奖章”；

2012 年 10 月 1 日，中共中央、国务院、中央军委决定给景海鹏颁发“二级航天功勋奖章”；

2016 年 12 月 26 日，中共中央、国务院、中央军委决定给景海鹏颁发“一级航天功勋奖章”。

正如他选择的飞天之路，荣誉的阶梯每一步都需要拾级而上。一枚枚勋章的背后，是一幅幅值得让国人永远铭记的自豪画面——

2008 年 9 月 25 日，航天员翟志刚、刘伯明、景海鹏驾乘“神舟七号”载人航天飞船成功进入太空，胜利完成空间出舱活动，实现了中国空间技术发展具有里程碑意义的重大跨越。

2012 年 6 月 16 日，航天员景海鹏、刘旺、刘洋驾乘“神舟九号”载人飞船成功进入太空，顺利完成与天宫一号目标飞行器自动交会对接和手控交会对接，实现了中国空间交会对接技术的又一次重大突破。

2016 年 10 月 17 日，航天员景海鹏、陈冬驾乘“神舟十一号”载人飞船成功进入太空，首次实现了中国航天员中期在轨驻留，标志着中国载人航天工程向空间站又迈出重大一步。

一次次飞天，一枚枚勋章，一次次加冕，以梦想的名义。梦想是景海鹏的关键词。从小学到中学再到大学，从“篮球梦”到“飞行员梦”再到“航天员梦”，他喜欢将个人经历与航天梦想结合起来，与无数年轻人分享。“点亮梦想、实现梦想、超越梦想、升华梦想”是带着景海鹏独有特色的励志篇章，他和学生们说:“梦想是很重要的大学，够不着，努努力，就实现了。”毫无疑问，在梦想这个大学里，景海鹏足够幸福也足够幸运。这位英雄在梦想引领下，一次次抵达并超越人生巅峰。让他一次次梦想照进现实的，有他本人的勇气、坚韧、超常的努力与艰辛的付出，还有时代的机遇和国家的舞台。大时代托举着他，他没有辜负这个大时代。

上部：点燃梦想

遇见大时代

1961 年 4 月 21 日，苏联的加加林成为进入太空的第一人。要等到 5 年 6 个月之后，中国才会迎来其中一位未来航天员的呱呱落地。1966 年农历九月，在人类第一次用火、最早食用盐、开始冶炼和农耕文明的地方——中国山西运城，一个叫东杨家卓的村落里，一户姓景的农家添了新丁，孩子的舅舅为他取名“海鹏”。未曾料想，日后这个孩子真的犹如鲲鹏，驾着现代文明的翅膀，翱翔九天。

尽管要在很多年后，这位农家长子才知道加加林的英雄事迹，但并不妨碍名字不断带给他自我暗示和人生指引。“我叫景海鹏，风景的景，大海的海，大鹏的鹏。”这是日后景海鹏自我介绍时常说的一句话，他借此时刻提醒自己，“要像大鹏一样搏击长空，永远沿着自己选择的路勇往直前”。

他为自己选择的路，指向一个时代的伟大梦想。

在景海鹏出生前的5年时间里，世界正轮番上演着气势磅礴的航天活剧，太空迎来一批批步履匆匆的造访者。

在加加林成功归来不到一个月的1961年5月5日，美国“水星号”飞船“追”进了太空。在相隔不到一年的1962年2月20日，美国宇航员约翰·格伦驾乘“水星号”飞船实现了首次载人轨道飞行。

紧接着，在景海鹏出生的前一年，1965年3月18日，苏联宇航员列昂诺夫离开飞船，系着安全带成为人类在太空行走的第一人。在景海鹏出生后的第三年，美国阿波罗飞船上的两名航天员被送入月球。

与其说时势造英雄，不如说英雄乘着时势的风在成长。

几乎在加加林被送往太空的同时，中国人也奋起酝酿自己的载人航天计划。就在景海鹏出生后的第二年，中国宇宙医学及工程研究所正式成立。这便是日后名扬世界的北京航天医学工程研究所，多年以后，这里也将成为最熟悉景海鹏以及景海鹏最熟悉的地方。

英雄绝非天生，他甚至在生命懵懂阶段，并不知道他的生命旅程正在嵌入大时代的轨道。但英雄的传奇之处在于，他从小便怀揣一个个梦想，并愿意跟着梦想的脚步去跋涉、去攀登，哪怕生命每天都处于过载状态也在所不惜。总之，他愿意为了梦想付出一切。

有朝一日，大时代的梦想一旦召唤，他已经积蓄足够的能量进入轨道。

中国载人航天梦想的号角再次吹响，是在 1986 年。这一年，景海鹏 20 岁，正在河北保定航校上学。就在他翱翔蓝天见惯了天空的风云变幻时，一轮新的技术革命正在航天带动下风起云涌。

美国人瞄准日新月异的航天技术，拟制了庞大的"星球大战"计划。随后，以法国为代表的西欧 19 国推出了著名的"尤里卡"计划。日本也不甘落后，率先在亚洲做出反应，提出"今后 10 年科学振兴政策"……

中国敏锐地触摸到了这一世界科技脉动。1986 年 3 月 3 日，王大珩、王淦昌、杨家墀、陈芳允 4 位科学家向中央上书，荐言要跟踪世界先进水平，发展我国高新技术。这封信得到邓小平的高度重视，他以一个伟大的政治家、战略家的远见卓识亲自批示：此事宜速决断，不可拖延。

这年 10 月，著名的"863"计划——《国家高技术研究发展计划纲要》出台了。其中，代号"863–2"代表航天高技术。

毫无疑问，这是一个具有深远意义的伟大决策。当景海鹏在蓝天为成为一名战斗机飞行员的梦想拼搏时，中国载人航天梦想的种子，也在以一种难以想象的生命力孕育生长。

转眼到了 1992 年。这一年，已是空军战斗机飞行员的景海鹏还不知道，他的前方正在等待着梦想的又一次召唤，他的命运即将在 4 年之后再次发生改变。

这年 1 月 8 日，中国最高层召开了一次非同寻常的会议，明确提出研制和运行以空间站为核心的载人航天系统，并用载人飞船作为天地往返运输工具。这次会议，标志着代号为"921"的中国载人航天计划成功着陆。中国载人航天梦想加速启航。

载人航天飞行的核心是"载人"，载人航天工程的核心是航天员。1995 年 10 月下旬，空军和国防科工委开始进行预备航天员的选拔。在符合基本条件的 1506 名飞行员名单中，有一个名字叫：景海鹏。

至此，一个国家的梦想终于和一个人的梦想"交会对接"。一个人的梦想，只有遇见大时代的梦想，才会一步步实现、一步步超越。

2014 年 4 月 12 日，两度飞天的景海鹏受邀为北京俄罗斯文化中心加加林铜像揭幕。这一天，两个时代的英雄在同一个梦想的指引下会合。

2017 年 5 月 19 日，三度飞天的景海鹏做客西南联大讲坛。他在演讲中动情地说："祖国需要我们，时代需要我们，希望大家把握现在，追求卓越，敢于梦想，做最好的自己，等待祖国的挑选。"

是的，做最好的自己——他的演讲每次都像时光机一样，带着他和更多的人一起穿越，回到他最早积蓄能量的地方，回到他的第一个梦想——篮球梦。

钢铁前锋

打开特级航天员景海鹏的方式有很多种，童年无疑是一把重要的钥匙。

年少时打酱油的一幕，至今铭刻在景海鹏的脑海深处。那天，他拎着那种带着橡皮盖子的盐水瓶去供销社打酱油。供销社的阿姨边打酱油边打量他：你不是前天球场上那个"海鸥 5 号"吗？！

那是公社组织的一场篮球比赛。他穿着父亲买的运动背心，前面图案是一幅大海，大海上有五只海鸥，后背印着大大的"5 号"。谁也没想到，这个小个子投球必中，一举扭转战局。没想到这位阿姨记住了他这个"海鸥 5 号"，从此"海鸥 5 号"就叫开了。打完酱油，景海鹏掏钱，阿姨笑着说：球打得好，不要你钱！

"梦想成真的感觉，原来这么好！"景海鹏说，"不是为省一毛钱两毛钱，这是我人生得到的第一次奖励。那一刻让我认识到，为了梦想所有的努力和付出都是值得的。"

时值小学 5 年级的景海鹏，当时做梦都想着成为学校篮球队的真正主力。然而，因为个子矮，他只能坐冷板凳。不知多少次，他蒙着床单偷偷哭泣。不知多少个夜晚，他抱着从邻居家借来的破篮球，一次次起跳、扬手，投向自家土墙上用粉笔画着的篮球筐……

那位阿姨或许不知道，她的这句话，从此点燃了一位少年的追梦之旅。多年后的深夜，在航天员教室里回忆起这一幕，景海鹏说：“这是我人生一次巨大的转折。”

梦想的引擎一旦被点燃，爆发出的动力不可想象。从村小到省重点中学，从中学到飞行部队，从飞行员到航天员队伍，1.72 米的景海鹏一直是主力队员，到哪个队，哪个队就是冠军，人称“钢铁前锋”。2013 年，两次飞天后的景海鹏所在部队举办篮球比赛，当时他已经 47 岁，而其他球队平均年龄 22 岁，他每一场最少都要打够 3 节，有一场比赛他一个人投了 48 分，被总部评为“十佳篮球运动员”。就在“神舟十一号”任务前两周，他还利用训练间隙和教练比赛投球，他的 12 码罚球线连续投中纪录是 76 个。

很多人好奇，这位世人景仰的航天英雄，为什么对小时候打篮球的事念念不忘？“神舟十一号”发射前的一个深夜，景海鹏和笔者一直聊到深夜。再次聊起这个话题，他感慨地说：“我人生的底色其实在那时候就开始涂了。打篮球让我明白一个道理：身高不占优势、其他不占优势，你凭什么？你必须有个绝活。绝活从哪里来？时刻准备。宁可备而不用，也不能用而不备。”

“投篮”仿佛是一种人生隐喻，最初的梦想也如“画在墙上的篮球筐”一样不断升级，唯有一次次投球般挥汗如雨的努力和坚持执着。景海鹏正是靠这份努力和坚持，迎来一次次梦想成真时刻。

这份努力和坚持，在母亲王珍玲眼中是“能吃苦、特有主张”，在父亲景靠喜看来，却有一种“九头牛也拉不回来”的犟劲。正是他对梦想的这股犟劲，成就了他，也成就了这个时代最动人的励志篇章之一。

从小，景海鹏就是这个贫穷农家的骄傲。成绩优秀的景海鹏把自己获得的奖状挂满了整整一面墙。初中毕业，景海鹏考上了距离家有 70 里地的省重点解州中学。家里当时只有一辆自行车，是父亲用来卖笤帚的。怎么上学、怎么吃饭都是问题，所以家里人当时并不同意继续上学。但景海鹏还是坚持了下来。

那时是 20 世纪 80 年代，学习条件艰苦。景海鹏和一个宿舍的十几个人挤在一个大通铺上，每个人睡觉能占的宽度不超过 48 厘米。为了给家里省钱，高中 3 年，景海鹏就靠着每周从家里带来的馍、咸菜、辣椒和红薯干完成了学业。

高中住校的景海鹏，就像一只小鸟，离开了家，越飞越高，越飞越远。省重点高中的学业让他的视野更加开阔，篮球场上的对阵厮杀让他的性格更加自信。那时候，这位“钢铁前锋”“神投手”的眼光已经渐渐超越了篮球梦，投向了一个更为远大的梦想。

飞上蓝天

一切仿佛是一种注定，又或者是冥冥之中的命运安排。因为一次偶遇，景海鹏抓住并实现了成为一名飞行员的愿望。而飞上蓝天，正是成为航天员的前提。

高一那年，景海鹏被报栏里的一张照片深深吸引住了——一位飞行员拿着氧气面罩神采奕奕地站在一架战斗机旁边。他清晰记得，那位飞行员叫张海鹏。“一样的名字”与“羡慕的心情”双重发酵，他燃起当飞行员的梦想。

景海鹏的眼睛久久不愿从照片上挪开。回到家中，他兴奋地向父亲比画，飞行员的头盔是这样的，护镜是那样的。最后，他告诉父亲:“我要当飞行员。”

1985 年 3 月，空军在运城招考飞行员，当景海鹏报名时，班主任老师却说:“海鹏，你还是不要去了吧，营养赶不上，锻炼强度又这么大，体检下来肯定不合格，还是抓紧学习准备高考吧。”然而，倔强的景海鹏还是报名参加了体检。

他在一篇文章里回忆当时，经过 3 天体检，他成为 80 名体检者中仅有的 3 名合格候选人之一，空军体检的最后一项是放大瞳孔，这是最难的一关，他也通过了。散瞳后怕见光，医院发了一副墨镜给他。“我戴上墨镜骑着自行车回家，到田间地头找父亲。我爸戴着草帽正在田里除草，我对他说:‘我考上空军了。’我爸二话没说，扛起锄头就往家走。我戴着墨镜，推着自行车跟我爸一块回到家里，那一刻我掉眼泪了——我觉得梦想可能快要实现了。”景海鹏回忆说。

1985 年 6 月 1 日，景海鹏收到录取通知书，如愿成为一名飞行学员。去保定航校前，父母倾尽所有花了几十块钱送他一块手表作为礼物。这块表是父亲、母亲对儿子最大的奖赏，直到现在，景海鹏仍珍藏着这块表。

现在回过头来看，景海鹏的成长足迹与同时代的年轻人没有更大的区别，是 10 多年的飞行部队生涯开始了他成长中的飞跃。

走进军校，景海鹏才知道，穿上军装并不代表着自己会成为一名真正的飞行员。在保定航校，他们上的仅仅是预校——飞行基础学校。从飞行学员到飞行员，要经过重重考核，随时面临着残酷的淘汰。对飞行学员的淘汰是个动态过程，贯穿整个培训过程的始终。

预校这 3 年不摸飞机，打牢文化课、身体素质和军事理论的基础……从入学时的飞行学员历练成合格的飞行员，去掉学员的“学”字，他花了 5 年多。唯有苦学苦练，才能经得住每时每刻都有的淘汰。

这其中，最富传奇的故事莫过于他一夜之间学会游泳的桥段。

在飞行学院，训练中有一个项目——游泳，只有游够 50 米才算及格，否则就有被淘汰的可能。景海鹏是北方的“旱鸭子”，从小没下过水，训练时要么瞎扑腾，要么被水呛住，临近考试还不会游。

考试的那一天，景海鹏咬了咬嘴唇，从深水区下水，不知一股什么神奇的力量鼓舞着他，竟一气游了 50 米到了对岸。战友们为他鼓掌，他又折返身子向深水区游去，到池边觉得体力还很好，又折向新的目标冲刺。结果，一夜之间，他不但会游泳了，还竟然连续游了 200 米，达到优秀成绩！

景海鹏刚上岸，衣服还没来得及换，学员队领导当场宣布给他记“嘉奖”一次，这是他参军后得到的第一个嘉奖，也是入学后全中队的第一个嘉奖，半年后他当了班长，后来又成了区队长、实习指导员、实习中队长，作为苗子培养。3 年后，以优异成绩毕业，进入航校。

一个飞行员的培养，大致要经历飞行基础学校、基础理论学习、初教机、高教机几个阶段。在每一个关口，“停飞”的可能无处不在。航校期间，景海鹏战友身上发生的飞行事故时时激励着他，一定要地面苦练、空中精飞，才能成为一名真正的战斗员，而且是最优秀的战斗员。正是这个梦想指引着他找到了人生的座右铭：

“学习学习再学习，坚持坚持再坚持。”在预校教导员朱立文眼中，景海鹏“响鼓不用使劲擂”；在航校飞行教官万德明眼中，景海鹏“常常一点就通”；在曾经的飞行部队大队长宁可眼中，景海鹏“干什么事情都特别认真”……回望景海鹏十几年空军生涯，这些不同人生阶段不同战友、教员、领导的评价指向的都是一个维度：这是一位优秀的飞行员，这是一位为了优秀敢于付出一切的军人。

航校毕业时，景海鹏成绩门门优秀，航校想让他留校当教练机教员。

景海鹏放弃了在家乡附近机场飞行的机会，因为他想成为战斗机的飞行员。

1991 年 6 月，景海鹏如愿分配到空军驻无锡的飞行部队，成为一名战斗机飞行员。第一次参加空中打靶，景海鹏驾驶战斗机打曲线空靶曾创造了令人吃惊的精度——装了 30 发炮弹，命中 26 发。要知道，按照规定，命中 4 发就是优秀，创造了训练基地的一项纪录。

1991 年至 1998 年初，景海鹏的飞行生涯均是在无锡度过的。正当他在这里沿着“成为一名优秀的战斗机飞行员”的梦想搏击蓝天的时候，景海鹏接到了一个“神秘”的临时任务——体检。

时为 1996 年的 11 月 24 日，景海鹏偶然听到两位医生小声交谈——原来这次体检是国家首次选拔航天员！没有任何犹豫，景海鹏瞬间定下了“成为航天员”的梦想。在接下来的体检里，他积极配合医生完成了各项检查，心里勾绘着航天飞行梦。

“1997 年 10 月 30 日，那是双喜临门的一天。”景海鹏永远记得这个日子——当天不仅是儿子满百天的日子，更是自己接到中国首批预备航天员调令通知的日子。

和景海鹏一起接到调令的还有 11 位飞行员。翻看这 12 位预备航天员的档案，我们发现太多的相似之处。他们全部是大专以上文化程度，驾机飞行都在 800 小时以上，平均年龄 32.8 岁，几乎每个人都有成功处置空中险情的传奇经历。景海鹏就成功处置空中副油箱不输油的险情，事迹被刊登在《航空》杂志上。他们自愿离开了熟悉的工作环境和稳定的家庭生活，在飞行的黄金时期选择了比战斗机飞行员更具风险和挑战性的航天事业。

这是一个特殊的英雄群体。景海鹏终于加入了这个英雄的群体，开始从事一项光荣、梦想和勇气交织的事业，他即将踏上一条陌生而险峻的飞天之路。

练就航天员

1998年1月5日，中国第一支航天员队伍——航天员大队，被正式纳编航天医学工程研究所，包括景海鹏在内的14名预备航天员（包括2名航天员教练员）全部到位。

景海鹏不会忘记送他们来报到的空军参谋长的一席话："空军把你们送来了，你们中间会走出中国的加加林、中国的阿姆斯特朗、中国的列昂诺夫。你们将要完成一项伟大的事业，你们永远是空军的骄傲！"

从那一天起，景海鹏就开始了从一名空军优秀的飞行战斗员向航天员的艰难转变。他和战友们在国旗下进行了最庄严的宣誓。每个人都在鲜红的国旗下庄重地签上了自己的名字。那一刻，一种神圣的情绪在每个人胸中升腾。

这一刻、这一幕，深深印在景海鹏的脑海里。多年以后，成为中国三度飞天第一人、已经功成名就的景海鹏屡屡被问"为什么还要飞"，他仍能清楚记得他在国旗下宣誓的每一个字——"成为航天员是我无上的光荣，为了负起神圣的使命，我将英勇无畏，不怕牺牲，甘愿为载人航天事业奋斗终生……"

走进航天员大队，只是拉开了航天员职业生涯的序幕。完成从飞行员到航天员的角色转换，是一次从生理到心理、从理论到实践的巨大跨越，横亘其间的艰难险阻是普通人难以想象的。正是在这个艰苦的过程中，景海鹏渐渐走进了载人航天这个勇气与梦想交织的领域。

"有一种生活，你没有经历过，就不知其中的艰辛；有一种艰辛，你没有体会过，就不知其中的快乐；有一种快乐，你没有拥有过，就不知其中的真谛。"这是中国航天员大队的格言，也是景海鹏和战友们生活的真实写照。

在 14 名航天员的感觉神经上，最艰难的阶段该属训练第一年的基础理论培训。这些早已习惯于在天空中信马由缰的空中骄子，如今要重新捡起已放下十几年的课本，像学生那样每天坐在课堂中听课做作业，系统学习载人航天工程基础、飞船系统设计原理、航天医学基础、解剖生理学以及星空识别、电工学、英语、哲学等多个门类 30 多门课程，难度可想而知。

景海鹏在航天员里是公认的刻苦努力，他从不在自己的房间接待客人，因为他的房间、他的床铺密密麻麻地铺满了厚厚的飞行手册，连落脚的地方都没有。航天员的专职摄影师朱九通记得航天员刚刚见到“神舟五号”内部环境时，他曾进去拍照存资料，回来之后景海鹏就来问他要一张座舱仪表的照片。“那个仪表非常大，上面的按键非常多，他让我按照一比一的比例帮他印两张照片，一张放在宿舍里，一张放在家中，没事的时候就看着练习。也只有他一个人来找我要。”朱九通回忆说。

随着学习的深入，景海鹏越来越多地触摸到了责任的脊骨，不由自主地将自己与国家、民族这个大概念紧紧联结在一起。

他和战友们的眼光越来越高远，他们决心要用最优异的行动打开中国人的航天之门。训练，训练，唯有刻苦的训练。这是回报祖国人民、实现梦想的唯一渠道。

航天环境适应性训练是最艰苦的训练之一。其中，在离心机中进行的超重耐力训练难度极大。景海鹏在做离心机训练时，离心机像一只巨大的铁钳，紧紧夹住旋转舱，在圆形的超重实验室里飞速旋转。负荷从 1 个 G 过载逐渐加大到 8 个 G 过载，转瞬之间，在强大作用力的牵引下，他的面部肌肉开始变形下垂，眼泪不由自主地流下来。做头盆方向超重训练时，全身的血液好像被甩到脊柱上；做胸背方向超重时，前胸后背就像压了块几百斤重的巨石，忽然心跳加快，呼吸困难，五脏六腑仿佛被压成了一张薄薄的纸片。当超重值加大到自身重量的 8 倍时，虽然持续时间只有短短的 40 秒，但却几乎要耗尽全部体力和精力。

这是大家公认的最痛苦的一项训练，也有一定的危险性，更是对人的意志的极大考验。训练时，每人都是一手握着操作设备，一手握着报警器，只要感到不适，就可以随时摁响左手旁的那个红色报警按钮，训练就立即停止。然而，在无数次的煎熬中，景海鹏和他的战友从来没有一个人碰过那个按钮。不仅如此，由于体力支出大，每次离心机超重训练后，按规定都应休息 2 天，以便恢复体力。但景海鹏却时常"违规"，他经常对自己的训练效果不满意，主动要求加码连续进行，直到完全达到要求为止。

模拟失重训练也堪称炼狱。景海鹏在模拟失重水槽里经常一泡就是三四个小时，吃饭时连筷子都拿不动。平时耐力训练时，一张一米宽两米长的床，头冲下 40 度角，每次长达 15 天。吃喝拉撒都在一个地方，原则就是头冲下，倒立着，整个过程被全程监控记录。曾经见过景海鹏训练的母亲王珍玲说："我们不忍心看他训练，太辛苦。"

很快，5 年时间过去了。5 年里，景海鹏经历大大小小的考试有 100 多次，但 2003 年春天的这场考试却意义非同一般。这场堪称"毕业考"的大考，将决定景海鹏和他的战友们能否继续航天员的生涯。

根据我国载人航天计划，第一批航天员之所以选拔了 14 人，主要是考虑到了"淘汰率"的问题。美国和俄罗斯在航天员训练过程中的淘汰率一般为 50%。借鉴国外的经验，指挥部决定，在最后的考评中，不合格者将被淘汰。

2003 年 7 月 3 日，中国载人航天工程指挥部航天员评选委员会经过严格公正的评定，最终揭晓了考评结果："经历 5 年零 6 个月、3000

多个学时的拼搏，14名航天员全部具备执行载人航天飞行任务的能力。予以结业，并获得三级航天员资格。”

中国航天员训练淘汰率为“零”——景海鹏和战友们创造的这一奇迹，让世界航天界无比震惊。

现在，历史的指针正以一种读秒的姿态标刻着中国载人航天的梦想时刻：2003年10月15日9时9分50秒，航天员杨利伟驾乘中国自行研制的第一艘载人飞船“神舟五号”，成功完成中国首次载人航天飞行，中华飞天梦想一朝梦圆；2005年10月12日9时0分0秒，航天员费俊龙、聂海胜驾乘“神舟六号”载人飞船，成功完成中国首次多人多天载人航天飞行……

在向世界公布的“神舟六号”飞行乘组中，景海鹏作为后备航天员第一梯队名单，首次在媒体和公众前亮相。

在签名册上，平时感情自控力很强的景海鹏写了一段豪情万丈的寄语：“一朝揽月九重天，千年豪气一瞬间，喜看‘神六’雄风展，遥祝英雄凯歌还。”

那一刻，飞天梦想近在咫尺。那一刻，景海鹏下定决心：时刻准备着，等待着祖国的下一次挑选！

中部：超越梦想

2008：首度飞天

如果问，在景海鹏的心目中，哪一年看过经历过的风景最美？“2008年”当为答案之一。

如果问，在中国人的心目中，2008年最美的画面是什么？答案一定是 3 位属马的中国航天员以天马行空的姿态，在这一年的金秋绘就的壮美飞天图。

2008 年 9 月 25 日，中国甘肃酒泉，东风航天城。

透过云层的斜阳点染戈壁黄昏，载人航天发射场一派繁忙景象。“神舟七号”载人飞船进入发射倒计时。17 时 55 分，英姿勃发的航天员翟志刚、刘伯明、景海鹏在护送员的陪伴下，乘专车来到了发射塔架下。

也许这是一个巧合，“神舟七号”的 3 位航天员都属马。时任航天员大队长申行运认为，在“神七”正选的 3 人乘组中，景海鹏的性格特点其实在活泼的翟志刚与沉稳的刘伯明之间，他“思维逻辑性好，学习下苦功”。

在“神舟七号”航天员乘组与记者见面会上，人民日报记者提问，我们知道 2008 年很不平凡，从抗震救灾到北京奥运会的成功举办，现在举国关注的“神七”任务发射在即，请问此刻你们的感想如何？想对全国人民说些什么？

景海鹏自信地回答：我相信全世界人民都对北京奥运会开幕式上那 29 个大脚印记忆犹新，而这次“神舟七号”飞行任务我们有信心、有决心、有能力在太空走出中国人的第一步。

一个人的标准步长是 75 厘米，而航天员在太空中的步长，却要用一个国家的历史和现实来衡量。此刻，发射场的一分一秒、3 位航天员的一举一动，都格外牵动着全国人民的心，格外吸引着世界注视的目光。

18 时 25 分，航天员刘伯明、景海鹏在飞船工程师的辅助下，先后从轨道舱进入返回舱，在舱内两侧座椅就座。接着，担任飞船指令长航天员翟志刚也钻进了轨道舱，在检查确认舱内状态完毕后，立即进入返回舱，从容跨入中间座椅。

从测发大厅巨幅显示屏幕上，人们清晰地看到，返回舱内的 3 名航天员正有条不紊地连接航天服通信头戴、通风软管、供氧软管、生理信号测试盒插头，打开服装副风机。

“1 小时准备。”飞船整流罩舱门关闭，火箭呈发射状态。

“5 分钟准备。”3 名航天员关闭面窗，整装待发。

“1 分钟准备。”

“10、9、8、7……点火！”熟悉的读秒声宣告了中国载人航天又一个梦想时刻的到来！

2008 年 9 月 25 日晚 21 时 10 分 04 秒，伴随尾部喷射出巨大的橘红色火焰，“长征二号”火箭在惊天动地的呼啸声中拔地而起，托举着“神舟七号”载人飞船直刺苍穹。

起飞一瞬间，躺卧在“神舟七号”飞船中的 3 名航天员，不约而同对着镜头敬了一个军礼！这，是他们对祖国和人民再次作出的庄严承诺！

飞翔！飞翔！天地间，似炸雷滚过。加速上升的火箭，如同一束炫目的火光，划破无边长空。

飞翔！飞翔！大漠中，如天崩地裂。渐飞渐远的火箭，如同一颗明亮的星星，汇入茫茫天幕。

飞翔！飞翔！中国航天员第 3 次启程飞向浩瀚天宇。

宇宙第一次在景海鹏面前露出了真实的面容：黑色的深空，明亮的天体，披着淡淡云层的蔚蓝色地球，地球上洁白的雪山，淡绿色的大海，清晰可辨的长长的海岸线。白天、黑夜交替之间，地球仿佛被镶上了一道漂亮的金边。

被宇宙景色惊叹的 3 位航天员明白，他们此行正是要在太空留下最美的“中国风景”。两天之后，他们在太空再次创造了历史性时刻——9 月 27 日 17 时，42 岁的航天员翟志刚完成中国首次太空漫步，浩瀚太空留下中国人第一行足印。

"神舟七号"这一步的跨越，代表了中华民族飞天梦从远古到未来，代表了中国航天技术从已有到更新，也代表了中国航天人探索外太空的"神七"航天员乘组坚持和执着——一个敢于追梦的民族，永远拥有美好的明天。这，难道不是一个国家和民族最美的风景吗？

在黑色天幕和蓝色地球组成的背景下，翟志刚抓住出舱扶手，接过同伴刘伯明递上来的一面国旗，徐徐挥动……如果说，这一注定要载入人类航天史册的画面，堪称广为人知的封面，那么 3 位航天员的精诚合作、默契配合，则是"神七"飞天的十足封底。

在刘伯明协助翟志刚出舱时，景海鹏留在返回舱值守。虽然不是执

"神七"航天员乘组

行出舱任务，但他的作用非常关键。期间的飞行监测和对地面的联系联络，很大一部分就是由他来完成。在“神六”航天员聂海胜看来，景海鹏的表现“无可挑剔”。

发射前，景海鹏曾跟两位搭档开玩笑说：你们在前面大刀阔斧地干，我在后面给咱们查漏补缺，我相信我能做好，为了共同的事业，为了这次任务，我会履行好自己的职责，确保任务的圆满完成。

一句玩笑，透出的是战友间的默契。“我们是亲密无间、生死与共的战友和最佳搭档。”景海鹏说，我们各有分工，但“1+1+1”远远大于3。“这10年里，我们每天吃饭都是面对面，训练在一起，生活在一起，玩在一起，不用说更多的话，一个眼神、一个手势，彼此都明白了。”

当翟志刚打开连接浩瀚太空的舱门时，返回舱里突然传来报警提示，语音不断重复：“轨道舱火灾！轨道舱火灾！”如果真的发生火灾，乘组就回不去了！景海鹏沉着冷静检查了各大系统，并作出准确判断，这是飞船仪表的误报警，及时鼓励战友完成计划，并下定决心：即使是真的，也要坚决完成出舱活动任务，乘组果断调整步骤，硬是冒着风险完成了太空行走，让鲜红的五星红旗飘扬在浩瀚太空。

2008年9月28日17时37分，蒙语中意为“平安”的内蒙古中部阿木古朗草原，在遍地金辉中迎接“神舟七号”航天员翟志刚、刘伯明、景海鹏的平安归来。

人们记住了直播画面里定格的三张自信的笑脸。却鲜有人知道，巨大的体力消耗，让3名航天员返回后每人体重下降了3—4千克。然而，在10年的训练和更长的成长路上，他们付出了更多，更多。

从入选中国首批航天员后到首次飞天前的10年间，景海鹏从没有在晚上12点之前睡过觉，也没有耽误过一天训练。

那10年，他是这么过来的——每天6点半起床，吹一会儿长号，8

点开始训练，一直到中午12点，午饭后又从下午1点训练到6点。晚上用来写当天的总结和安排第二天的训练。躺在床上，还会闭上眼睛把当天的训练过程在脑海里过几遍。此后多年，景海鹏一直延续着这个作息习惯。

10年拼搏，飞天梦圆。当鲜花、掌声、荣誉接踵而至，没有人知道，这位飞天英雄的内心再次向新的梦想发起了冲锋。

2012：再度飞天

从300多公里高空凝视过地球的人，内心经历了怎样的洗礼？

一丝熟悉的微笑，一个漂亮的军礼，航天员景海鹏再次站在了公众面前。"所有的成绩都已经'归零'，我将努力训练，迎接新的挑战。"4年前，"神七"任务圆满完成后，景海鹏曾这样说过。这一承诺，现在则要兑现了。"神九"乘组名单公布后，人们惊奇地发现，景海鹏名列其中。

与近4年前相比，景海鹏的从容风范令人惊叹，仿佛他一直是包容整个乘组家庭的老大哥，仿佛即将开始的只是一次普通的故地重游。继完美完成"神舟七号"飞行之后，他将再次访问太空，以指令长的身份带领"神舟九号"乘组执行中国首次载人交会对接任务。

"陆地的棕黄，高山的奇峻，缎带似的江河，要多美有多美。"上一次飞行中看到的地球家园，景海鹏终生难忘，"那时不由得思考宇宙的无际、个人的渺小和国家的伟大，作为一个中国人太自豪了。"可惜的是，由于"神七"工作忙，飞行时间短，没机会拍照摄像。重返太空，他终于有机会弥补遗憾了。"这次上天，我们要把祖国的河山看个够，拍个够。"景海鹏说。

2012年6月16日15时51分，"神舟九号"航天员景海鹏、刘旺、刘洋从酒泉卫星发射中心航天员公寓"问天阁"出发，走向"神舟九号"

飞船发射塔。在中国载人航天工程走过20年的这个夏季,一个新老搭配、男女配合的全新乘组再次踏上飞往茫茫太空的征程，执行中国首次载人交会对接任务。

阳光下，景海鹏的步伐从容有力。27年前，当19岁的他挥舞着航校录取通知书奔跑在农田里时，谁能想到这个普通的农家孩子会成为中国的骄傲？7年前，他入选"神六"航天员梯队时，那一天，他的父母还在地里掰玉米。这一次，他将创造我国航天员在太空飞行时间最长的纪录，成为中国首位两次飞天的航天员。

多么熟悉的声音，多么熟悉的画面。"10，9，8……点火！起飞！"

18时37分，"长征二号"火箭喷射出巨大的橘红色火焰，在惊天动地的呼啸声中拔地而起，托举着"神舟九号"载人飞船直刺苍穹，飞向太空"中国家园""天宫一号"。

"神九"航天员乘组

“我们都有一个家，名字叫中国……”平时唱起这首歌，我们会想起长江、长城、黄山、黄河。今天，唱起这首歌，我们把目光投向头顶的天穹、浩瀚的太空……

2012年6月18日14时07分，“神舟九号”与“天宫一号”在距离地球343千米的轨道精确自动对接。此时，穿过这扇门，中国航天员就将首次进入自己的“太空家园”“天宫一号”。17时，“神舟九号”航天员景海鹏，轻盈地“飘”到了“天宫一号”实验舱舱门前。

家，在中国人心中，这是一个多么温馨的字眼！北京的四合院、福建的土楼、广东的雕楼、陕北的窑洞、徽州的民居……如今，在茫茫太空，中华民族又拥有了一个前所未有的“家”。

此刻，这个“新家”近在咫尺。为了走近这个“家门”，航天员们一路张帆远行，风尘仆仆。倘若从“神舟九号”与“天宫一号”自动交会对接完成后算起，航天员从返回舱穿越到轨道舱，不足10米的距离，“走”了2个多小时；倘若从前天“神舟九号”飞船发射升空算起，航天员已经日夜追赶了近2天；倘若从中国载人航天工程启动的那天算起，航天人风雨兼程走了整整20年。

“开门”，一个地面上非常简单的动作，此时寄托了多少华夏儿女的热切盼望！地面上，千家万户的电视机前，人们屏息静气，静静期待！

16时05分，景海鹏打开轨道舱前舱门，取出胶带细心地粘取尘埃，并给轨道舱前舱门装上保护罩，以免受损。17时04分，景海鹏熟练打开“天宫一号”舱门平衡阀。紧接着，在刘旺帮助下，景海鹏钻进直径88厘米的对接通道里，戴着头灯，“飘”向“天宫一号”的舱门。

人们从北京航天飞控中心大屏幕实时画面上看到，在打开最后一道门——“天宫一号”舱门之前，景海鹏首先从工具箱中取出“钥匙”。这并不是我们常见的钥匙，而是一把三四十厘米长的金属把手，相当于把一枚“螺母”套在舱门开门机构的“螺帽”上，缓缓扭动……

17时06分，“天宫一号”的舱门从下向上完全开启。景海鹏穿过对接通道，像鱼一样“飘”进了“天宫一号”。一进“天宫”，他首先是双手落在舱面，当整个身体都“飘”进“天宫一号”后，景海鹏轻盈地站了起来，用手抓着舱壁的扶手，将自己的足迹轻轻地印在“天宫一号”的“地面”上。

这是中国航天员的脚印第一次留在“太空家园”！从这一刻起，中国成为世界上第3个具备向在轨航天器运送人员和物资能力的国家。

“不知天上宫阙，今夕是何年……”900多年前，那个明月高悬的秋夜，宋代大诗人苏轼“把酒问青天”时，是否会想到今天，中国真的有了天上的“琼楼玉宇”？

“我们人类是唯一吗……人类也可能搬家，搬到别的星球去。”1970年冬天，共和国总理周恩来曾这样说。他老人家是否能想到：42年后的今天，这一预言变成了现实，华夏儿女真的开始进驻“太空家园”。

6天后的6月24日，航天员刘旺成功“驾驶”“神舟九号”与“天宫一号”实现刚性连接，再次形成组合体，中国首次手控空间交会对接试验成功。

不知是否刻意安排，就在同一天，6月24日，“蛟龙号”深潜马里亚纳海沟，下潜深度7020米，创我国载人深潜新纪录。此时，“蛟龙号”潜航员叶聪、杨波、刘开周在海底不忘向九天之上的“神舟九号”祝福；顺利完成手控对接的景海鹏、刘旺、刘洋三位航天员在“天宫一号”也向五洋之下的“蛟龙号”三位潜航员表达了祝福和敬意。

“可上九天揽月，可下五洋捉鳖。”6月的世界，已被中国科技创新的风采点亮。从宇宙到海底的遥不可及，被中国科技工作者用一场梦想的交集化作咫尺。

"责任、挑战、信任！"出征太空前夕，谈到2次飞天的感受，"神舟九号"飞行乘组指令长景海鹏说了6个字。从太空凯旋，已圆满完成任务的景海鹏，又加上了一直沉甸甸藏在心底的两个字：压力。

13天太空飞行，景海鹏经历过2次48小时没有睡觉。第1次是在飞船入轨后两天里，他为首次进入"天宫"作准备。第2次是在返回前48小时，他一遍遍重温飞行指南，确保任务有一个完美结局。

现在，完美的结局已经写就。这是中国航天史上创造"首次"最多的一次飞行。"结果圆满、过程完美、成果丰硕""了不起的一步""里程碑意义"……国际媒体对中国此次航天任务评价的这些关键词，不仅是对航天员的最高褒奖，也是对中国载人航天的由衷敬佩。

2016：三度飞天

没有人会想到，景海鹏会再一次飞天。但景海鹏再一次超越了他的梦想。

当那张熟悉的面孔出现在公众面前，历史再次被景海鹏刷新——中国首位第3次飞天的航天员来了。

2016年10月17日，50岁的景海鹏第3次开始自己的太空之旅。再一次被任命为"神舟十一号"航天员乘组指令长的他，将和战友陈冬完成在太空驻留一个多月的挑战。

飞行时间，对于中国载人航天来说，是一个备受关注的坐标，也是衡量中国飞天步伐的"标尺"。这一次，景海鹏将打破中国载人航天的多项纪录，成为中国飞得次数最多、时间最久、高度最高的航天员——从首次太空的2天20小时27分钟飞行，到"神舟九号"的13天宇宙遨游，再到这次即将进行的33天的中长期驻留，他会把个人的太空累计飞行时间原纪录提高到超过49天。

按照计划，“神舟十一号”和“天宫二号”将在距地面 393 千米的轨道高度交会对接，比之前的交会对接轨道高了 50 千米。这也意味着，他和搭档陈冬一起，都将成为中国飞得最高的航天员。

“神舟十一号”发射前的那个凌晨，景海鹏和陈冬按时起床，两个人都面带笑容出来，表情轻松。两个航天员住在酒泉卫星发射中心问天阁的一套两室一厅的房间里。收拾好行李后，像以往每个航天员一样，他们要在房间的门上签上自己的名字。景海鹏住在自己 2012 年乘坐“神舟九号”第 2 次升空时的房间，聂海胜 2013 年第 2 次升空也住在这里。陈冬住的是杨利伟当年住过的房间，门背后最上面写着“首飞航天员杨利伟”，下面依次是张晓光和刘伯明的签名。

“神十一”航天员出征太空

50 年前，出生在 10 月；50 年后，出征又逢 10 月。即便从世界范围内来看，50 岁出征太空的景海鹏也是名副其实的老将。那份举手投足中流露出的自信和从容，有绽放的荣光，更有坚守的执着。

"不曾改变的严谨，不曾改变的认真，不曾改变的勤奋，甚至不曾改变的面容和体重……"尽管时光在他的身上并没有留下太多明显痕迹，但读懂这份自信和从容，也便读懂了时间在这位飞天老将身上的积淀和升华。

任何人都会被时间打败，景海鹏何以赢得时间？航天员刘洋至今仍为偶然撞见的一幕深深震撼。那是"神九"返回后不久，他们刚刚从紧张的任务中脱离，还未来得及休整喘息。一次她敲开景海鹏的门，赫然看到了满屋的学习资料。刘洋诧异地问："师兄，你摆满屋子书干嘛呢？"他笑了笑说："准备下次任务""可'神十'任务我们按规定不能参加选拔呀""那还有下次呢，还有'神十一''神十二'呢？"

超出常人的毅力让他赢得了时间，时间也回报他的精彩。2016 年 10 月 17 日 7 时 30 分 28 秒，一轮初升的太阳，注视着"长征二号 F"火箭托举着"神舟十一号"飞船拔地而起。这是长征运载火箭的第 237 次飞行，这是神舟飞船的第 11 次出发，这是中国航天员第 6 次代表祖国出征太空。

伴随着喷薄而出的火焰和气体，"长征二号 F"火箭发出响彻寰宇的烈响，大地震颤。每个在场的人，都沐浴在巨大的荣耀中。而笔者感到的，是一个 50 岁人的胸腔和心脏。从 2008 年"神七"开始，这位在篮球场上绰号"钢铁前锋"的航天英雄，每隔 4 年就要穿越一次大气层。早已荣誉等身的他，可以说已经赢得中国航天领域的"大满贯"了，但他还是要去做一个冲锋陷阵的尖兵。

中国载人航天发展到今天，已经有了一定航天员的储备。景海鹏能入围，不仅身体上要不输年轻人，精神意志上要更成熟更稳重更细心，让人放心，还必须有比其他人更强烈的上天愿望。

不仅是体力上的消耗、生活上的克制、心理上的磨砺，“天宫二号”是太空实验室，景海鹏要跟年轻人一样去记忆近千页的飞行手册；要跟年轻人一样去重新学习各种新知识新技能，还要在生理上大脑充血失去重力的情况下，头脑清楚条分缕析不能出一点错误。为了帮香港学生验证太空中的蚕宝宝吐丝是否像地面那样有方向性、能否结成茧子，景海鹏要从头开始，专门学习如何侍弄蚕宝宝。此外，他要与陈冬配合做像“脑机交互技术的在轨适用性”这样“高大上”的实验。他还要当半个医生，既要学习如何包扎处理外伤，也要学习如何做 B 超，还得替地球上的大夫做心血管研究……

刻苦，是景海鹏的常态，这一点人们早已形成定论。人们吃惊的是，这位三度飞天的老将竟然和年轻人一样潮、一样酷。

在飞船上升段时，景海鹏的视线里再次迎来太空与地球之间形成的那道漂亮的天地线。“已经 4 年没有欣赏到这么美的景色了，当时心情很舒服。”景海鹏说，他用余光看到陈冬正专注于应付失重，为了给陈冬释压，他就问出了那句全国人民都听到的“爽不爽？”，更爽的是，这位体育爱好者还创造了中国人首次太空跑步的纪录，而且一跑就是 1 个小时。

科技的进步让他们的太空生活越来越丰富，工作、娱乐、休息、锻炼……他们和地面作息保持同步，他们甚至边吃晚餐边同步收看新闻联播。

这一次，景海鹏和陈冬还作为新华社太空特约记者，每天从“天宫二号”发回太空日记电讯。一个月的时间里，宇宙的神奇风光尽收眼底，他们过足了拍摄瘾。2017 年 3 月 3 日，正值“两会”期间，中国军网独家推出他们拍摄的美丽地球图片，迅速刷屏，仅今日头条阅读量高达

145 万次。

天上一个家园，地上一个家园。“天宫二号”上两位航天员的一举一动，都牵动着党和国家领导人的心。2016 年 11 月 9 日，在距地面约 380 千米的太空，中国航天员景海鹏、陈冬同习近平总书记进行天地通话。透过电子屏幕，习近平看到景海鹏、陈冬正在开展机械臂人机协同在轨维修技术试验。手控机械臂至预定位置、机械手和机械臂动作、机械臂复位和数据手套状态恢复……两位航天员精准完成一连串试验动作。

16 时 25 分，景海鹏、陈冬到视频通话位置并排站立，向习近平敬礼。习近平微笑着向 2 位航天员点头致意，拿起电话机同航天员通话。亲切的声音通过电波传向地球上空约 380 千米高度的“天宫二号”与“神舟十一号”组合体。

习近平：海鹏同志、陈冬同志，你们辛苦了。我代表党中央、国务院和中央军委，代表全国各族人民，向你们表示诚挚的问候！

景海鹏：谢谢总书记，谢谢全国人民！

习近平：你们已经在太空工作生活了半个多月，海鹏同志是第三次执行载人航天任务，陈冬同志是第一次进入太空，全国人民都很关心你们。你们的身体状况怎么样，生活怎么样，工作进展得顺利吗？

景海鹏：感谢总书记关怀！我们的身体很好，各项工作进展得也很顺利。我们还能在太空同步收看新闻联播，图像很流畅、很清晰。看到总书记在党的十八届六中全会上的画面，我们感到很亲切、很振奋。中国载人航天进入了新的高度，中国航天员在太空的工作生活条件更加完善，我们为伟大祖国感到骄傲和自豪！

陈冬：报告总书记，我已经适应了太空的失重环境，饮食起居都很正常，工作也在按计划进行。我一定再接再厉，圆满完成好后续任务。

习近平：看到你们状态很好，我们非常高兴。你们团结协作、迎难克坚，体现了一流的、过硬的素质。希望你们再接再厉、密切配合、精心操作，圆满完成后续任务。祖国和人民盼望你们胜利归来！

景海鹏：我们一定牢记总书记指示，坚决完成任务。请总书记放心，请全国人民放心！

“请全国人民放心！”这是景海鹏和陈冬出征太空前的庄严承诺，如今，一个月的太空生活圆满结束，他们向祖国和全国人民交了一份出色的答卷。

午后的冬阳，浸着金黄色的光泽撒向内蒙古中部阿木古郎草原。2016 年 11 月 18 日 13 时 59 分，“神舟十一号”飞船在这里成功着陆。这已是神舟飞船第 11 次选择这里作为着陆场，这已是景海鹏第 3 次在这里从太空凯旋。自 2003 年杨利伟完成中国航天员首次飞天任务以来，共有 11 位中国航天员在这块广袤的草原上由太空回家。

回家，向祖国报到。来吧，祖国已张开迎接英雄的怀抱。

回想 8 年前首次飞天，浓浓的喜庆氛围把整个杨家卓村裹得严严实实。景家院子里那棵和景海鹏一样大的枣树，目睹一拨拨亲人、老师、邻居以及市里领导和媒体记者蜂拥而至。母亲王珍玲擦拭着儿子的照片说：“他是我的儿子，更是国家的儿子！”

这位伟大母亲的话语朴素无华中透着睿智通达，或许在少年景海鹏决定选择当军人那天起，她就已经意识到，儿子已经不仅仅属于这个家了，这个从小名字里就寓含全家期望的长子，注定要属于这个时代、这个国家。

下部：升华梦想

军人本色

面对爱人，一个拥抱可以胜过千言万语。面对祖国，什么样的动作，能表达心中千言万语？

航天员给出了自己的答案：军礼！

"敬礼！"在问天阁出征仪式上，在火箭点火起飞瞬间，在首次进驻"天宫一号"，在"天宫二号"感谢全军战友对他的生日祝福，在载誉凯旋出舱刹那……你会看到，景海鹏一次次选择同一个动作———抬起右臂，向祖国和人民致以庄严的军礼。

太空见证中国军礼。敬军礼，在航天员《飞行手册》数以万计的飞行程序里，找不到这 3 个字。杨利伟乘坐"神舟五号"飞天时，火箭点火瞬间首次敬了一个军礼。此后，这个"自选动作"成为中国航天员约定俗成的"传统仪式"。

军礼，象征无声誓言，象征对祖国和人民的无限忠诚。看着军礼，人们会想起景海鹏的话："航天员是我的职业，也是我的生命，更是我一生的追求。只要发令枪一响，就要奋力向终点冲刺。"

一个军礼，提醒世人：这群被誉为"皇冠上的明珠"的英雄航天员还有另一个身份——军人。世人皆知航天员的荣耀，却鲜有人知道，特级航天员景海鹏和他的战友们每天过着与普通军人一样的生活：军容风纪检查、政治教育、组织生活、队列会操、文体活动……一样都不能少。

唯一的不同，是他们除了要严格遵守部队条令条例和纪律之外，还要遵守在常人看来近乎不近情理的规定：不准在外就餐，节假日不准私自外出，不准与不明身份的人接触，不准抽烟喝酒，不准开车、驾摩托车……自从走进航天城那天起，他们的名字就从朋友们的通讯录中消失了。

军人的作风养成与宝贵品格，已经流淌在他们的血脉中、刻在他们的骨头里。奉献于他们而言，是天经地义；风险于他们而言，是从不讳言的话题。

中国首批 14 名航天员的记忆里，2003 年的春节不同寻常。

2003 年 2 月 1 日，大洋彼岸传来一个悲痛的消息——美国哥伦比亚号航天飞机失事，7 名宇航员全部罹难。

这是自 1986 年美国挑战者号航天飞机失事之后航天史上又一个黑色的日子。这一天，正值中国的传统节日春节。灾难给破寒而至的春天涂抹了一层阴郁的色彩。

消息传来，决策者们从心底里泛起对航天员的担忧：面对如此大的灾难，他们的心理能否承受？他们有勇气继续去实现中国的首飞任务吗？

首长和亲人、战友们的关心、慰问、探询、问候，通过有限的渠道源源不断地传到航天员耳中。然而，正如人们所期待的一样，这一事件并未在航天员中间引起波动。他们镇定、理性而又平静。

不是他们漠然，不是他们木讷。身为军人的他们，最明白他们所干的事业和风险是不能分割的统一体。当锁定这份事业、这个梦想的时候，风险就伴随着了。诚如景海鹏第一时间向组织表态时所说：“我想用一如既往来表达我对航天员职业的态度，决不会因为出现风险就犹豫！”

一位国外的航天员形容自己的职业时说：“航天员就是坐在炸弹顶端飞行的人。”多年以后，景海鹏访问香港时，与香港小学生有这样一段对话。

小学生问：叔叔，您不怕死吗？

景海鹏回答:叔叔跟大家一样，都是普通人，也不是什么“钢铁侠”，一样怕死。但这个世界上，有很多事情值得我们用生命置换，比如我们从事的航天员这个职业。从这个角度讲，我又不怕死。我建议同学们有机会到发射现场感受一下，我们的屁股底下坐的是二级火箭，当你听到点火之后那巨大的轰鸣声时,你就会切身体会,什么叫高风险职业。但是，这份职业值得我们用生命去置换。

中国航天的伟大征途正是无数航天人用生命铺就的，这个伟业向前迈进的每一个脚印都渗透着血汗。

在祖国西北的大漠深处，千年流淌的弱水河畔，矗立着一座直冲云霄的火箭发射塔，世界航天史上的许多重要一页都在这里书写。这里，是中国航天梦想之地、发祥之地。

2001 年 11 月，中国航天员大队全体成员来到酒泉卫星发射中心进行实地学习和训练。这是景海鹏第一次踏上这片仰慕已久的土地。湛蓝的天空下，茫茫戈壁像大海一样无边无际。戈壁深处特有的气流在广阔的地平线上似流云般地涌动着，不时幻化出奇妙的图像。

虽然在“神舟一号”和“神舟二号”飞船发射的时候，他们从电视屏幕上看到过发射场的场景，可身临其境，景海鹏才真正感受到这片土地的神圣与厚重。

在酒泉卫星发射中心，航天员们在完成相关训练的同时，还有一项重要的行程——拜谒“东风革命烈士陵园”。

东风革命烈士陵园坐落于距离发射中心生活区的 5 千米处，它还有一个用数字标记的名字——9 号半。长眠在这里的既有将军、士兵，也有为我国国防科技事业、航天事业献出生命的科技工作者。我国国防科技事业的主要奠基人之一——聂荣臻元帅的骨灰也安葬在这里。

走进烈士陵园,景海鹏不禁肃然起敬。聂荣臻元帅的墓碑在最前方。

他的身后，是一个由 604 座坟茔组成的庞大方阵。墓碑上有的有姓名，有的却连一个字都没有……在这座肃穆的陵园中，景海鹏细细地端详着每一块墓碑，心里百感交集，思绪万千。那一刻，他觉得眼前的 604 座坟茔就像 604 把用生命闪耀着航天人精神的圣火。

多年后，景海鹏一次次来到这里，一次次登上发射塔火箭顶端的神舟飞船，一次次体验来自屁股底下的几百吨高性能燃料发动机的剧烈轰鸣，一次次忍着数倍于体重的过载，一次次以一种大无畏的勇气穿越大气层。每一次，他都会想起不远处那群长眠在此的特殊“观众”，每一次，他都觉得有一种自信和力量，来自他们的“注视”。

景海鹏哲学

三度飞天，何等荣耀？但近距离接触过景海鹏的人都有一个共同的感受：飞天英雄的光芒与传奇，在他身上早已内化为一位航天老兵的质朴与智慧。

这些年，他受邀与学生交流，受命为国家征兵站台，随团到港澳交流慰问，志愿到震区做公益慈善，所到之处，质朴的话语中总是闪耀着哲学的智慧。

“如果说在执行任务的时候，考验的是你的思想、技术、身体、心理等素质，那么从天上回来以后，我感觉，考验的是怎么走路，走么做人。”景海鹏说，“国家把我们培养出来，我们要用各种方式回报国家。”

航天之外，景海鹏选择回报国家的主要方式是当校外辅导员，与学生一起交流梦想与成长。其中，有中宣部组织的“社会主义核心价值观”讲坛，有北京大学和多所高校教学联盟组织的报告会，有复旦大学主办的、在线 600 万高校学生收看的报告会，也有西南联大特邀的、十几所高校联合参加的大讲堂，等等。几百场校园报告，每场 3 个半小时——

这是他这么多年特别欣慰的一个成绩单。“励志，传播正能量，这是我飞天任务的继续，累并快乐着。”他说。

景海鹏说自己是中国梦的一个很好载体。“我家是农村的，父母都是农民，从高中到大学，从飞行员到航天员，我的所有梦想都实现了。”他说：“我把自己成长的点点滴滴告诉那些学生们，他们就会感到梦想原来离自己也很近。”

让航天员中心政治部宣传干事朱霄雄格外敬佩的是，景海鹏每次作报告的演讲稿不仅自己亲自写，而且每次内容都不一样。“我的稿子别人拿来念也念不了，都是自己切身经历。‘辛苦’二字背后有多少故事？别人也写不出来。”景海鹏说，做一次报告，就是对自己人生的一次提炼。这些提炼反过来对自己又是一个促进。

情商与智商哪个更重要？他信奉前者。每天晚上躺在床上，他都会想一下哪件事没做好，第二天一定要做好。他经常提醒自己低调与伟大之间的关系，越伟大的人越低调，越低调的人越伟大。一个直接的例证是，很多在航天城里干活的农民工都有和他的合影，航天员家属楼下，经常有人“蹲守”等航天员签名、合影，景海鹏每次都会笑呵呵地答应。

他是典型的航天人，更多时候是只做不说，经常“笑而不答”，只有在最后节点才会透露真相。但只要说，就必须掷地有声，振聋发聩。同时，景海鹏的语言多是短句，即使在接受采访，讲述事实时也这样抑扬顿挫，铿锵有力，就像在飞船上发指令。

“神舟十一号”载人飞船发射前期，笔者有幸与备战任务的他聊到深夜。因为是老朋友，因为时间紧张，几乎没有寒暄，景海鹏和笔者隔着一张课桌开始切入主题。话题围绕梦想、战友与团队展开。景海鹏思维缜密而快捷，语速恰到好处但语意绵密不绝、层层推进。他的话语朴素中带着升华、思辨中透着睿智，在不动声色中有一种打动人心的力量。

在景海鹏看来，人生就是由一个个大大小小的梦想串联起来的，“一个梦想实现了，必须有下一个梦想，否则人就会垮掉。就像人在太空，身体会失重。回到地面,如果没有梦想,灵魂就会‘失重’”。所以,“神七”飞天回来，他就有了“神九”飞天的梦想，“神九”回来之后，因为“神十”隔得太近，他就把梦想的目标定在“神十一”。

2016 年我国首个航天日，景海鹏和所有飞过天的战友在杨利伟的带领下，面对鲜艳的五星红旗，再次重温他们 18 年前加入航天员大队时的誓言。选择继续飞行，于景海鹏而言，理由只有一个——践行面对国旗的承诺。

因为不忘这个初心，景海鹏很享受这份年复一年、日复一日的坚守和付出。他毫不掩饰对载人航天事业的热爱：“如果一开始我只是喜欢这个职业的话，我现在是热爱它、挚爱它、酷爱它！”

真心英雄

执行“神九”赴酒泉卫星发射中心前一天，景海鹏在家陪妻子和孩子吃了一顿饭。

饭桌上，爱人深情地对丈夫和儿子说：你们父子都面临人生中的大考，我祝你们都能取得好成绩!

望着妻子和儿子，景海鹏心生愧疚。14 年了，自己从未参加过孩子的家长会。备战“神九”任务以来，他每天忙于训练，儿子参加中考也无暇顾及……

景海鹏当航天员这些年,爱人鲜有机会享受与丈夫一同旅游的惬意。一次，爱人带儿子去北戴河游玩。儿子羡慕地看着别的小朋友能在爸爸保护下游泳戏水，很想尝试。儿子不无惆怅地说：“要是爸爸来，我就敢到海里游泳了。”

在孩子眼中，爸爸景海鹏是勇气和力量的化身。但在这位为全球华人带来尊严和自豪的英雄航天员眼里，自己却是个“不称职的儿子、丈夫、父亲”。

无论从哪个方面看，景海鹏都属于传统意义上的中国男人。他将对家人的爱沉于心底，绝不会当众秀恩爱。每次出征前，他都几乎没有在媒体前对家人说什么体己话，但他爱人接受媒体采访时曾泄露“天机”：他在不忙的时候“也有几个拿手菜，比如红烧鱼。饺子包得好，只是饺子皮儿擀不圆”。爱人生日的时候，他还在儿子的策划下送过玫瑰花。

每当提到自己的成长经历和今天的成功，景海鹏总会说：“因为我有一个幸福的家。”

从军这么多年，海鹏回家的次数屈指可数，一年和父母也通不上几次电话。母亲王珍玲早已习惯从新闻中了解儿子的最新消息。那年，母亲王珍玲的右眼突然失明。无奈之下，家人陪母亲来北京看病。那时候景海鹏正处在备战的节骨眼上，为了不打扰正在封闭训练的景海鹏，家人硬是没向他透露一点风声。

尽管父母和家人都十分理解他，但常年在外的景海鹏仍心怀愧疚。他曾歉疚地对弟弟说：“因为职业使然，我顾大家，你顾小家，父母就由你多操心了！”

景海鹏口中的“家人”绝不仅仅指他的父母、弟弟妹妹和妻儿，还有航天员大队这个“大家”。

“神舟十一号”出征前，媒体请他对亲人们说几句话。景海鹏却郑重地将话筒先递给了比他小 12 岁的陈冬，因为陈冬的一对双胞胎儿子只有 5 岁，他该有更多的牵挂。轮到自己，景海鹏却把话留给了一起打球一起训练荣辱与共的航天员大队的战友，留给了关心航天事业的祖国人民。

无论如何，景海鹏的骨子里仍是军人，粗线条却很细心。他对媒体说，看到陈冬这么多年都是目送自己离开才转身，让自己非常感动。对于一直对他礼敬有加的兄弟，景海鹏暗下决心要对他好。

他曾做过这样一个深情的比喻：“如果说航天员大队是大海，我永远是里面的一滴水，哪怕飞 10 次也是大海里的一滴水，说不定比这一滴水还要小。这是我一直想表达的心声：我非常幸运能够生活在这么好的一个团队中。这是一个团结的集体、自律的集体、勤奋的集体、奉献的集体。我们这个团队的确存在竞争，而且我们都主张竞争，因为一个事业如果没有竞争，出不了战斗力，因为优秀是竞争出来的。但我们的竞争是‘竞而不争’。之前一块准备、训练，都非常刻苦，一旦进入选拔环节，结果出来了，是你，你放心，我给你鼓掌，为你加油，24 小时在下面为你值班。”

面对战友、面对更多默默奉献的航天人、面对无数加油的中国人，这位真心英雄，不仅有肺腑之言，还会不由涌动感恩的热泪。

执行“神九”任务时，在去发射塔尖的路上，看着沿途欢送的人群，刹那间景海鹏止不住泪流。为了不让队友看见，不让所有的工作人员看见，景海鹏迅速转过头，偷偷擦干了眼角的泪水。

“那一刻，我感受到了全军将士的信任，感受到了全国人民寄予的厚望。”4 年后，“神十一”任务前夕，回忆起这一幕，景海鹏仍感慨万千：

“每一次飞天有太多人在托举着我们，我们的背后是祖国，是家人，是战友，是各级组织，是无数航天人，是所有中国人。他们是给我们增添钢铁翅膀的人，他们就是我们的翅膀！”

不是尾声：梦想再出发

50 岁，知天命之年。

在我们身边，多数职场人已经选择了华丽转身去做管理，或者开始准备颐养天年……

因为有了景海鹏，我们不用再崇拜瑞典有瓦尔德内尔——满脸皱纹了还在以一己之力对抗中国的"乒乓长城"；不用羡慕美国有霍利菲尔德——50 岁还在挥舞铁拳征战沙场；也不用羡慕纳芙拉蒂诺娃这个"网坛铁金刚"，一把年纪了还疯狂地在网前挥拍奔跑。

因为景海鹏，我们不用再叹息中国没有超长待机的铁血英雄了。

梳理景海鹏的飞天履历，或许是巧合，他的每次出征年，都是奥运年。在景海鹏眼中，一直战斗在奥运舞台上的射击明星王义夫堪称榜样："王义夫先后以运动员和总教练的身份参加了 9 次奥运会，我才'参加'了 3 次，和他比差远了。"

景海鹏希望像榜样王义夫那样一直战斗下去。"运动员的舞台在奥运赛场，航天员的舞台在太空，这辈子我就想干好这一件事。"沉思片刻，他接着说，"只有干好了这一件事，才不辜负传到我们手中的接力棒。"

茫茫太空，景海鹏和他的战友们注定是中国载人航天的首批拓荒者。今天他们踏出的每一步，都将是明天的路标；他们的每一次勇敢出征，都在给后来人传递力量。

对于天，中国古人研究了上千年。"观天之道而存其诚，执天之行而自强不息"，中国当代的航天人深知这一点。从钱学森、邓稼先到杨利伟再到"嫦娥"计划、"火星"计划，他们从未因为"两弹一星"的巨大功勋而停下脚步，自强不息，不断在清零，不断在走向人类科技的前沿。

2020年我国将建成自己的空间站，到那时很可能是人类唯一的科学空间站。这一国之重器，正在促进未来几十年中国的科技大爆发。

那，又是一个4年之期。

景海鹏这样憧憬着未来：“中国空间站是咱中国人在太空美丽的家园，也是所有航天员梦想的宿营地。作为一名航天员，我充满期待。”

梦想再出发，永远在路上。

“两弹一星”元勋程开甲

熊杏林　邹维荣

程开甲，著名物理学家，中国科学院院士，“两弹一星”功勋奖章获得者，2013年度国家最高科学技术奖获得者，首批“八一勋章”获得者。长期从事理论物理、核武器研制与试验、抗辐射加固等领域的科学技术研究工作，是我国核武器事业的开拓者之一，我国核试验科学技术体系的创建者之一。1918年出生于江苏吴江，1941年毕业于浙江大学物理系，1946年留学英国，1948年获英国爱丁堡大学博士学位，任英国皇家化学工业研究所研究员。1950年回国，先后任浙江大学副教授，南京大学物理系副主任、教授。1960年，加入中国核武器研究队伍，历任二机部第九研究所副所长、第九研究院副院长，中国核试验基地研究所副所长、所长，基地副司令员，国防科工委科技委常任委员、顾问，总装备部科技委顾问。

创新　拼搏　奉献

程开甲

2017.8.3.

2017年7月28日，在中国人民解放军建军90周年之际，中央军委在北京八一大楼隆重举行颁授"八一勋章"和授予荣誉称号仪式。中共中央总书记、国家主席、中央军委主席习近平给获得"八一勋章"的10位英模颁授了勋章和证书。这其中，有一位99岁高龄的老者，他，就是程开甲院士。

中国人民解放军新设立的"八一勋章"，是由中央军委决定、中央军委主席签发证书并颁授的军队最高荣誉，位于党和国家功勋荣誉表彰制度体系的最高层级，授予在维护国家主权、安全、发展利益，推进国防和军队现代化建设中建立卓越功勋的军队人员。作为"两弹一星"元勋，国家最高科学技术奖获得者，我国核武器事业开拓者、核试验科学技术体系创建者之一，程开甲再度以"忠诚奉献、科技报国"的英模形象，受到党和国家的高度褒奖，成为军人最闪亮的坐标。

时代楷模光耀强军征程，至高荣誉彰显卓越功勋。让我们一起走近程开甲……

一、名师名校的熏陶

1918年8月3日，程开甲出生在江苏吴江盛泽镇一个经营纸张生意的徽商家庭。受吴文化崇教尚文的影响，祖父程敬斋最大的愿望就是家里能出一个读书做官的人，在程开甲还没有出世的时候，他就早早地为程家未来长孙取了一个"开甲"的名字，意即"登科及第"。

1931年，程开甲考入浙江嘉兴一所著名的教会学校——秀州中学。在那里，他接受了六年具有"中西合璧"特色的基础教育和创新思维训练；在那里，他阅读了大量的科学家传记，并萌发了长大后要当科学家的想法；在那里，他收获了学习的成果，享受了探索的快乐。初中二年级时，程开甲曾画了一张自己构想的大船模型图。虽然想法很幼稚，但数学老师姚广钧还是与他进行了很长时间的探讨，使那份敢于想象、敢于“发明”的童心受到了精心呵护。程开甲的数学和英文非常出色，他能轻松地将圆周率背诵到小数点之后的60位数，他能将1~100的平方表倒背如流，他能记住每一个数学公式和许许多多数学习题的演算结果。这种惊人的记忆和对数字的敏感，在他日后的学习、科研中发挥了重要作用。一个复杂的微积分演算，别人需要在纸上进行很长时间的演算才能拿出结果，而他只要闭上眼睛，演算结果就能神奇地跳出来。高中的时候，他代表学校参加浙江省四所教会中学的英文演说竞赛，还取得过第一名的好成绩。

1937年7月7日，盛夏，酷暑炎炎。

正当程开甲和他的同学们带着对知识的渴求和强烈的学习愿望认真地准备着大学考试的时候，卢沟桥上隆隆的炮声打破了年轻学子们心灵的宁静，一些同学放弃了考大学的机会，毅然投笔从戎。但程开甲认定，要救国，就得有本领。程开甲以优异的成绩考取了浙江大学物理系的公费生。在这所“流亡大学”，他遇到了苏步青、陈建功、王淦昌、束星北等大师。

当时，王淦昌开设“物理讨论班”，分甲、乙两个班。甲班主要是由全系教师和四年级学生轮流作学术报告。乙班主要是由束星北和王淦昌就物理学前沿课题作学术报告。物理系的讨论课比较自由，报告过程可以随时打断插话。讨论课上，最活跃的是王先生和束先生，别人作报告时，他们经常插话和提问，常与人争得面红耳赤。有时他们两人还争吵，像小孩吵架一样，声音很大。如果能达成共识，他们就会爽朗地大笑起来；如果没有得到解决，下次继续讨论。私下里他们两人是最好的朋友，在科学界这样的友谊也非常少有。

初次参加物理讨论，见到王淦昌教授和束星北教授吵架的场面，程开甲还觉得有些惊奇，但后来他也就司空见惯了。王淦昌还经常用科学研究中由于主观或者粗心大意导致与发明失之交臂的案例教育他们。

有一次，王淦昌向程开甲他们讲述了中子发现的过程。他说，约里奥·居里观察到一个实验现象，但他粗心大意，臆断这是 γ 射线碰撞粒子的径迹。后来，查德威克对这一现象认真研究了好几个月，结果发现了中子，获得了诺贝尔物理奖。

从大师们那里，程开甲学到了科学研究的诀窍：紧跟前沿，抓住问题，扭住不放。

20 世纪 70 年代程开甲在任务动员会上发言

1944 年 10 月，英国著名学者李约瑟博士访问浙江大学，给程开甲学术生涯带来重要转折。

经王淦昌推荐，李约瑟博士亲自对程开甲撰写的论文《弱相互作用需要 205 个质子质量的介子》进行润色修改，并将论文带给了物理学权威狄拉克。该论文提出了一种新介子的存在，并计算出了新介子的质量为 205 个质子质量。

狄拉克阅读论文后，亲自给程开甲写了回信。但遗憾的是，狄拉克教授对基本粒子的看法有些偏执。信中他武断地认为，"目前基本粒子已太多，不再需要更多的新粒子，更不需要重介子"，使文章未能发表。

当时狄拉克教授是物理学界的权威人物，此前他亲自将程开甲的一篇论文——《对自由粒子的狄拉克方程推导》推荐给剑桥大学的《剑桥哲学杂志》发表。狄拉克的亲笔回信，让程开甲放弃了对这个问题的进一步研究。

后来，这方面的实验成果于 1979 年获得了诺贝尔奖，实验所测得的粒子质量与他当年的计算值基本一致。这件事，成为他一生学术上的遗憾。由于迷信了权威，而错失重大成果。

文章没能发表，成为憾事。但与李约瑟博士的交往，开启了程开甲与国际物理巨匠面对面对话的大门。

1946 年，经李约瑟博士推荐，程开甲获得英国文化委员会的奖学金，幸运地来到爱丁堡大学，更幸运地成为被称为"物理学家中的物理学家"马克斯·玻恩的学生。

玻恩一生共带过 4 个黄皮肤的中国学生，他们是：彭桓武、杨立铭、程开甲和黄昆。后来，4 人都成为中国科学院院士。其中，彭桓武、程开甲被授予"两弹一星"功勋奖章，黄昆、程开甲两人为国家最高科学技术奖得主。

当程开甲成为玻恩的研究生时，玻恩的谦逊随和、有教无类在爱丁堡大学早已传为美谈。

为了让程开甲进入物理学领域，玻恩常让他一同参加各种国际学术会议，鼓励他去认识学术界的朋友。在跟随导师玻恩学习和研究的 4 年中，程开甲不但学到了许多先进知识，特别是不同学派、不同观点的分歧，而且结识了狄拉克、海特勒、薛定谔、谬勒、鲍威尔等许多世界级的大物理学家。

赴英之初，程开甲原本是想继续从事基本粒子研究的，但是一个偶然的机会，使他选择了超导理论研究作为自己的主攻方向。

那是 1946 年底，爱丁堡大学邀请一位学者做了两场关于超导实验的报告。报告引起了他对超导问题的兴趣。回去后，他把周期表中的元素分为超导元素和不超导元素，并在动量空间勾画它们各自的分布图，从而发现了它们的分布规律。玻恩看到程开甲画的图，觉得很有道理，鼓励他继续研究下去。从此，程开甲对超导问题的研究兴致一发而不可收。先后完成了 3 篇超导研究论文，单独或者与玻恩合作发表在英国的《自然》（*Nature*）上。玻恩认为程开甲关于超导机理的能带理论研究很有价值，建议他在完成法文和俄文的文稿，之后，玻恩亲自修改文稿，并寄给法国的《物理与镭》（*Physique et le Radium*）和苏联的《苏联科学院报告》发表。

1948 年，物理学界在瑞士苏黎世大学召开低温超导国际学术会议，程开甲和玻恩合写了一篇名为《论超导电性》的论文递交大会。会议召开时，玻恩因故不能前往，于是程开甲作为代表在会上宣读了论文。很巧，海森堡也参加了这个会议，由于观点完全不同，两人在会上争论了起来。一会儿用英文吵，一会儿用德文吵。大会主持人是著名物理学家泡利，他觉得非常有趣，主动提出：“你们争论，我来当裁判。”但吵了很久，公说公有理，婆说理更长，泡利实在难以裁决，就说：“你们师兄弟吵架，为什么玻恩不来？这裁判我当不了。”

程开甲与海森堡这次争论成了苏黎世会议的一个花絮。

从苏黎世回到爱丁堡的第二天，程开甲向导师详细汇报了代表他参加会议的情况。

当程开甲谈到他在会上与海森堡“同室操戈”，泡利教授当裁判“无能为力”的时候，玻恩显得格外兴奋。他不断地插话，详细询问他与海森堡之间争论的细节，有时还打断他的汇报，对双方的观点进行评议，有时则发出朗朗笑声，为他们精彩的争论叫好。

作为科学家、教育家，玻恩是一个善于捕捉时机、不时对学生进行科学精神灌输的人。在这次谈话中，玻恩向程开甲讲述了爱因斯坦“离经叛道”的科学经历以及他取得科学研究成功的个性特征。

玻恩说，爱因斯坦是一个蔑视权威的人。他不仅不迷信别人的权威，也反对别人把自己当成权威。早在 1936 年，爱因斯坦就称自己是一个离经叛道和好梦想的人。因为离经叛道，他能对经典常规进行超越；因为蔑视权威，他能背离现实传统，不断开拓新的领域。

玻恩这一课，让程开甲振聋发聩。从玻恩的办公室出来，他感到自己在学术研究上经历了一场从未有过的洗礼，一场精神的洗礼。

苏黎世会议连同这次谈话，程开甲终生难忘。在以后的科研实践中，程开甲深深地领悟到导师玻恩这次谈话的真正意义。玻恩传授给自己的不仅是一种科学研究的方法，更是一种敢于创新的勇气。

秀州中学—浙江大学—爱丁堡大学，程开甲一直沉浸在开明开放、中西融合的教育环境中，在名师名校的教育熏陶下，夯实了他日后成为一名大科学家的深厚底蕴。

二、十年教授生涯

1950 年，沐浴着新中国旭日东升的阳光，在祖国对海外学子的强烈召唤下，程开甲谢绝了玻恩的挽留，回到了阔别已久的祖国，开启了他实现科学报国之志的人生旅途。

程开甲回国前的一天晚上，玻恩与他作了一次语重心长的交流。对于程开甲的理论根底和研究能力，玻恩一直欣赏有加。1948 年，当程开甲获得爱丁堡大学哲学博士学位后，玻恩亲自推荐他担任英国皇家化学工业研究所研究员，年薪 750 英镑——在当时已经是很高的待遇了。为了让程开甲能够长久留在英国和他一起做研究，玻恩多次劝程开甲把夫人与女儿接来英国安家。当了解到程开甲回国的决心已定，玻恩虽然十分遗憾，但他毕竟是一位尊者，完全能够理解自己的这位中国学生报效祖国的急迫心情，尊重了程开甲的选择，并反复叮嘱他：“中国现在很苦，你回去要吃许多苦头，到了埃及，自己多买些吃的带回去吧。”导师的关心，让程开甲泪流满面。但受这份苦，是自己心甘情愿的选择。但在程开甲的行囊中，除了一件买给夫人的皮大衣外，什么吃的也没有，装的全是固体物理、金属物理方面的书籍和资料。他知道，新中国刚刚建立，百废待兴，百业待举，钢铁、材料是稀有之物，所以固体物理、金属物理方面的书籍和资料一定是非常宝贵的东西。在后来开展的工作中，这些书籍和资料果然发挥了不小作用。

几十年后，有人向程开甲提出过这样一个问题：“要是你当时采纳了玻恩的建议，没有回来，你现在会怎样？”

程开甲回答：“对于这个问题，在离开玻恩的时候，我想得并不多。但回国后，尤其是到了晚年，在总结自己人生的时候，却大有感慨，如果我不回国，可能会在学术上有更大的成就，但绝不会像现在这样幸福，因为我所做的一切，都和祖国紧紧地联系在一起。”

回国之初，程开甲先在母校浙江大学任教，担任物理系副教授。1952 年院校调整，他从浙江大学调到南京大学。当时，中国学习苏联的建国经验，优先发展重工业。南京大学物理系确定开展金属物理研究和筹建“专门化”，并把任务交给施士元和程开甲二人。为了更好地适应国家大搞经济建设的需要，程开甲主动将自己的研究重心，由理论转向理论与应用的有机结合上。他放下架子，主动向青年教师学、向工人师傅学，还专门到沈阳金属研究所向著名物理学家葛庭燧先生学内耗理论与实验。1950—1960 年，他先后发表《内耗热力学研究》等 10 余篇内耗研究论文，率先在国内开展了系统的热力学内耗理论研究。在这期间，他还完成了我国在固体物理方面的第一本专著《固体物理学》的写作，1959 年由高等教育出版社出版，填补了我国高等院校固体物理学教材的空白。

20 世纪 80 年代程开甲与吕敏、乔登江、忻贤杰在讨论问题

1956年，对于程开甲来说，是留下深刻记忆的一年。

是年1月，党中央召开了关于知识分子问题会议。会上，周恩来总理代表党中央在会上作《关于知识分子问题的报告》，报告首次指出，知识分子已经成为我们国家各方面生活中的重要因素，他们中间的绝大部分已经是工人阶级的一部分。还指出，正确地解决知识分子问题，更充分地动员和发挥他们的力量，为伟大的社会主义建设服务，已成为我们努力完成过渡时期总任务的重要条件。

知识分子问题会议的召开，让程开甲受到了极大的鼓舞。周恩来总理报告的字字句句，都烙在了他的心坎上。从此，他给自己立下誓言：“一辈子跟着党，个人一切交给党。”

据程开甲回忆：“当时南京大学的教授很少，学校把我当作从国外留学回来的高职知识分子，给我定为二级教授。但我在填表时，执意不要二级，只肯领三级的薪金，因为国家还在进行抗美援朝战争，我这份薪金够用了。”

也正是这次会议之后，南京大学党委积极贯彻党的知识分子政策，将1952年以来向党组织多次递交入党申请书、1954年被党组织列入培养对象的程开甲，正式接纳为中国共产党党员。

程开甲的入党，在南京大学高职知识分子中产生了强烈反响。他是中华人民共和国成立后南京大学党组织培养吸收的第一个高知党员。在他的示范影响下，知识分子纷纷向党组织靠拢。两年间，他所在的物理系教工党支部就发展了10位知识分子党员。为此，他的入党介绍人还在全国高校组织工作会议上介绍过工作经验。

入党之后的程开甲，对自己的要求更加严格，不断按照周恩来提出的要求，“进行自我改造”。带队伍，抓教学，搞科研，真正做到了“党叫干啥就干啥”。程开甲当年的党支部书记刘圣康说：“那时，我与程先生是一种非常特殊的关系。在组织上，我是党支部书记，他是预备党员，他经常向我汇报思想，我关心他政治上的进步；在业务上，他是我的老师，我是学生，我必须经常向他汇报我的学习，他关心我的学术水平提高。我们结下了深厚的友谊。”

是年 3 月，程开甲作为国内固体物理和金属物理方面的专家，参与了国家“十二年科学规划”的研究制定。

是年 10 月，程开甲作为中国高等教育代表团成员，参与了高教部组织的赴苏考察，从苏联带回了 4 所大学的教学计划和教学改革资料。

1958 年，国家重视原子能工业的发展，江苏省和南京大学积极响应，决定分别成立江苏省原子能研究所和南京大学物理系核物理教研组。程开甲服从组织的安排，将金属物理教研组交给他人，再次与施士元教授一起创建南京大学核物理专业。同时，参与江苏省原子能研究所的筹建。他带领几个年轻教师，日夜攻关，研制成功了一台双聚焦 β 谱仪，并用它测得了衰变元素的衰变曲线，这是南京大学第一台核物理实验仪器。不久，他们又制作了南京大学第一台直线加速器，为南京大学核物理发展打下了基础。1960 年，他被任命为南京大学物理系副主任。

就在程开甲抓教改、育人才，全身心投入中国高等教育事业的时候，1960 年 7 月，一纸命令改变了他的人生轨迹。从此，他隐姓埋名，在学术界销声匿迹。

三、扎根戈壁二十多年

历史的镜头要回放到二十世纪五六十年代。

在新中国波澜壮阔的发展历程中，五六十年代是极不寻常的时期。当时，面对严峻的国际形势，为了抵御帝国主义的武力威胁和打破大国的核讹诈、核垄断，党中央和毛泽东同志审时度势，果断决定研制"两弹一星"。一时间，大批优秀的科技工作者，包括许多在国外已经卓有成就的科学家，怀着对新中国的满腔热爱，积极响应党和国家的召唤，义无反顾地投身到这一神圣而伟大的事业中来。

1960年盛夏的一天。南京大学校长郭影秋突然把程开甲叫到办公室，"开甲同志，北京有一项重要的工作要借调你去，你回家做些准备，明天就去报到。"说完拿出一张写有地址的纸条交给他。

就这样，程开甲来到了那个充满神秘的地方——北京花园路3号九所，加入了中国核武器研制队伍。

后来，他才知道，调他参与原子弹研制是钱三强点的将，最后批准的是邓小平。也是在后来，他从南京大学档案中得知，中央组织部正式发函调他的时间是1960年2月26日，但南京大学不同意放走他，与北京方面打起了近一年的笔墨"官司"，直到1961年11月聂荣臻元帅亲自出马给当时的教育部长及南京大学校长写信，南京大学才于1962年4月28日致函二机部、教育部表示："为了整体利益，我们工作中存在的困难愿自行努力克服。"这样，程开甲的人事关系才正式调入北京。

有时，历史会有许多的机缘巧合。

程开甲在英国留学时，曾因与美国从事原子弹内爆机理研究的福克斯有过一次短暂接触，而被怀疑跟踪过。

福克斯是玻恩的学生，程开甲的师兄。1949年11月，在爱丁堡召开基本粒子会议时，两人相遇。虽然是初次见面，但相谈甚欢。当时，美国政府正在对有人将原子弹内爆机理的核心机密泄露给苏联之事进行调查，福克斯卷入间谍案，会议期间被人监视。程开甲说："因为我们是师兄弟，我又是中国人，也受到了怀疑。我去法国时也有人跟踪我。他们将原子弹机密、福克斯、程开甲、中国共产党、红色苏联联系起来，跟踪调查我。事后，导师玻恩将这段离谱的插曲告诉我：'当初他们怀疑与福克斯联系的第一个人，就是你。'"

没想到10多年后，程开甲还真的搞原子弹了。

程开甲来到核武器研究所时，原子弹研制正处于起步阶段。所长：李觉；行政副所长：吴际霖、郭英会；技术副所长：朱光亚、郭永怀。程开甲到来后，也担任技术副所长。3位技术副所长中，由朱光亚牵头负责。后来，王淦昌、彭桓武来了，也被任命为技术副所长。

中国原子弹研制初始阶段工作所遇到的困难，是现在的人无法想象的。对于这个军事绝密，当时的有核国家采取了最严格的保密措施。美国科学家卢森堡夫妇因为泄露了一点秘密，受电刑处死，福克斯也因为泄密被判14年徒刑。中苏关系蜜月的时候，聂荣臻元帅和宋任穷部长去苏联参观，也看不到有用的东西。"那个时候，我们得不到资料、买不来所需的仪器设备，一切靠自力更生，自己闯出一条路来。"

根据所领导的任务分工，程开甲分管材料状态方程的理论研究和爆轰物理研究两块工作。当时,理论研究室主任是邓稼先。他选定中子物理、流体物理和高温高压下的物质性质3个方面，作为原子弹理论设计的主攻方向。高温高压组有胡思得、李茂生等几个年轻人。

程开甲到来的时候，高温高压下的材料状态方程求解正遇到困难。胡思得向他详细汇报了做过的所有工作，也讲到了利用托马斯-费米理论的困惑。程开甲认真听取他们的汇报，不时插话与他们讨论。有些概念，例如冲击波，他也是第一次碰到，好在托马斯-费米理论他在南京大学时研究过,还在《物理学报》上发表过一篇关于TFD模型方面的文章。当时，这个小组的成员大部分没有学过固体物理，更没有学过类似托马斯-费米理论的统计理论。为帮助他们在更高的平台上做工作，程开甲决定给他们系统地授课，提升他们的业务能力。

那段时间，程开甲的脑袋里装的几乎全是数据。一次排队买饭，他把一张饭票递给窗口卖饭的师傅，说：“我给你这个数据，你验算一下。”弄得卖饭师傅莫名其妙。排在后面的邓稼先拍着他的肩膀提醒说：“程教授，这儿是饭堂。”吃饭时，他又突然想到一个问题，把筷子倒过来，蘸着碗里的菜汤，在桌子写着、思考着。

经过半年艰苦努力，程开甲领着胡思得等年轻人终于第一次采取合理的 TFD 模型，计算出原子弹爆炸时弹心的压力与温度，为原子弹的总体力学计算提供了依据。

拿到他们计算的结果，负责原子弹结构设计的郭永怀特别兴奋，对他说：“老程，你的高压状态方程可帮我们解决了一个大难题啊！”

难题解决了，程开甲却病倒了。1960 年冬天，领导不得不让他停止手头的工作，回南京家中养病。为早日康复，他跟魏荣爵教授学打太

20 世纪 90 年代程开甲在家中查阅资料

极拳、练气功，下决心戒烟，夫人每天陪他散步。1961 年春节一过，程开甲重返岗位。

1962 年上半年，经过科学家和技术人员孜孜不倦的探索攻关，我国原子弹的研制闯过无数道难关，终于露出希望的曙光。也就是在这时，我国的国民经济也到了最为困难的历史时期。中国的决策层就国防尖端武器的研制问题，出现了一场“上马下马”之争。关键时刻，毛泽东一锤定音：原子弹研制不是上马下马的问题，而是要加紧进行。

1962 年 9 月 11 日，二机部正式向中共中央写报告，提出争取在 1964 年，最迟在 1965 年上半年爆炸我国第一颗原子弹的“两年规划”。毛泽东批示：“很好，照办。要大力协同做好这件工作。”

“两年规划”，实际上是科学家们向中共中央立下了军令状。

为了加快进程，钱三强等二机部领导决定，兵分两路：一班人马继续原子弹研制技术的突破；另外组织一班人马，提前进入核试验技术的攻关。

很快，程开甲的名字被钱三强上报到领导那里，他提议中国第一次核试验的有关技术问题由程开甲牵头负责。

1962 年夏的一天，吴际霖与他一起到国防科委胡若嘏局长办公室，领受为两年后原子弹爆炸作准备的任务。

组织对他的工作又一次作了调整。

他很清楚自己的优势是理论研究，放弃自己熟悉的领域，前方的路会更加曲折、艰难，但“两年规划”的紧迫性他很清楚，面对祖国的需要，他没有任何选择。

从此，他转入了一个全新的领域：核试验技术。

1988 年，程开甲在一篇题为《核试验一定要严格按照科学规律办》的文章里，谈到了当初他去开拓这一全新领域时的复杂与艰难：

"当时主要的难点是，不知道爆炸的具体全过程。仅有的信息是以往苏联专家的一些片断谈话和1958年美国洛斯·阿拉莫斯（Los Alamos）公开发表的《爆炸波》一书。在没有经验和外援的条件下，要求我们在两年内完成从提出具体试验计划、测试项目，直到现场实施，以及大量的研究工作，任务是十分繁重的。这是一个大型的、广泛的、多学科交叉的系统工程。理论和实践必须有机配合，理论研究必须给出各个细节的必然因果关系，而实践则要求每个细节都得到具体验证。同时，在试验工程迅速进展过程中，还需要不断地答复和处理一个接一个的工程技术问题。诸如：为什么测试工号需要屏蔽？屏蔽需要多厚？对爆心的地形、安放测点和测点地形有何要求？测试工号承受多少压力？放在哪里合适？等等。一句话，既要有全局理论上的系统分析，又要通过实践，循序渐进，摸着石头过河，一步一个脚印去干。"

经过一段时间的探索，程开甲开始组建核武器试验技术研究所，承担起中国核武器试验最高技术负责人的职责。

深厚的理论根底，领导和同志们的信任，再加上得天独厚的双重身份，程开甲在中国核试验技术领域，很快打开工作局面，并收获了一个又一个创新成果。

下面的一组组数据和一段段史料，浓墨重彩地记录着程开甲为中国核事业发展立下的不朽功勋。

1962年9月，程开甲参加制定我国原子弹研制、试验等科学技术工作最早的一份纲领性文献——《第一种实验性产品的科学研究、设计、制造与试验工作计划纲要》，其中，否定苏联专家空投方案，提出先做地面爆炸。

1962年11月，程开甲主持制定《关于第一种试验性产品国家试验的研究工作纲要》及《急需安排的研究课题》，明确提出了第一颗原子弹装置放在百米高铁塔上爆炸的方案。

1963 年 7 月，核武器试验技术研究所成立。程开甲根据核试验特点和任务需求，对核武器试验技术研究所的性质、任务、学科、队伍、机构等进行了前瞻谋划和顶层设计，他设计的 1 部 4 处 5 室（后来增加第六室）组织结构在实践中运行了 20 多年。

1964 年 10 月，中国第一颗原子弹试验成功。在这次试验中，程开甲设计了“百米高塔的爆炸方式”，确定了核爆炸可靠控制和联合测定爆炸威力的方法，研制使用的 1700 多台（套）仪器全部拿到测试数据。据有关资料记载，法国第一次核试验没拿到任何数据，美国、英国、苏联第一次核试验也只拿到很少一部分数据，而我们在首次核试验中 97% 的测试仪器记录数据完整、准确。周恩来总理在三届人大一次会议的报告中特别指出：在进行核爆炸试验的时候，自动控制系统在十几秒的时间内，启动了上千台仪器，分秒不差地完成了爆炸。这证明我们自己制造的各种仪器、设备，都是高质量的、高水平的，是过得硬的。

1966 年 12 月，中国首次氢弹原理试验成功。在这次试验中，程开甲提出了在塔基 X 米半径范围地面用水泥加固减少尘土卷入，收到很好效果。

1967 年 6 月，中国第一颗空投氢弹试验成功。这次试验中，程开甲提出了改变飞行方向的投弹方案，保证了投弹飞机的安全。

1969 年 9 月，中国首次平洞地下核试验成功。这次试验中，程开甲提出了采用“X 型”设计方案，实现了安全“自封”，防止了“放枪”和“冒顶”。

1978 年 10 月，中国首次竖井地下核试验成功。这次试验中，程开甲研究设计了一套全水位试验方案，获得成功。

……

从1963第一次踏入号称“死亡之海”的罗布泊，到1984年调回北京工作，程开甲在戈壁滩上工作、生活了20多年，历任核武器试验研究所副所长、所长、核试验基地副司令，兼任核武器研究所副所长，后来，核武器研究所改为研究院，他任副院长，直至1977年。20多年中，作为我国核试验技术的总负责人，他组织指挥了从首次核爆到之后的地面、空中、地下等方式各种类型核试验30多次；20多年中，他带领科技人员建立发展了我国的核爆炸理论，系统阐明了大气层核爆炸和地下核爆炸过程的物理现象及其产生、发展规律，并在历次核试验中不断验证完善，成为我国核试验总体设计、安全论证、测试诊断和效应研究的重要依据。以该理论为指导，创立了核爆炸效应的研究领域，建立完善不同方式核试验的技术路线、安全规范和技术措施；领导并推进了我国核试验体系的建立和科学发展，指导建立核试验测试诊断的基本框架，研究解决核试验的关键技术难题，满足了不断提高的核试验需求，支持了我国核武器设计改进和运用。

四、刻骨铭心的记忆

“两弹一星”工程是中国大科学大工程的典型范例。技术复杂，综合性强，涉及的范围广、部门多，迫切需要强有力的组织领导和指挥。1962—1976年，国家层面负责指挥这一伟大工程的是以周恩来总理为首的中共中央15人专门委员会，简称中央专委。周总理曾说，他晚年关心两件事：一个水利，一个上天。

“上天”，指的就是“两弹一星”。

在周恩来指挥中国核武器研究与试验的这段时间里，程开甲先后十多次向他汇报工作或受到接见。总理对工作认真负责的态度和一丝不苟的精神，给他留下了刻骨铭心的记忆。

程开甲记得：1956 年初夏，周总理与他的第一次握手。

当时，中央领导同志在怀仁堂接见参与起草“十二年科学规划”的科学家。这是他生平第一次见到在中国知识分子心中有着崇高威信和高大形象的周恩来总理。巨人有力的握手，留下了政治家与科学家心灵的交会，照相机快门“咔嚓”的一瞬，见证了总理对科学家的深厚情谊。

程开甲记得：1962 年春节，周总理招待他们的那碗红烧肉。

“两弹一星”攻关时期，正值我国三年困难时期。当听说核武器研究所的科技人员饿着肚子日夜攻关时，周恩来总理非常感动。他和聂荣臻元帅分别给有关省市和各大军区的负责同志打电话，“请求支援”。各地区、各军区响应号召，在自身都十分困难的情况下，迅速给研制单位调拨了一批粮食和生活用品。尤其让他们感动的是，当时直接负责调拨、分发物资的行政、政工和后勤人员，自己一点也不拿，一口也没吃。在那段困难的日子里，毛主席和周总理都已经不再吃肉了。但 1962 年春节，周总理在人民大会堂宴请科技人员，桌上居然摆放了一大碗红烧肉，香喷喷的。正是这碗红烧肉，让程开甲终身不忘，念叨了一辈子。因为，它承载着党和国家领导人对科学家们的厚爱、信任与重托！

程开甲记得：1963 年 7 月，周总理第一次当面向他交代任务。

1963 年 7 月，美、英、苏三国在莫斯科签订《关于禁止在大气层、外层空间和水下进行核试验的条约》。这个条约，实质上就是垄断核武器，目的就是遏制中国的核能力，迫使中国把核试验工作停止下来。

一天晚上，周恩来将李觉、吴际霖、朱光亚、王淦昌、郭永怀、彭桓武、程开甲等人叫到中南海他办公的地方，听取工作汇报。会前总理与他们一一握手，问了姓名和工作，特别询问了程开甲核试验准备方面的工作。由于程开甲汇报时的吴江口音重，总理听着很费劲。于是，当场给他布置任务，“学习普通话，把口音好好改一改”。遗憾的是，他努力了一辈子，至今仍是乡音未改，愧对总理。

这次会见，总理还问了许多地下核试验方面的问题，如：什么是地下核试验？国外为什么要进行地下核试验？等等。

当时大家都在一心一意准备第一颗原子弹方面的事情，没有谁研究过地下核试验，因此，对总理提出的问题都一时回答不上来。于是，总理当场向大家布置任务：“回去研究一下这个问题。”

对于总理这一指示，程开甲不敢懈怠。回家之后，他立即查找资料，开始了对地下核试验相关问题的探索。

1963 年 12 月，中央专委决定，在抓紧第一颗原子弹试验准备工作的同时，把地下核试验列为科研设计项目，并责成国防科委提出地下核试验的具体方案。

新的任务又落到了程开甲的头上。

1964 年，程开甲在紧张准备第一次核试验的同时，以核武器试验技术研究所的人员为基础，调进丁浩然、宁培森、周象乾、张忠义等一些水文工程地质技术人员，成立了第六研究室，亲自推动地下核试验的研究。

对于中国要不要发展地下核试验，一开始大家认识不一致。无论是领导，还是技术专家，都存在不同的观点。

程开甲是发展地下核试验的倡导者和积极推动者。凭借着自己理论上的前瞻和技术上的储备，他清楚地认识到，在进行一定数量的大气层核试验之后尽快将试验转入地下，不仅是国际政治发展和军事保密的需要，也是技术发展的需要，坚持并推动了我国核武器试验方式向地下方式的转变。

程开甲记得：1965 年 4 月，周总理向他们长达 1 小时的虚心“请教”。

1964年10月16日，中国第一颗原子弹在罗布泊上空爆响的消息震惊了全世界。但是，中国第一颗原子弹采取的是百米高塔爆炸方式，这种静态核装置试验的成功，只能说我们已经掌握了核爆炸的技术。

因而，第一颗原子弹试验后，科学家们很快撤出了场区，去迎接新的任务。程开甲的任务是主持中国首次空爆试验方案的制定和安排新的测试研究。

与第一颗原子弹塔爆试验相比，此次试验的组织指挥难度更大，它不但要分地面、空中两个系统，而且要求两个系统之间必须联动。1965年4月，中央军委、中央专委和总政治部批准成立了第二次核试验党委会和试验委员会。试验委员会由96人组成，张爱萍任主任委员，刘西尧、成钧和程开甲等9人任副主任委员。

首次空爆，非同小可。周恩来亲自指挥。当时许多人对第一次空爆试验心中没底，特别担心烟云出境会引起外交问题，造成国际影响。问题反映到总理那里。试验前夕，总理向程开甲等5位科学家“请教”有关技术问题。

一天清晨，国防科委的胡若嘏局长带着程开甲他们准时走进钓鱼台周总理的住所。当他们到达时，工作人员已迎候在那里，并抱歉地说，总理昨晚工作了一个通宵，刚刚躺下，请他们稍等一会。话音未落，总理穿着睡衣，满面春风地出现在他们的面前。

这次“请教”的主题是爆炸后有关放射性烟云径迹及地面沉降测量等技术问题，包括烟云的高度、高空风的走向、相邻国家的距离，烟云会不会飘到印度、巴基斯坦去……总理问，程开甲等答。最后，当总理确信爆炸后烟云不会影响到相邻国家之后，才放心地将他们送出钓鱼台。

出来时，程开甲特意看了看手表，这次“请教”整整花了一个多小时。他再一次感受到周总理谦逊的态度和一丝不苟的工作作风。

1965 年 5 月 14 日，距离第一颗原子弹试验仅 8 个月的时间后，罗布泊上空的再次爆炸声宣告了中国第一颗空投原子弹试验成功。

5 月 30 日，周恩来、林彪、邓小平、陈毅、贺龙、聂荣臻、罗瑞卿等党和国家领导人在人民大会堂接见并宴请为这次原子弹爆炸做出重要贡献的有功之臣。程开甲和他领导的核试验研究所的董寿莘、孙瑞蕃、忻贤杰、乔登江、陆祖荫、吕敏、王茹芝等技术人员荣幸地受到接见。

1966 年，朱光亚、郭永怀、王淦昌、陈能宽和程开甲、吕敏等人又被邀请登上天安门城楼，参加国庆观礼。

程开甲记得：1967 年 6 月，周总理向他表达出来的极度信任。

在核试验中，安全问题大于天。

核试验安全保障，不但要有高度的责任心，更要有渊博深厚的学识。它不但涉及多种学科领域知识，而且受核武器总体任务等多因素影响。不同的试验方式，安全保障都有不同的要求。空中核试验，除了要确保试验场区人员和测试安全外，还要确保场区外广大地区甚至国外居民的安全，以及空中飞机的安全；地下核试验，除了要确保试验不“冒顶”、

程开甲百岁生日时题写：创新、拼搏、奉献

不“放枪”外，还要确保爆炸产生的放射性物质封闭于地下，核辐射和电磁辐射不对测试造成危害；等等。

因为安全问题无小事，周总理每次都会把这个重大责任交给程开甲。

为了不辜负总理的信任，每个试验、每个环节的安全论证，程开甲从来都不敢马虎，只要有一点点对安全不利的因素，他都决不放过。程开甲脾气急，常常训斥人，有人管他叫“学阀”。但在安全问题上，他的“学阀”作风，越来越赢得大家的认同。后来，大家只要听说安全问题程教授已经把过关了，就不会有人再产生怀疑。

1967 年 6 月，一次氢弹试验中，采用新设计的两架飞机投掷与测量方案。因为涉及两架飞机的安全，“史无前例”，周恩来对此高度重视。

试验前，周总理专门召集各方人马讨论，听取试验准备情况。其间，总理问及飞机是否安全，并将目光停留在空军代表的身上，空军副司令杨怀德立即站起来，满怀信心地指着程开甲，告诉总理说：“是他算的。”于是，总理又把目光转向程开甲。当程开甲重重地点了点头表示肯定时，总理也重重地点了点头，表示他知道了，放心了。

事后，程开甲说，为计算出这次选择避免冲击波空中强聚焦的气象条件，核武器试验技术研究所负责冲击波聚焦理论计算的同志，三天三夜没有睡觉，才拿到计算数据的。

这次会见，周总理那炯炯有神的目光和极具信任的一个动作，一辈子定格在程开甲的脑海中，成了刻骨铭心的记忆。

此后的时间里，程开甲围绕“保响、保测量、保安全、保回收、保取样”目标，形成的一整套安全管理经验，发展的一系列安全保障技术，不但揭示了核试验的特点规律，而且为解决大科学大工程中高技术高风险高难度问题提供了范式。

有一次，一个专家问程开甲：“你怎么愿意长期在戈壁滩工作？是不是因为党员必须服从？”程开甲总是以总理的光辉形象对自己的教育和鞭策来解释他提出的这个问题。

五、创新正未有穷期

1984 年程开甲离开核武器试验基地，担任国防科工委科技委委员。“由于工作职责的变化，我的科研工作也发生了变化，开始了新一轮的开拓创新。一方面，我围绕‘假如打一场高技术战争，我们怎么办’进行思考。我一方面在抗辐射加固和高功率微波领域努力；另一个方面，我开展基础研究，发展完善了超导电双带理论，创建了材料科学的 TFDC（托马斯-费米-狄拉克-程开甲）电子理论。”

20 世纪 80 年代，程开甲提出必须提高我国战略武器抗辐射能力的思想，并亲自担任该研究方向的专业组组长，开创了抗辐射加固技术研究新领域。在他领导下，系统开展了核爆辐射环境、电子元器件与系统的抗辐射加固原理、方法和技术研究，利用核试验提供的辐射场进行辐射效应和加固方法研究；指导建设先进的实验模拟条件，推动我国自行设计、建造核辐射模拟设施，开展基础理论和实验研究，促进了我国抗辐射加固技术的持续发展。

与此同时，程开甲还积极推动了我国高功率微波领域的研究。20 世纪 80 年代，高功率微波在中国还是一个崭新的方向，很多人对这一领域还不熟悉。程甲开在一次会议上首先给有关人员作报告，介绍该领域的相关知识和研究价值，指导研究工作的开启。他亲自给张爱萍写信，推动高功率微波领域研究的立项。项目启动之初，他只要有时间都会去参加课题组的研讨活动，从理论攻关到实验展开，再到实验室的拓展建设，他都一一过问，提出自己的思路与建议。今天，高功率微波领域的研究在我国已经取得长足进步，在维护国家安全利益中所发挥的作用也日益显现。饮水思源，程开甲的首创之功，功不可没。多年后，一位已成为该领域专家的研究人员见到程开甲，深表感谢地说："当年就是你把我们引入此门的，当时的第一课就是你给我们上的。"

程开甲一生追求创新，除了从事核武器试验阶段的实践创新外，作为一位理论物理学家，他所创立的"程-玻恩"超导电性双带理论和"TFDC"（托马斯-费米-狄拉克-程开甲）电子理论，是注定要载入物理学发展史册的两个重大成果。

"程-玻恩"超导电性双带理论，最初是1948年程开甲与导师玻恩共同提出的超导电双带理论模型。这一理论的核心是：超导电性来源于导带之上的空带中，布里渊区角上出现电子不对称的奇异分布。20世纪50年代BCS理论提出。程开甲仔细分析研究了海森堡的BCS成对电子理论，提出"BCS成对电子理论存在错误"，引起超导理论界的争论。80年代中期高温超导体的发现，使人们看到了BCS理论的局限性。程开甲分析国际上超导理论的研究现状，进一步发展、完善了适用于高温超导和低温超导的双带理论。在出版的*Study of Mechanism of Superconductivity*（1991）和《超导机理》（1993）两部专著中，系统地对高温超导现象作了分析，对BCS超导电子成对理论作了讨论，对超导电性双带理论作了进一步阐述，并给出了某些实验建议。最近，他又利用双带理论对赵忠贤院士和美国卡内基研究院毛和光发现的"压力诱发超导再入"的新的重要现象进行了研究。

20世纪90年代，程开甲看到材料性能的研究和新材料的研制缺乏有效的理论指导。他开始从微观角度研究材料界面的电子运动特性，提出了TFDC（托马斯-费米-狄拉克-程开甲）电子理论，为材料科学的发展提供了新的研究思想与方法。1998年国家自然科学基金委员会曾明确将"程氏理论"列为重点研究项目，研究工作进一步发展，得到了实验验证，并在金刚石触媒、纳米管生成、薄膜大电容等应用研究上取得了有价值的成果。

生命不息，创新不已。这是程开甲科学人生的生动写照。在科学探索上，不迷信权威，敢于离经叛道，实质上就是一种批判精神和追求真理的精神。这种精神，比科研成果和理论成就对人类的意义大得多。成就是有限的，而精神则是永恒的。

六、崇高的荣誉

程开甲说："传统不仅是保存文物的博物馆和供人瞻仰的纪念碑，它是奔腾不息的河流，是永远搏动的血脉，需要继承和延续。"

程开甲创建的核武器试验技术研究所及其所在的核试验基地，就是这样一个薪火相传、基因永续的人才摇篮。

在这里，走出了10位院士、几十位技术将军。

在这里，诞生了2000多项科技成果奖，许多成果填补了国家的空白。

程开甲知道，核试验事业是一个尖端的事业，也是一个创新的事业，没有团队是不行的。所以，在完成上级交给任务的过程中，他高度重视带队伍、培养人的工作。

核试验研究所成立之初，他根据专业需求，在上级支持下，从全国各地研究所、高校抽调了一批专家和技术骨干。对于他们，程开甲一方面严格要求，另一方面又充分信任，并作出许多具有挑战性的工作安排，从而促使吕敏、忻贤杰、杨裕生、乔登江、丁浩然、丁冠生、钱绍钧、陈达、邱爱慈、刘国治等人迅速成长。

第一次核试验，立下大功的测量核爆炸冲击波的钟表式压力自计仪，是程开甲鼓励林俊德等几名年轻大学生因陋就简研制的。

我国研制的第一台强流脉冲电子束加速器，是程开甲不拘一格使用邱爱慈结出的成果。

后来，林俊德、邱爱慈都成了中国工程院院士，邱爱慈还是10位院士中唯一的一名女性。对此，邱爱慈感慨地说：“决策上项目，决策用我，两个决策都需要勇气，程老就是这样一个有勇气、敢创新的人。”

程开甲说：“带团队，要言教，更要身教。”

每次核试验任务，程开甲都会亲临最艰苦、最危险的一线。他曾多次进入地下核试验爆后现场，多次爬进测试廊道、测试间，甚至最危险的爆心。

一天，爆后开挖，程开甲来到施工现场。

在坑道口，工程队向他汇报了施工情况，防化部队汇报了剂量监测情况，研究所技术人员汇报了开挖所得现象。因为洞内极其恶劣的高温、高放射性以及随时坍塌的危险，当程开甲提出亲自进洞察看时，受到了现场技术人员的极力劝阻。但程开甲坚定地说：“你们听过‘不入虎穴，焉得虎子’这句话吗？我只有到实地看了，心里才会踏实呀。”

大家拗不过，最后只好随着他一起穿着简陋的防护服，顶着昏暗的灯光，沿着高低不平的坑道来到几个开挖的扩孔口。程开甲一边详细地观察询问，一边嘱咐技术人员把现场的资料收集齐全，把观察到的每一个现象记录好。还说，战士们开挖很辛苦，我们一定要把能收集到的信息都收集起来，不辜负战士们的牺牲奉献，做到“一次开挖，全面收效”。两小时后，他才回到坑道口。

还有一次，竖井试验“零时”刚过，程开甲就带着警卫员直奔爆心地面。当时，他们身上携带的辐射计量笔不停地报警，警卫员问：“首长，您就真的不担心身体吗？”他说：“担心啊，但我更担心试验事业，那也是我的生命。你说我能不去吗？"

程开甲说："我一辈子都不承认自己是一个'当官人'。"

从20世纪60年代始，程开甲先后担任过南京大学物理系副主任，核武器研究所（院）副所长、副院长，核武器试验技术研究所副所长、所长，中国核试验基地副司令，国防科工委科技委常任委员，总装备部科技委顾问。但在他的头脑里，从没有储存过"权力"二字，有的只是"权威"——"能者为师"的那种权威。因此，他可以非常诚恳地对一位技术员说："我向你们道歉，上次的讨论，你们的意见是对的。"

程开甲说："荣誉不属于我个人。"

程开甲是全国人民代表大会第三、四、五届代表，中国人民政治协商会议第六、七届委员，中国科学院院士和资深院士。他的研究成果，荣获国家科技进步特等奖、一等奖，国家发明奖二等奖和全国科学大会奖、何梁何利科技进步奖等多项奖励。1999年，被党中央、国务院、中央军委授予"两弹一星功勋奖章"。2013年，被授予国家最高科学技术奖。2017年，被授予"八一勋章"。

对于这些崇高的荣誉，程开甲有他自己的诠释：

"我认为，荣誉不属于我个人。我一直对大家说：我只是研究所和基地的全体指战员和曾为核武器事业做出贡献的全体同志的代表，功劳是大家的，功勋奖章是对"两弹一星"精神的肯定。国家最高科学技术奖是对整个核武器事业和从事核武器事业团队的肯定。我们的核试验，是研究所、基地所有参加者，有名或无名的英雄们在弯弯曲曲的道路上一步一个脚印去完成的。虽然写在立功受奖光荣榜上的名字只是少数人，而我们核试验事业的光荣属于所有参加者。因为我们的每一次成功都是千万人共同创造，我们的每一个成果都是集体智慧的结晶。当然，这也包括大漠深处的阳平里气象站，包括在核试验场徒步巡逻八千里的警卫

国家最高科学技术奖证书

战士，包括罗布泊忘我奋斗的工程兵、汽车兵、防化兵、通信兵……如果没有他们的艰苦奋斗、无私奉献，如果没有全国人民的大力协同和支援，不可能有我们的成功和辉煌。"

2016 年，程开甲院士总结自己的科学人生，概括为"创新、拼搏、奉献"，并出版了《创新、拼搏、奉献——程开甲口述自传》一书。作为"两弹一星"的亲历者，中国核试验事业的"活档案"，他的口述资料，为历史和后人保存了珍贵的国防科技史料和精神财富。

今天，程开甲院士已经 99 岁高龄，耄耋之年，仍然心系国防科技发展，仍然在为强军兴军的伟业贡献着自己的智慧和力量。

韦 昌
WEI CHANG

“活着的王成”韦昌进

韩国贤　舒启东

韦昌进，江苏溧水人，1965年11月出生，1983年10月入伍，1985年7月加入中国共产党，现任山东省枣庄军分区政治委员。1985年3月至7月参加边境自卫防御作战，荣立一等功，1986年被中央军委授予“战斗英雄”荣誉称号，1991年被国家和军队表彰为“全国自强模范”，2009年被评为“100位新中国成立后为国防和军队建设作出重大贡献、具有重大影响的先进模范人物”，并被誉为“20世纪80年代活着的王成”，多次被各级组织表彰为“优秀共产党员”“优秀党支部书记”，被多所高校和军校聘为德育或国防教育教员，1996年被评为济南市“荣誉市民”，2017年被中央军委授予“八一勋章”。

“八一勋章”这份荣誉是各级组织关心培养的结果，是广大战友支持的硕果。我感谢这个崇尚荣誉、崇尚英雄的伟大时代！今后更要不忘初心，倍加努力，继续前行！

韦昌进

2017.8.13

盛夏时节，丹桂初香。

连续几场及时雨，扑灭了泉城济南的滚滚热浪，让人们在闷热中解脱出来。8 月初，在山东省军区办公楼一楼大厅里，人流如织，官兵们都围在几块展板前，流连忘返，驻足久看。

图文并茂的展板，标题亦是熠熠生辉、格外引人注目："韦昌进，视死如归，血战到底；崇尚荣誉，砥砺前行。"原来，这几块展板内容是宣传枣庄军分区政委韦昌进的先进事迹，并报道了韦昌进被授予全军最高荣誉"八一勋章"的相关动态。官兵们观看完后，脸上都流露出敬佩之情，不时地互相交流赞叹。

几块展板，虽然不能详尽韦昌进从军 30 多年的诸多功绩，但 20 世纪 80 年代中期，韦昌进在边境自卫防御作战中的一句"向我开炮"，让

韦昌进幸福的一家人

无数敌人闻风丧胆，让中华儿女为之骄傲。30 多年过去了，韦昌进不忘初心，本色不变，始终视军人荣誉高于生命，用时刻冲锋的战斗姿态做好每项工作，令万千战友和广大人民群众赞佩不已。

让我们拨回历史的时针，一起探寻战斗英雄韦昌进成长进步的足印。

“去当兵！我为自己的选择感到幸福和骄傲”

1965 年 11 月的一天，像往日一样，江苏省溧水县白马镇官塘村宁静安谧，农闲时节的人们难得悠闲，或聚集聊家常，或结伴出行。

而这一天，韦日华格外喜悦，韦家有传宗接代的“接班人”了：伴着清脆的啼哭，儿子呱呱坠地，来到这个世界上。秋风习习，这个刚刚出生不久的小家伙躺在母亲汪生兰的身边，努力睁开双眼，模糊地、好奇地辨识着周围的色彩。

送信报喜，韦日华高兴地忙活着。高兴之余，他忽然想到，得赶紧给儿子取一个响亮吉利的名字。征求村里老者和有学问的先生之后，韦日华决定给自己的儿子取名为昌进，意为祝福祖国、家族繁荣昌盛，期盼儿子在人生道路上永远向前进。

韦昌进的家乡在溧水县，现为南京市溧水区，别名濑州、中山，是秦淮河的发源地。那里具有水乡风韵、田园风光、山地风貌的特点，山清水秀，人杰地灵。直至今日，溧水仍有“天然氧吧”之称。

白马镇官塘村是一个自然村，不足百户人家，后由几个生产大队、自然村合并为现在的白马镇上洋村。官塘村的村民人数不多，但民风淳朴。韦昌进就是在这样的小村落里逐渐长大。

韦日华两口子都是官塘村地地道道的农民，面朝黄土背朝天，日升而作，日落而息，家里谈不上富足，但靠着两口子的辛勤劳作，也能勉强生活。忠实厚道的韦日华和汪生兰细心照看儿子昌进，并教育他为人处世的道理。生活的磨砺和父母的教育，让韦昌进从小就懂得勤劳刻苦。

时光就在田间地头慢慢流逝，韦昌进也在慢慢长大，他的3个妹妹也先后降临人世。原本的三口之家因人丁兴旺，一下子热闹起来。

20世纪60年代末到70年代初的中国，人们的物质生活相对匮乏，韦日华家孩子多，生活比较艰苦。艰辛的生活，磨砺了韦昌进的意志和品性。闲暇时间，他会主动去拾柴火、打猪草，替家里分担家务农活。

镇里、村里每隔一段时间，都会有流动放映队过来放露天电影。

"同志们，为了新中国！冲啊！""连长，让我当突击队员吧，我去把鬼子的碉堡炸了……"席地而坐的韦昌进托着下巴，紧盯银幕，两眼炯炯有神。虽然有的影片已看过很多遍，但他还是全神贯注，不放过影片里的每一个细节、每一句话，因为这些动作细节和话语，会成为平日里小伙伴们玩打仗游戏的模仿言行。

那个时期，流动放映队播放最多的就是战争和中国革命题材的电影，这也是韦昌进最喜爱看的。有时放映队流动到离韦昌进家几十里地放映影片，但只要影片是革命战争题材的，韦昌进宁愿饿着肚子，也要跑上几十里路去看。父母心疼他，劝说过几次，但倔强的韦昌进不放过每次看革命战争影片的机会。

除了影片，革命战争题材的书籍，也是韦昌进爱看的。

随风潜入夜，润物细无声。在潜移默化中，中国人民解放军军人的光辉形象在韦昌进幼小的心灵里扎下根，像一簇"小火苗"，伴随着他的成长，越烧越旺。

在白马中学上高中的时期，韦昌进参军入伍的意愿更加强烈。他的老师、同学都知道：昌进最大的愿望就是穿上军装，到部队当兵去。

1983年初秋，刚刚从白马中学毕业的韦昌进回到家中，帮助家里干农活。一次偶然的机会，在农田里劳动的韦昌进碰到同乡同学。同学一看韦昌进还在地里干农活，急忙对他喊道:“昌进，现在部队来招兵了，你不是一直想参军入伍吗，去报名当兵了没有？怎么还在地里忙活？”

“部队招兵了？”韦昌进愣了一下，一会又缓过神，兴奋地跳起来，“部队来招兵了，我要去报名应征！”

得知部队征兵消息的韦昌进来不及和同学告别，急忙往家跑去，他要把这个好消息告诉家人。同学看着他火急火燎的样子，笑了笑，自言自语道：“想当兵想痴了，昌进不去部队真是有点可惜了。”

当韦昌进回到家把部队开始征兵的消息告诉父母和妹妹们的时候，父母却高兴不起来：韦昌进是家里的长子，也是唯一的男丁，离开家乡去部队，怕他吃苦受累吃不消，多少有些舍不得。但两口子也知道，儿子从小就向往穿上军装去当兵，也没有过多阻拦。

从军报国的“小火苗”，如今在青年韦昌进的胸膛里，早是一团熊熊燃烧的烈火，赶上这么好的机会，他一定不会错过。

韦昌进来到村大队，找到大队杨书记，道出了自己的想法。杨书记看着神情激动的韦昌进，语重心长地对他说：“昌进，你们兄妹4人，你是老大，3个妹妹还小，你是男子汉，是家里的主要劳动力，以后就是这个家的顶梁柱，你当兵一走，你家的日子可就更艰难了。你父母也牵挂担心你，他们就希望你在家平平安安，娶妻生子，成家立业，不图你以后有多大作为。”

“不！杨伯伯，我要去部队当兵，我会为自己的选择感到幸福和骄傲，请你们放心，请答应我的请求！”面对杨书记的劝说，韦昌进斩钉截铁地回答。

1983年10月，韦昌进顺利通过体检、政审，如愿穿上了仰慕已久的军装，奔赴山东青州，成为某步兵团的一名新战士。

后来，在韦昌进的影响下，他的大妹妹也报名应征，成为一名人民解放军空军战士。

穿上崭新的军装，成为人民子弟兵，围绕在韦昌进心头的是喜悦。但他不会想到，两年之后，他会和战友一起走上血与火的战场，使他真正在战场上成为无愧于时代的英雄人物。

白驹过隙，时光飞逝。

2017 年 8 月 3 日上午 9 时。刚从北京参加完授勋仪式回到枣庄军分区办公室的韦昌进，正坐在办公桌前，忙着审阅文件，翻阅资料……

韦昌进到枣庄军分区任政委只有一个月时间，等待他的是新岗位、新职责，尽快熟悉情况，带领一班人创出新业绩，已经成为他最紧迫的

"战斗英雄"、山东省枣庄军分区政委韦昌进来到征兵业务集训现场，与大学辅导员们交流从军心得，介绍征兵相关政策规定，鼓励在校大学生踊跃报名应征

任务。

也许，在公务劳累之余，韦昌进也挤出一点点时间，静静坐在椅子上，仔细回味一下自己刚参军入伍的情景，以当兵之初的喜悦来解除自己的疲惫。也许，在经历了战场上生死考验之后的韦昌进不管遇到什么样的困难，依然会更加坚强、血性犹存，会更加坚定自己参军入伍的选择是多么正确、多么自豪、多么幸福。

每每回忆起往事，想到自己的初心，韦昌进像打了一剂“兴奋剂”，忘记了工作繁重带来的劳累，忘记了面对的重重困难挑战，重新抖擞精神，战斗在新的岗位上。

“为了祖国，为了胜利，向我开炮！”

盛夏时节，骄阳似火。

2017 年 7 月上旬，在山东省枣庄市薛城区征兵办公室，一位戴着眼镜、清秀儒雅的军人，正与准备应征入伍的青年们交流国防教育的话题。室外气温高，青年们的应征热情更高。他时而解读有关政策，时而引用典型事例，又结合自身经历讲述曾经的战斗故事。现场不时响起一阵阵雷鸣般的掌声。

这位一身正气、血性犹存的军人，就是被中央军委授予“战斗英雄”荣誉称号的韦昌进。然而大多数人还不知道，他的左眼在战场上被弹片击中摘除了，现在是一只义眼；他身上还残留着 4 块弹片，阴天下雨会隐隐作痛。

每当疼痛出现，韦昌进的思绪会不由自主地回到 30 多年前。

1985 年 5 月的一天，天空万里无云。韦昌进和战友们正在某机场做登机前的准备：他们整个二营官兵将被空运到祖国西南的某个边境防御作战的战场。

我国边境某国不听我方抗议，不顾国际法规，三番五次越境袭扰，给我国周边安全和人民生命财产安全造成严重破坏。这次，韦昌进随战友参加的就是党中央、中央军委赋予的边境自卫反击作战任务。

韦昌进和战友们坐在大飞机上，机舱的过道里全是各种武器装备和个人携带的物资。大多数官兵都是第一次坐飞机，但大伙没有一点新鲜感和兴奋喜悦之情，个个表情严肃。因为他们知道，他们这是在飞往卫国的战场，也许，有些战士在想："不知道我还能不能活着回来？""假如我牺牲了，家人怎么办？"……

此时韦昌进的心情和战友的心情一样沉重。飞机起飞了，他透过舷窗，俯瞰着大地，他看见绿油油的农田，像棋盘一样地纵横交错，祖国的山河竟是如此壮美。他的心情也很复杂，但看到舷窗外壮丽的景象，耳边响起父亲母亲的叮嘱：昌进我儿，到了战场保护好自己和战友，别给部队和家乡的父老乡亲丢脸……

韦昌进的内心逐渐平静下来，他挪了挪身子坐稳后，把自己的千万思绪捋了捋：选择报名从军，我不后悔；在部队刻苦训练，掉皮掉肉，我不后悔；如今走向生死考验的战场，我依然不后悔，因为，我不再是一名普通的地方青年，我是身着军装的中国军人！

伴着飞机发动机发出的巨大轰鸣，一首耳熟能详的英雄赞歌在祖国的天空响起："烽烟滚滚唱英雄，四面青山侧耳听……"

看过电影《英雄儿女》的人们都有这样一种感慨：当银幕上出现孤军浴血奋战的中国人民志愿军战士王成，面对蜂拥而来的敌人，通过报话机向指挥部高喊"向我开炮"的时候，无不怦然心动、热血沸腾。是什么精神让中国军人在生死面前如此大义凛然，如此英勇豪迈？又有多少中国军人向往成为像王成那样的战士，血洒战场，精忠报国！

有人认为，王成这个名字是一个英雄符号，是那个特殊年代、特殊环境下中国军人的壮举。其实不然，不管岁月的长河如何流逝，中国军人的血性始终如一。30 多年前，不满 20 岁的青年战士韦昌进就是这样，在肩负使命、置身血与火的卫国战场时，亲身做了与英雄王成同样的选择。

1985 年 5 月 31 日凌晨，就在韦昌进所在的某步兵团接防前沿阵地指挥权不到 41 个小时时，敌人于我军换防之际，用几百门大炮同时向我前沿轰击，上万发炮弹雨点般飞落在我阵地前沿。我军阵地上顿时硝烟弥漫，弹片横飞，一片火海。

韦昌进的战友赵广来所在排坚守的高地是老山和那拉口子接合部。所以，敌人集中一个营的兵力向高地发动猛烈进攻，企图从这里打开通向我纵深的口子。激战中，赵广来的左腿负了伤，他一声不吭，匆匆包扎了一下，又继续战斗。

班长、排长发现后要送他下阵地，赵广来头也不回地说："现在情况这么危急，多一个人就多一分力量，我不能离开阵地。"后来他的右小腿又被炮弹炸断。待他从昏迷中苏醒过来时，10 多个敌人气势汹汹地朝他迎面扑来。赵广来挺身跪起，猛喝一声："狗日的，我送你们回老家！"一顿猛打，立马撂倒了几个敌人。激战中，他的胸部、双肩再次负伤，被打成了一个血人。但渴望战斗、渴望报效祖国的激情仍激励赵广来浴血奋战在战斗的第一线。他一个人消灭了 8 个敌人，打退了敌人一个加强班 4 次反扑，英勇地倒在了战斗的岗位上。

谁不珍惜自己的生命？谁不向往美好的生活？一个革命战士应该怎样对待人生？赵广来烈士在日记中这样写道："我热爱生活，向往未来。因为我还年轻。但是当祖国需要时，我愿把热血洒尽。"

身边战友壮烈牺牲，让韦昌进痛心不已，他握紧拳头，不断使劲砸进泥土里，此时，他深切地感受到：战士的价值，就在于倒下去的是他们的身躯，但竖起来的是一座不可逾越的长城，是中华民族伟大的尊严。

在赵广来英勇战斗的同时，位于拉那口子方向的前哨阵地 211 高地也受到了敌人的三面夹击。战斗打响时,211 高地上有 10 名战友在坚守。仗打得十分艰苦、激烈、残酷。战斗从凌晨打到上午 10 点多时，阵地上只剩下班长包虎民一个人了，敌人将他团团围住，并不停地用蹩脚的中国话叫嚣着："中国兵，投降吧。"包虎民怀着为战友报仇，为祖国献身的决心，一会跃起投手榴弹，一会端起冲锋枪向敌人扫射，突然一个敌人从身后蹿上来将他抱住。刹那间，包虎民脑海中闪过一个庄严的念头："为祖国尽忠的时候到了。"他毅然抱着敌人一起滚下 7 米多高的悬崖。敌人被摔死，包虎民被摔成重伤。

下午，包虎民苏醒过来后，拖着一条血躯，咬着牙艰难地爬回了 211 高地。此时，因受阻于敌人的火力压制和地形的限制，我增援的部队未能冲上高地，部分哨位被敌人夺占。望着还躺在高地上牺牲的战友，包虎民决心一人独守高地，他要陪伴牺牲的战友。他坚信，只要他还活着，阵地就在我们手里。他在敌人眼皮底下发现了一个废弃的小山洞，靠吃身上剩下的一点碎纸，喝点儿雨水，一直坚持到和增援部队的战友一起把被敌人侵占的部分哨位夺回（而这时在新华社记者发回北京的电稿中，"包虎民"三个字已被列入了烈士的名单）。

通往胜利的路是洒满热血的路。

时间的指针定格在 1985 年 7 月 19 日这一天。凌晨时分，敌人以 2 个营加强 1 个连的兵力，向云南老山最前沿的我军无名高地猖狂进攻，战斗异常惨烈。

韦昌进所在排正坚守在这个无名高地上。它是一个凸起的小山包，长约 40 米，宽约 30 米，是老山地区我军防御前沿的重要屏障，也是敌人进攻我军主阵地的必经之路。因为它的军事价值非常重要，敌人隔三岔五地向这里发起进攻，企图撕破我军防线。

是日凌晨 5 点多钟，天刚蒙蒙亮。突然，从空中传来一阵阵刺耳的呼啸声。不一会儿，敌军的炮弹密集地落在韦昌进所在的 6 号哨位周围。爆炸声未落，几百名敌人就像饿狼一般向哨位扑上来。眼看敌人就要冲破防线，韦昌进和张泽群冒着炮火，冲出猫耳洞。

猛然间，韦昌进感觉自己的右锁骨和左大臂像是被什么猛刺了一下，一股热乎乎的液体直往下淌，韦昌进知道自己中弹了。但看到敌人就在眼前，他也顾不上包扎伤口。

当敌人离哨位只有 20 米的时候，只听班长成玉山大喊一声：“打！”韦昌进就对准敌人接连扔出两根爆破筒，甩出十几枚手榴弹。随着“轰——轰”的爆炸声，敌人被打得鬼哭狼嚎，败退下去。不到 10 分钟，韦昌进和班里其他 4 名战士就打退了敌人的第一次进攻。

败下阵的敌人恼羞成怒，立即进行火力报复。韦昌进班里的 5 名战士刚撤到猫耳洞口，敌人的炮弹就接踵而至。苗廷荣身上多处被弹片击中，两只眼睛几乎失明。

韦昌进也觉得左眼被什么猛扎了一下，一阵钻心的疼。他用手往脸上一摸，摸到了一个小肉团子，轻轻扯一下，没扯断，又是一阵更猛烈的剧痛，疼得全身直冒冷汗，豆大的汗珠打湿了他的头发、脸颊。韦昌进意识到，自己的眼球被弹片打出来了。

战斗还在继续，韦昌进顾不上钻心的疼痛，他咬紧牙关，用手托起眼球，往眼窝里一塞，拉起苗廷荣迅速转移到猫耳洞中。

这时，韦昌进觉得右胸也疼，顺手一摸，沾了一手鲜血。原来，他的右胸已被弹片穿透，右臀部被削去了一块肉，韦昌进疼得昏了过去。事后才知道，他全身一共有 22 处伤口。

不知过了多长时间，猛烈的爆炸声把韦昌进震醒了。他爬起来往洞口外面一看，30多名敌人号叫着冲了上来。吴冬梅提着冲锋枪一个箭步冲了出去，不料刚到洞口，敌人的几发炮弹爆炸，碎石哗啦啦地倒塌下来。吴冬梅壮烈牺牲，洞口也被堵塞。看到牺牲倒下的战友，韦昌进恨不能立即冲出去和敌人拼了，但他身负重伤，流血过多，已经动弹不得，洞口也被炮弹炸塌，想出去也出不去了。

战斗正酣，韦昌进心如火焚，他想：左眼虽被打瞎了，但右眼还是好的，还能观察敌情，向指挥所报告，为炮兵指示目标，靠炮火打击敌人、守住阵地。于是，韦昌进拖着血肉模糊的身子，艰难地爬到洞口，一边透过石缝注视敌人的动静，一边用报话机向排长报告。

就这样，从上午9点多钟到下午3点多钟，我军炮兵根据韦昌进报告的敌情和方位，一连打退敌人8次连排规模的反扑。

韦昌进左眼已经中弹失明，右眼也隐隐作痛，身上的多处伤口仍在流血。韦昌进想：只要我还活着，我就要守住阵地，我一定要坚守到战友前来支援。

每次敌人向韦昌进所在的阵地反扑的时候，韦昌进都拿起报话机话筒，向后方的指挥所报告情况，指挥所及时给我军炮兵阵地下达指令，对高地进行环式火力覆盖。

炮声隆隆，我军的炮弹呼啸而来，从高地底端到制高点，弹着点爆炸成一个个密集的火圈，打得敌人晕头转向，死伤惨重。阵地上的泥土硬是被弹片削去五六厘米。在6号哨位前，敌人的尸体横七竖八地躺了一大片。

战斗打得异常激烈。排长从报话机里告诉韦昌进，张泽群已经牺牲，班长成玉山身负重伤。由于敌人的火力封锁，增援的同志一时上不来。

此时，韦昌进感到全身已没有多少气力，右胸还在流血，呼吸也越来越困难，两三秒钟才能喘一口气。他觉得自己撑不了多久了，但人在阵地就要在！

在这生死关头，韦昌进忽然想起了母亲汪生兰。记得奶奶告诉过他，母亲生他的时候难产，差点丧了命。为了把他带大，母亲不知吃了多少苦。韦昌进想到今年自己已经20岁了，还没来得及报答母亲的养育之恩，于是对战友苗廷荣说：“廷荣，如果我牺牲了，请你无论如何到我家里去一趟，代我多喊几声‘妈妈’。告诉她，她的儿子为祖国献身是值得的，光荣的，请她不要过分难过。”苗廷荣听着韦昌进的话，紧紧地握住他的手说：“昌进，你放心，我和你一样，死也要死在阵地上。”

韦昌进在洞内迷迷糊糊地躺着，不知过了多久，洞顶和洞口边传来碎石滚动声和敌人的说话声。不像前几次敌人的反扑，连喊带叫，离很远就能听到。韦昌进猛地意识到，这次敌人离他更近了，已经悄悄爬上了阵地，接近猫耳洞口。怎么办？如果敌人找到了洞口，不仅他和苗廷荣保不住性命，更重要的是阵地要失守。

在这危急时刻，韦昌进想到的唯一办法，就是像电影《英雄儿女》中王成那样，呼唤我军炮兵火力，向6号哨位进行全覆盖轰击。这样一来，自己也可能与敌人同归于尽，但能保住阵地就是胜利。韦昌进将个人安危置之度外，毅然拿起报话机，对排长大声喊道：“排长，敌人上来了，就在哨位周围。为了祖国，为了胜利，向我开炮！向我开炮啊！”

“昌进，那你呢？”排长心痛欲裂。“不要管我！快啊，向我开炮！”韦昌进用尽力气对着报话机喊道。

大约过了几分钟，如同狂风暴雨般的炮弹扑向6号哨位，猫耳洞里弥漫的全是浓浓的硝烟味。躺在洞口边的韦昌进能听见炮弹皮在空中“嗖、嗖”飞溅的声音。我军的炮火覆盖及时，给予立足未稳的敌人灭顶打击，阵地保住了。万幸的是炮弹像长了眼睛，没有炸到韦昌进所在的猫耳洞口。

战斗从早上5点多一直持续到夜晚。晚上8点多，韦昌进听见洞口有扒石头的声音，又听到“昌进、昌进”的轻微喊声。韦昌进屏住气息静听，听出这是战友张元祥、李树水的呼喊声。他挣扎着想爬起来接应，但流血过多和多处负伤让他已经不能动弹。

韦昌进用微弱的声音告诉增援的同志，战友苗廷荣双目失明，已经昏迷了一天。韦昌进坚决要求他们先送苗廷荣下阵地。送走了苗廷荣，等到又上来3名增援的同志，韦昌进这才被战友背下哨位。

韦昌进由于负伤过重，昏迷了7天7夜，被辗转送到后方医院治疗。

“我有一个请求，伤治好后，请让我重返战场。”

“伤残以后怎么生活？”夜深人静的时候，躺在后方医院的病床上，韦昌进辗转反侧。

他想到自己还不到20岁，正值青春年华，人生的道路还很长，而现在左眼没有了，右眼视力也只有0.2，稍有感染很可能会失明，以后的工作、学习、生活以及成家立业都会困难重重；想到父母一旦知道自己五官端正的孩子，只剩下一只眼，心中该有多么难过；想到家中爷爷、奶奶年老体弱，父亲患肝炎，3个妹妹还小，自己是老大，是家里的“顶梁柱”，可现在，这根“顶梁柱”伤残了……

想到这些，韦昌进也偷偷地掉过泪。但是，他想得更多的是牺牲的战友，是组织和战友的无私关怀和帮助。韦昌进重新燃起生活的希望，不再为以后的生活发愁、苦闷。

韦昌进懂得，是党给了他第二次生命，是战友们冒着生命危险把他从阵地上抢救下来，是医务人员日夜精心护理，才使他脱离了危险。

韦昌进想:“我这名幸存者,如果总为自己付出的那一点代价而悲伤,那怎么对得起党和人民，怎么对得起长眠于老山的烈士？”韦昌进振作精神，坚强而乐观地生活下去。

一天，部队的领导和记者到医院来慰问、采访，问韦昌进对组织有什么要求。韦昌进对他们说 :“别的没有什么，我只有两个要求。一个是我的伤好以后，请领导批准我重返战场。我虽然只有一只眼，但是还能打枪，还能为牺牲的战友报仇。再一个是如果政策允许的话，打完仗，我想继续留在部队，干什么都行，因为我当兵的时间太短，对部队的贡献太少了。”

1985 年 9 月 1 日下午，总部一位首长亲临后方医院看望伤员。首

一级战斗英雄韦昌进，经常以自己的亲身经历，向官兵进行爱国主义教育

长来到韦昌进的病床前，拉着他的手问寒问暖，和他聊家常，韦昌进一时激动得说不出话来。

晚上，医院宣传队为伤员演出节目。首长专门拉着韦昌进坐在自己的身旁,要他点节目。韦昌进就点了一首他喜欢的《出征歌》。歌中唱道：“当炮火燃红了边疆，前线就是我们的家乡。那里的每一寸土地，都是母亲生活的地方。出征吧，战友们……”

伴着激扬的歌声，韦昌进仿佛又回到了硝烟弥漫的战场。

住院期间，韦昌进大大小小经历了十几次手术。左肋骨、右锁骨、右胳膊、左腿上仍有 4 块弹片没有取出来，但他想，一名真正的战士，不仅要做战场上的勇士，而且要做生活中的强者。身体伤残了，但革命意志不能垮。韦昌进伤刚好一些，他就锻炼自己洗脸、吃饭、上厕所，还协助医生和护士给重伤员喂水、喂饭、洗脸、擦澡，做一些力所能及的事。好多伤残的战友在他的带动下，也开始重新振作起来。

一次，韦昌进的一名退伍战友给他写来一封信。其中有一段话感人至深，他情不自禁地念给病房里的战友听：

“昌进,我的好战友、好兄弟,我在报纸上看到你的事迹后,一连几天,激动得彻夜难眠。我为有你这样的好战友、好兄弟而感到无比地骄傲和自豪。此时此刻，我恨不能飞到南疆边陲，接过你手中的枪，像你那样去战斗、去冲杀。昌进,我的好战友、好兄弟,从你身上,我看到了理想、信念的力量，看到了人生的真正价值……”

战友的这封信，韦昌进读了一遍又一遍，时常感动得流泪。这并不是因为喜欢战友对他的赞扬，而是从这封信中，韦昌进受到了教育，受到了鼓励，更加懂得了人生的价值和意义。

2017 年 8 月 2 日，韦昌进从北京载誉而归，返回的第一站是济南。

上午 10 时,在山东省军区办公楼会议室里,韦昌进和机关干部代表、基层官兵代表交流了自己进京授勋的情况和体会。连续几日，韦昌进作为英模代表，参加在北京举行的庆祝建军 90 周年系列活动，略显疲劳。

送完参加座谈会的同志，韦昌进摘下眼镜，用面巾纸擦了擦眼睛，说：“现在老用右眼，疲劳了就会发胀、流眼泪，左边的义眼也需经常点药水，要不然有积液，影响正常的工作生活。”

刚刚参战回来，组织上关心韦昌进，安排他到解放军第 301 医院，将身体里残留的弹片进行手术取出，对眼睛进行治疗。经过一段时间治疗，右眼的视力恢复了一点，也消除了左边眼眶内的炎症和积液。后来，医院推荐他到医师力量更好的北京第三人民医院眼科，做进一步治疗。在各大医院医生的推荐下，韦昌进在北京市专门做义眼的医院安装了义眼。

“按照义眼使用要求，一般一只义眼使用不超过 3 年，否则容易诱发炎症、积液，而且装上义眼的那一天起，每隔几天就要滴专门的眼药水，防止义眼感染。”韦昌进擦完眼睛说，“我的这只义眼跟了我 30 多年了，一直没换过，随着年纪变化，也有点变形了，影响平日的生活。”

2015 年冬天，韦昌进乘坐高铁，从济南到北京出差。在进站过安检的时候，他身上的金属物品都已经挑了出来，但安检门仍一个劲地报警。安检人员反复检查，也没发现问题，但又不敢放他进去，旁边两名执勤的民警也围过来询问情况。

韦昌进并不惊讶，因为这不是他第一次过不了安检门。只要乘坐飞机、高铁，他总是遇到这种情况，心里也很清楚怎么回事。

韦昌进耐心地给安检人员和民警解释说：“同志，我是一名军人，曾经参加过战斗，身上还残留 4 块无法通过手术取出的弹片，一过安检门总是报警，请你们理解。”安检人员、民警和看热闹的人群一下子静了下来，大家面对这位并不熟知的战斗英雄，肃然起敬。

现场安静了一小会儿后，安检人员连忙帮助韦昌进提起行李，两名民警向韦昌进敬礼，周围等候安检的旅客自发鼓掌向英雄致意。

尽管身体上的伤残给韦昌进的工作生活带来诸多不便，但他还是勇敢乐观地面对生活。韦昌进常对自己说：“比起当年牺牲的战友，我是幸运的，如果遇到一点困难就退缩，我怎么对得起党和人民！怎么对得起长眠于老山阵地上的烈士！”

2017 年 8 月 2 日中午，省军区机关的座谈会刚结束，韦昌进顾不上劳顿，就急忙赶往火车站。他说下午有个重要的会议，他要赶回枣庄，参加会议。

“只有时刻冲锋，才不愧对组织、荣誉和自己。”

1985 年 9 月，征尘未洗、伤口未愈的韦昌进被中央军委选定参加解放军英模汇报团，在全国巡回作先进事迹报告。

第一次到首都，看到了天安门，走进了中南海，受到中央领导人的接见。首都人民热情地接待了像韦昌进这样来自战场的英雄。

保障条件很好，韦昌进更加想念战场上那些牺牲的战友们。想到这些，韦昌进决心不辜负党组织和同志们的期望，战胜伤残，多做工作，谦虚谨慎，以实际行动报答党和人民对自己的关怀和鼓励。

白天，韦昌进眼含热泪作报告；晚上，韦昌进按捺不住激情写下感想：“从一双双泪眼中，从一阵阵掌声中，我发现了新的人生价值。无论什么时候，都要崇尚军人荣誉，薪火传承勇敢顽强的战斗精神和爱国主义精神。”

夜深人静的时候，韦昌进正在写一天的所见所感。停下笔，他忽然想起一名叫徐书锋的战友。

时光倒回到1985年。在边境自卫反击作战的前线，广泛流传着这样一句话:"累不累,想想军工队。"作战中,军工队担负着前送弹药给养、后运伤员烈士的任务，战斗越激烈，他们的任务越艰巨。他们头戴钢盔，腰系止血带和急救包，脖子上挂着光荣弹，驮着军工七八十斤重的物资弹药，或一百多斤的伤员，涉雷区，入丛林，攀云梯，爬陡坡，出入生死线，往返于敌人炮火和高射机枪严密封锁之下的暴露地段，将成千上万吨弹药和物资送到前沿阵地和每个哨位。

这些被一线官兵誉为"老山骆驼""背山的人"的军工战友，他们有时上山下山要用四肢着地爬行，有的累得吐血，有的累得晕倒在路上，有的甚至献出了年轻的生命。

7月19日，抗敌大反扑前夕，军工队的战友徐书锋患痢疾，连续高烧3天，连队安排他休息，但他硬是不肯下阵地。战斗打响后，徐书锋担负了由连指向各高地运送弹药的任务，几次累得晕倒在阵地上。就这样，他一直坚持到第二天下午6时多。最后，徐书锋抱着弹药箱，摔倒在阵地上，再也没有站起来。

战友们整理徐书锋的遗体时，从他军衣口袋里发现了一封还没有发出的信。信中写道："妈妈，我在家是个老小，你一定怕我吃不了苦。现在我大了，应该在艰苦中锻炼自己，我现在越来越懂事了，为国家吃点苦受些累心里也觉得甜。你放心吧！"战友们读着读着，一个个都撕心裂肺地哭出了声。

韦昌进想起牺牲的战友徐书锋，眼泪忍不住流了下来，打湿了桌上的记事本。韦昌进常想，战场的环境多么恶劣，我现在的条件这么优越，我没有任何理由不干好每一件工作。

他的思绪又回到30多年前的战斗前线。5月至8月，是前线最热的时候，也是部队坚守最困难的阶段。韦昌进所在团担负防御任务的地区气温很高，高温时能达40摄氏度以上。那个地方除闷热以外，还潮湿；在外边像蒸笼一样，进了猫耳洞，里边还在滴水。这样一热一湿，很多战士得了关节炎，还有很多同志得了皮肤病，身上一块一块地烂了。

荒郊野外，潮湿闷热，蚊虫个头长得格外大，叮咬起来甚是厉害。当地有一种蚊子，长得又大，咬人又厉害。当地流传"十八怪"，其中有一怪就叫"三个蚊子炒盘菜"。战士们身上被叮以后，会生疮，擦清凉油、风油精，都不好使。一旦抓破皮，就会流黄色的脓水，并且流到哪里，烂到哪里，最后几乎是全身溃烂。

缺水也是一个大问题。因为阵地一般都设在制高点上，用水要靠下山背。敌人把我们的路都封锁了，所以担负前沿防御任务部队的用水是很困难的。前沿阵地的战士们每人每天只能分到1茶缸水，仅够润润嗓子，根本没有水洗脸洗脚，更不用说洗澡了。一下雨，战壕里的积水就会淹到膝盖，有时淹到大腿那么深。天一晴，又是暴晒。

胶鞋穿在脚上，官兵们晚上也不敢脱。官兵们都养成了穿着鞋子睡觉的习惯，这样一旦有敌情，就可以立即从猫耳洞里冲出来。

长期这样，很多战士的脚和袜子、胶鞋就粘在一起。后方给阵地上送来新鞋，官兵们换的时候，很多战友一脱鞋，连皮带肉都撕了下来。

想到这些，韦昌进合上记事本，又洗了把凉水脸，把第二天将要发言的稿子又仔细看了一遍，对当天发言不满意的地方进行了修改。

韦昌进总觉得自己不是一个人来北京作报告，身边仿佛站着很多牺牲的战友。韦昌进觉得自己是他们的代表和"发言人"，总想把身边战友的英勇事迹告诉更多的人，让大家都记住那些在保卫祖国和人民的战场上英勇献身的战斗英雄。

那段难忘的战斗过去30多年了，但那些牺牲战友的音容笑貌，在韦昌进的脑海里依然清清楚楚，战场上的一切就像昨天刚发生的事情，他们仍然那么年轻，仍然那么生动，仍然那么有血性。韦昌进常常想起他们中的好多人、好多事，他说他会永远记住那不朽的“老山精神”，让这股精神永远激励着他在今后的人生旅途中奋勇前行。

从此，结合自身的战斗经历，传播战斗精神，开展国防教育，就成了韦昌进的执着追求。他在连队担任党支部书记期间，用战斗精神建连育人，连队党支部被济南军区表彰为优秀党支部；在院校当教员期间，他每年都给新学员作报告，培育学员的战斗精神，带出的学员一个个都像小老虎。

调任山东省蓬莱市人民武装部政治委员后，韦昌进宣讲战斗精神和爱国主义精神的热情更高了，厂矿企业、机关学校、渔船码头、田间地头，都留下他深深的足迹。

蓬莱旅游业发达，抗倭英雄戚继光故里等历史遗迹较多。韦昌进积极建议市委，要依托旅游业，深入挖掘历史人文，筑起人们精神上的国防长城。很快，蓬莱市推出了一系列重要举措：挖掘、开放戚继光故里，创办“和平颂”艺术节，成立军地青年联谊会……蓬莱市的国防教育搞得根深叶茂、花艳果繁，中央主要新闻媒体都报道了它的经验。

2009 年 9 月，组织上安排韦昌进到山东省泰安军分区担任副政治委员。得知喜讯，很多战友在打电话祝贺的同时也劝他：“提升为师职干部，不用考虑转业问题了，再说，也该歇歇脚了。”

对此，韦昌进有自己的考虑：“这么多年，组织一直关心、厚爱我，我不能躺在功劳簿上吃老本。无论在什么岗位，都要保持冲锋陷阵的战斗姿态，肩扛责任，使命干工作，不愧对组织，不愧对荣誉，不愧对自己。”

这么多年来，韦昌进就像一团火，走到哪里，烧到哪里，亮到哪里。

1985 年，南疆战事正酣。山东大学的 8 位女学生，一针一线绣制了一面“八颗红心向红星”的锦旗寄往前线，在全国引发了轰轰烈烈的“祖国在我心中，战士在我心中"的爱国主义教育活动。作为亲历者，谈起这件事，韦昌进至今仍激动不已。

爱国主义精神激励着韦昌进前行，他也积极为开展爱国主义教育活动四处奔波。无论在哪个单位任职，韦昌进都一直在思考：新形势下，如何继承发扬爱国主义这一光荣传统，建立当代大学生的精神家园？

2006 年 3 月，刚到济南警备区任政治部副主任的韦昌进带领机关工作人员，围绕抓好大学生爱国主义教育这个课题，多次到驻地高校找领导沟通协商，与师生座谈讨论。

在韦昌进的积极协调努力下，济南警备区和山东大学联合开展了以"国防在我心中，使命在我心中"为主题的新"双心"活动。2008 年 9 月 19 日，这项活动在济南市民兵训练中心拉开帷幕，7000 多名师生聆听了韦昌进的报告。新生郑文豪深有感触地说："社会上这星那星，都是流星。像韦昌进这样的英雄，才是我们大学生心目中的恒星！"

随着社会时代的变迁和党的创新理论的不断发展，韦昌进也不断充实、丰富战斗精神的内涵。他到泰安任副政治委员后，军分区领导让他结合自己的战斗经历，宣讲当代革命军人核心价值观。

2010 年 3 月，韦昌进组织驻泰安部队 13 名英模人物，成立了由他任团长的革命传统宣讲团。夜已经很深了，窗外春雨沥沥，室内灯火通明。韦昌进依然伏在案头，根据教育要求和官兵思想实际，一遍又一遍地修改讲课稿，力求深入浅出、生动感人。

一年里，宣讲团先后到政府机关、学校、企业巡回宣讲 15 次，受教育群众达 2 万余人，使大家深受教育，心灵深处产生了强烈的共鸣。泰安军分区干部在谈体会时说："当年，官兵是在战场上用鲜血和生命铸就战斗精神。今天，我们要在岗位上奋力拼搏、开拓进取，全力践行

2014 年 6 月 28 日，韦昌进为某训练基地官兵作事迹报告

当代革命军人核心价值观。”

韦昌进不仅执着宣讲战斗精神，而且全力践行战斗精神。他视荣誉如生命，骨子里永远流淌着不屈不挠的军人热血，身上始终充满铮铮铁骨的英雄气概。一次，韦昌进与地方人员交谈。一个个体老板言谈中流露出对军人的不尊重：“现在是和平时期，要部队有什么用？”韦昌进拍案而起：“没有军人的流血牺牲，哪来的和平时期？！”

2014 年 12 月，韦昌进到济南市各县市区考察“关心国防建设十佳人物”人选。每到一个单位，他都要求，汇报要讲干的、说实的，然后直奔现场查、看、问。考察某镇党委书记时，听汇报讲得不错，但在实地查看该镇武装部和民兵连全面建设时，发现有的基础设施不完善，有的文件资料不全。当场，韦昌进不顾情面地指出问题，并语重心长地说：

“关心国防建设不能只挂在嘴上，关键要落实到行动上。”综合衡量后，他断然否定了这名候选人。

2015 年 9 月初，在济南市历下区人武部新兵役前集训点，时任济南警备区副政委韦昌进正在作辅导报告，勉励即将入伍的新兵热爱国防、建功军营，树立革命军人的好样子。

即将入伍的新战士王浩听完报告，激动地表示：“一定要像韦昌进那样，做一名有灵魂、有本事、有血性、有品德的新一代革命军人。”

2016 年冬天，济南寒气逼人，而山东省平阴县胡庄将军希望小学的大教室里却是暖意融融。11 月 24 日，该校 300 多名师生济济一堂，正在聆听战斗英雄韦昌进的国防教育授课。

韦昌进来到孩子们中间，为他们进行国防教育辅导，与他们共同庆祝长征胜利八十周年。

“我拿起报话机，对排长大声喊道：‘排长，敌人上来了，就在哨位周围，为了祖国，为了胜利，向我开炮！向我开炮啊！’大约过了几分钟，一阵猛烈的炮火声在哨位响起，洞里弥漫的全是浓浓的硝烟味，我在猫耳洞里能清楚地听见炮弹皮在空中‘嗖、嗖’飞溅，感觉洞要塌了。炮火的及时覆盖，打退了敌人的进攻，阵地守住了……”韦昌进讲述的战斗故事深深地打动了小学生们稚嫩的心灵，孩子们目不转睛地注视着眼前的这位战斗英雄，心中的崇拜之情油然而生，阵阵热烈的掌声不时在教室里响起。

韦昌进深情地讲述着战斗故事，40 分钟很快就过去了，结束之时，小学生们意犹未尽，纷纷报以热烈的掌声，久久回荡在校园里。

散场离开时，几名小男孩热烈地议论着：“长大了，我也要去当解放军，保卫祖国，做一名战斗英雄。”“我要好好学习，长大了像他们那样，

韦昌进获得的部分荣誉证书

成为对国家有用的人。”……

从 2013 年开始，重回济南警备区任副政委的韦昌进负责干休所历史遗留问题的解决，并领导开展争创先进干休所活动，协调解决干休所住房清理、工程欠款、老干部生活服务保障等实际问题。在他和同志们的努力下，干休所建设有了新起色，老干部的满意度达 100%。2014 年，济南警备区干休所被济南军区表彰为“军区先进干休所”; 2015 年，被总政治部表彰为“全军先进干休所”。

“社会上形形色色的诱惑多，我要管好自己。”

“不居功自傲、做事认真、淡泊名利、艰苦奋斗、清正廉洁……”曾经和韦昌进共过事的领导、机关干部和战士，几乎都这样称赞他。

2005 年 2 月，因部队调整、精简，韦昌进从省城济南被平职交流到离家近千里的蓬莱市人武部任政治委员。妻子王萍劝他说：“你是战斗英雄，身体又不好，能不能找找组织，留在济南？”

“军人以服从命令为天职。不能因为我是战斗英雄，就向组织提条件。”这么多年来，许多老领导，甚至中央军委总部首长一直非常关心韦昌进。有的首长直接对他说：工作、生活有什么困难，可以向他们反映，在政策范围内，尽可能给予照顾。可是，从一名战士成长为师职干部，韦昌进一步一个脚印地走来，从没为个人工作调动、职务提升向组织开过口。

韦昌进常讲：“比比牺牲的战友，活着就是最大的幸福。比比同时入伍的战友，能到今天，我很满足。人不要老考虑当多大官，要多考虑干多少事。”

韦昌进对名利问题一直看得很淡。他刚被授予“战斗英雄”荣誉称号时，家乡政府看他的家人仍住在几间破房子里，准备集资为他翻盖新瓦房，韦昌进坚决推辞，让他们省下钱救助牺牲战友的家庭。

韦昌进的妻子王萍说：“老韦鼻梁上的眼镜已戴了 8 年，有一个镜片还摔得有点破损。我多次劝他重新配一副眼镜，他总是说还能坚持用。除了军装，老韦没有几件像样的衣服。几次想给他买，他都说旧衣服还能穿。”

韦昌进下基层检查工作时，坚持在部队内部食堂就餐，不收受纪念品，并严禁下属打着他的旗号办事，严禁代收礼品。

2014 年，韦昌进牵头组织开展训风、演风、考风、基层风气、行业风气、清人、清房、清车等 8 个专项清理整治，正是他“不好说话”、坚持原则的本色，使清理整治取得较好成效。

这些小事远不如战场上的壮举惊天动地，可正是这一桩桩、一件件平凡的小事，折射出英雄本色，彰显出共产党员的风采。韦昌进对自己总是那么苛刻，对他人、对战友却又是那么热情。

住在山东省滕州市张汪镇张汪村的张延景，是和韦昌进同期参战的战友。边境自卫防御作战中，张延景不幸牺牲。韦昌进多方打听，乘坐公共汽车找到张延景的父母家。韦昌进紧紧握着老人的手，动情地说：“从今往后，我就是你们的儿子，有什么事尽管和我说。”他留下400元和电话号码后，才依依不舍地告别。

从那以后，逢年过节，他都打电话问候或前去看望。2010年4月23日，韦昌进积极协调滕州市人民武装部、民政部门的工作人员，一起去看望老人，帮助解决医疗、养老问题，走时又悄悄留下1000元。

每年，都有许多老战友来看望韦昌进。一些原来不认识的部队的老战友，从媒体上得到韦昌进的消息后，也前来看望他。每次，韦昌进都尽可能留他们在家里吃住，临走时还负责买好车票，送一些纪念品。

有一次，来了老战友一家三口。韦昌进临时有事外出，公车司机小陆带着他们花200多元吃了顿饭。事后，小陆把发票贴好找韦昌进签字，准备放在公务招待费里报销。韦昌进坚决不同意，从兜里掏出钱交给小陆，留下一句响当当的话：“个人的事不能花公家的钱！”

韦昌进常有这样的感觉：在做事情时，总觉得那些牺牲的战友在看着自己，不能做让他们伤心的事情，不能做给他们抹黑的事情，不能让他们死不瞑目。

他是这样想的，也是长年这样坚持做的。

韦昌进走上领导岗位后，找他办事的人越来越多。一次，一位一起参战的老领导因为亲戚当兵的事打电话给韦昌进，请他“关照关照”。

结果，老领导的那位亲戚因为体检不合格没当上兵。事后，韦昌进亲自上门向老领导道歉、解释："您是带我上前线打仗的老领导，我们都知道，身体不合格，怎么上战场？再说，如果让他当了兵，老百姓怎么说我们？"

老领导也是通情达理的人，拍着他的肩膀，连声称赞："好样的！你没变，还是当年战场上那个有血性的韦昌进！"

"我的荣誉是集体的，我还需更加努力。"

盛夏泉城，活力四射。

7月底的几场大雨，让泉城济南的空气清新起来，闷热中的人们感到了几分舒爽。

2017年8月2日上午，在省军区办公楼，省军区司令员赵冀鲁、政委尚振贵亲切接见了从北京载誉归来的韦昌进，省军区常委也与韦昌进集体合影留念。

韦昌进首先向省军区领导汇报了进京授勋的有关情况。他说，参加授勋仪式，站在习主席的面前，主席仔细地给他授勋、整理绶带，还单独合影留念。

亲身感受到习主席的领袖风范和慈爱之情，韦昌进说这是自己一生中最幸福的时刻。"感谢这个伟大的时代，感谢这个崇尚荣誉、崇尚英雄的时代，感谢习主席和各级组织的关心关爱，'八一勋章'这份沉甸甸的荣誉，我代表着那些牺牲的战友和无名英雄见证了，也可以告慰他们：你们的血没有白流！"

韦昌进还说，"'八一勋章'这份至高的荣誉，不是我个人的，是集体的，来自于省军区党委首长的关心培养，来自于广大战友的支持帮助，我从这份荣誉上看到了自己的不足，我仍需加倍努力。”

学英雄，争先进。为了向获得“八一勋章”的战斗英雄韦昌进学习，山东省军区党委召开常委会，研究决定在全区开展向韦昌进学习的活动。

省军区领导勉励韦昌进要珍惜荣誉，以此为动力，再接再厉，深入学习贯彻习主席系列重要讲话精神，坚定维护核心、看齐追随；勉励他不忘初心，砥砺前行，要在新岗位上有所建树，抓好班子带好队伍，创造新的辉煌；勉励他要继承发扬优良传统，大力加强作风建设，树立良好形象，把单位建设抓好，不辜负习主席和中央军委的厚望和重托。

英雄归来，官兵欢喜。在省军区政治工作局会议室内，韦昌进与来自机关局办干部代表、直属队官兵代表欢聚一堂，进行座谈。

聆听英雄的心声，激发前行的力量。面对面看到自己崇拜的英雄，省军区警备纠察一中队代理分队长刘宝华急切地打开了话匣子：“政委，我看过《在血与火的战场上》，是什么精神让您在生死考验面前如此凛然、血战到底的？”

“到了弹片纷飞的战场，没有官兵想到过要当英雄，但大家想的最多的是，自己是一名战士，背负着祖国和人民的重托，不能把脚下的阵地丢了，这维系着祖国的尊严，要想尽办法去完成党组织赋予的战斗任务，这是驱使我和战友们血战到底的精神动力。”

韦昌进喝了一口水，继续说道：“我想鲜明地回答，无论时代怎么发展，形势怎么变化，革命军人的本色不能变，血性不能丢。任何时候，‘一不怕苦，二不怕死’，都要成为军人响亮的口号，成为革命军人熔铸在身体里的本能，随血脉一起流淌的自觉。我们这一代人年轻时，正逢改革开放的初始时期，社会上对我们也有疑问，能不能扛起历史的重任？

通过战争的洗礼，充分证明我们那一代人是行的。现在对'90后''00后'，社会上也有同样的疑问，但我坚信，在祖国和人民需要的紧要关头，这一代人也一定可以。"

"政委，您是大家所熟知的战斗英雄，您是如何影响和教育自己孩子的？"省军区勤务队通信中队班长杨雯茹提出了一个关于教育下一代的问题。

韦昌进笑着说道："我的孩子和你一样，是名女孩子，也是一名军人，目前在军校读书。由于自己经历的几个工作单位大都在外地，和孩子平时的交流也少。女儿从小到大，我很少向她提起当年打仗的事，也没刻意用这些故事感染她。但无论我在家中，还是在单位，我都是严格要求自己。我记住对她说过的话，并且说到做到，言行一致。我想这是对孩子最大的、无声的教育引导。她现在和你一样，也很优秀，谢谢！"

省军区机关干部万佳谈到，自己以前在组织部门工作期间，有幸学习了韦昌进政委的事迹材料，深受鼓舞。她提出问题："您曾经任过纪委书记，正风肃纪方面，您是如何做的？"

韦昌进说，不仅是部队，全社会都需要清风正气，人人都喜欢充满正能量、公平正义的环境，这样才有幸福感。当了领导，找我办事的很多，但我想，如果我违规操作，可能就会影响那些踏实、老实、勤奋的同志，会影响那些埋头苦干的人，正风肃纪要首先正自己，心中要有杆秤，时刻把自己的言行放在天平上称一称。党委的集体领导是抓好单位风气建设的关键，要把防范措施制定到位，落实到位。

外面清风徐徐，室内风清气正。韦昌进接着说，在有些人眼里，我这个人"不大好说话"，有点"犟"。传言倒是不假，我确实有的时候'不太好说话'，一是对敌人，二是对工作，三是对作风。因为这是每一名党员都必须坚守的党性，决不能丢失！

话音刚落，满场响起热烈的掌声。

省军区机关干部韩树峰说：“读了您的事迹，我打心眼里佩服，今天面对面聆听了您的感受，深受鼓舞，尤其您提到的，有血性的前提是有坚定的信念和信仰，荣誉是集体的，等等，都让我深受教育。”韩树峰询问韦昌进任枣庄军分区政委后，对抓好工作和单位建设有什么打算。

韦昌进说，今天省军区首长在百忙之中抽时间来专门看望我，既是关心关爱，更是对我以后干好本职工作的激励鞭策。组织安排我到枣庄军分区任政委，是对我的信任，也是对我的考验。我要抓好班子、带好队伍，抓好习主席系列重要讲话的学习，充分搞好调研，团结“一班人”真抓实干，取得新的进步，以优异成绩迎接党的十九大胜利召开。

不知不觉中，一个多小时悄悄溜走，座谈会场里不断响起热烈的掌声。

主持座谈会的省军区政治工作局副局长张云锦谈到，韦昌进政委与大家进行了热烈的交流，给我们上了一堂非常生动的党课、思想政治教育课，大家都深受教育和启迪。我们今天到会的同志要做一颗传播先进事迹、弘扬优良传统的“种子”，把韦昌进政委的先进事迹和寄语带到广大官兵中去，带动身边的同志结合本职业务“学先进，争第一，做贡献，立新功”，为省军区争光！

青山耸立，绿水长流。那场战争的炮火硝烟虽已远去，但那种敢打必胜的精神、忠诚报国的情怀亘古不变。韦昌进，就像他的名字一样：为了祖国的繁荣昌盛，永远向前进！

“天山战神”王刚

枫河　国银

王刚，新疆阿克苏人，1972年12月出生，1991年12月入伍，1993年12月加入中国共产党，历任班长、排长、中队长、大队长、副支队长，现任武警新疆维吾尔自治区总队第三支队支队长，上校警衔。入伍26年来，他赤胆忠诚、牢记使命，勇于担当、敬业奉献，精武强能、一心务战，先后15次带领、指挥官兵成功处置重大暴力恐怖事件，为维护新疆社会稳定做出突出贡献。先后2次荣立一等功，1次荣立二等功，12次荣立三等功，2015年被武警部队表彰为“维稳工作先进个人”，2016年荣膺第十九届“中国武警十大忠诚卫士”，2017年被中央军委授予“八一勋章”。

誓做维护新疆社会稳定的压舱石

王刚

天山深处，山势陡峭，群峰耸立，如同一支支刀剑竖立着。险要的地势，不禁让人望而却步。

突然，“嗒嗒嗒……”一阵清脆的枪声响起，在山谷间久久回荡，使得峰回路转的深山雪岭更加令人惊魂。

“注意隐蔽，快速接近！”随着一声令下，一队全副武装的特战队员呈战斗队形向目标点搜索前进。谁料，没走几步，一梭子弹从头顶呼啸而过。危急关头，指挥员果断下令：“盾牌手掩护，投弹手、步枪手，跟我上！”

瞬间，枪声大作，火光四起，冲锋的身影跃然而上，一伙困兽犹斗的暴恐分子，最终成为瓮中之鳖……

这不是影视剧中的镜头，不是小说里的情节，更不是军事演习的场面，而是一次真实的生死较量的反恐战斗。这名直面生死、沉着果断的指挥员，就是素有天山“战神”之称的武警新疆总队三支队支队长王刚。

战神，铁骨铮铮，面对困难从不皱眉。

战神，身先士卒，直面危险挺身而上。

从战斗中一路打来的王刚，在反恐战斗的最前沿战斗了26年，先后15次带领指挥官兵参加重大暴恐事件处置战斗，可以说是战无不胜、攻无不克，为维护新疆社会稳定和长治久安作出了难以磨灭的贡献。

反恐处突，一身豪气永不言败

深秋深夜，天际的皓月好像挂在天山顶端，放出冷冷的光辉，照得白雪皑皑的原野山岭格外白，越发使人感到寒冷。

天山深处一个小煤矿静得出奇，辛苦劳作了一天的矿工倒头便进入了甜美的梦乡。谁也没有想到，一场精心策划的灾难正向他们慢慢靠近：

一伙灭绝人性的暴恐分子正在悄悄袭来。

清晨时分，一伙暴恐分子设伏杀害门卫，窜进矿工宿舍，对熟睡的矿工进行疯狂砍杀，场面让人触目惊心……

瞬间，矿区乱作一团，叫喊声、呼救声在空旷的山区回荡。随后，暴恐分子在抢夺枪支弹药后，流窜进入人迹罕至的天山深处藏匿。

对手阴险狡诈，且持有抢夺的枪支弹药，由于常年在山里打猎生活，暴恐分子对地形了如指掌，像一汪污水蒸发了一般，瞬间消失得无影无迹。

“如不及时捕歼，后果不堪设想。”有关部门领导第一时间调用十余个单位的几千名公安特警、武警官兵和驻地群众，搜寻暴恐分子的下落，不达全胜，誓不收兵！

王刚在做战前动员

兵发天山，剑指暴恐。王刚带领的部队，是第一支到达案发现场的武警部队。到达后，他立即收集情报、摆兵布阵，对暴恐分子可能逃跑的要道进行了设卡和警戒。

这是武警部队近年来遇到的环境最恶劣、对手最狡诈、对抗最激烈的一次高海拔山地作战。为尽快将暴恐分子一网打尽，指挥部调用了直升机、侦察仪、北斗卫星等多种新装备。

天上战鹰低旋，地面人流涌动。参战官兵和各族群众立即对暴恐分子进行拉网式、地毯式不间断搜索。

一天、两天……十天、二十天……很快一个多月过去，但是令人有些沮丧的是，大家迟迟没有找到暴恐分子的藏匿之地，连暴恐分子的影子都没见到。

的确，在万亩沟壑纵横、岩壁陡峭、丛林茂密的荒山中寻找20余名暴恐分子，如同大海捞针，难度可想而知。

此时，有人开始怀疑，暴恐分子是不是翻过天山，逃到别的地方了；还有人觉得，这么多天了，可能暴恐分子已经化整为零，分散隐匿了……但王刚始终坚信，这些凶残狡猾的暴恐分子肯定还在山里躲藏，而且搜索官兵离他们的位置越来越近。

果不其然，搜索到第40天时，王刚在一处河沟沙滩上发现有几个并不引人注意的脚印，尽管很浅很不清晰，但却没有逃过“战神”的眼睛。他立刻判定出暴恐分子藏匿的方位，带领特战队员在沟壑中进行细致搜索。

3个小时后，在一片洼地的小树林里，他们终于发现了暴恐分子窝点。战斗立即打响，穷凶极恶的暴恐分子见行迹暴露，孤注一掷，开枪阻击。前去处置的队伍刚刚接近，只听“砰！砰！砰！”的数声枪响，友邻单位的两名队员负伤倒地。

漏斗型的山谷中，穷途末路的暴恐分子在谷底，以松树林为掩护，垂死挣扎，战斗一度陷入胶着状态。王刚分析地形后，果断地让处置队伍撤出，同时命令投掷手榴弹。瞬间，数枚手榴弹在窝点炸响。硝烟尚未散去，王刚带领 6 名特战队员以迅雷不及掩耳之势冲进窝点，抵近攻击，一举将暴恐分子全部歼灭。

这一仗打出了舍我其谁的英雄气概，更打出了王刚“战神”的威名。事后，也不乏这样的舆论，说是王刚运气好，瞎猫逮个死耗子——碰上了。但更多的官兵则认为，王刚靠的绝不是运气，而是善于捕捉战机的灵敏嗅觉。随王刚一同战斗的特勤中队班长李兵说：“支队长每到一处都要观察地形地貌、标绘出地形图，并找当地群众了解情况，全方位搜集情报，然后定下作战方案，打胜仗是必然的！”

反恐战斗既是意志的对抗，更是智谋的比拼。随后那场惊心动魄的战斗，再次证明了王刚是名副其实的“战神”。

暴恐分子藏身的山洞位于半山腰的三角斜面，背靠断崖，居高临下，易守难攻。敌暗我明、敌静我动是战斗劣势。

是强攻硬炸还是引敌出洞？王刚冷静分析后，拿出了新招法。他们给一个假人戴上钢盔，用棍子高挑着晃动，没想到假人刚一露头，对方枪声已响，钢盔已被击穿。

见此情况，王刚心生一计。在他的指挥下，几名官兵绕道而上，用绳子吊着炸药包缓缓下滑，试图炸毁山洞。没想到几声巨响后，山洞无恙。

面对这样的局面，王刚带领 6 名特战队员，组成盾牌手、投弹手、步枪手慢慢向山洞靠近。暴恐分子的子弹从他们头顶“嗖嗖”飞过。

匍匐前进的王刚听着枪声，默默计算着开枪的间隙。他带领特战队员利用射击的空档一个左滚进，瞬间，十余枚催泪弹和爆震弹投到了洞里，趁着烟雾他们冲到洞口。暴恐分子还没来得及反击，就被王刚和特战队员全歼。

这次难度极高的围剿行动中，两场恶仗都是由王刚带领特战队员果断处置的，也是他经历的十几次战斗中最危险、最艰苦、最复杂的一次。但对王刚来说，已习以为常。用更多官兵的话说，王刚的“战神”美名是战场上打出来的，每一次战斗中的以命相搏，都源于坚决果断、智勇双全。因此，有了任务，上级第一个想到王刚；面对战斗，王刚一点儿都不含糊。

十几年前的一天，在乌恰县上阿图什乡发生一起暴恐事件。那是时任中队长的王刚入伍以来第一次接到反恐实战任务。“房子里有暴恐分子，持有猎枪、自制爆炸装置。”这是王刚接到的全部信息。

为了将暴恐分子逼到屋外，王刚带领 5 名战士在房顶上挖洞，将催泪弹扔进屋内。由于对暴恐分子躲藏的房屋结构不熟悉，事后王刚才知

不抛弃不放弃，每一个兵对王刚都很重要

道催泪弹并没有投入暴恐分子躲藏的隔间里。

眼看天就要黑了，这将给战斗带来不利。王刚带领突击小组利用与暴恐分子躲藏处的一间结构相似的房子进行模拟训练，准备实施突击。

时值 2 月，天气比较冷，实施突击时，催泪弹还没有散完，房屋内的味道很呛，警犬进屋转了一圈后再也不愿进去。

忍着刺鼻的味道，突击小组强行突入，搜索每个房间。只剩最后一个房间时，门是虚掩着的，王刚隔着门板，把一个弹夹的子弹都打了进去。刚进入屋内就发现地上摆放了一个爆炸装置，王刚赶紧把爆炸装置往前一踢，拉着战友就往外跑，所幸爆炸物的捻子只烧了一半，爆炸物未爆。

“其实进去前是很紧张的，但是枪声一响，就无所畏惧了。只要你无所畏惧，敌人就会畏惧你。”王刚说。

在浓浓的烟雾中，突击队员交替射击，全歼暴徒。12 秒的雷霆霹雳，让第一次参加战斗的王刚一战成名。

打一次胜仗也许有偶然性，但十余次打胜仗绝非偶然。在十余次战斗中，王刚愈战愈勇，屡立奇功。从军 26 余载，他经历过 15 次生死战斗。任中队长时，他圆满完成捕歼战斗；任大队长时，他多次带领官兵完成抓捕战斗；任副支队长时，他指挥官兵成功处置多起暴恐事件；任支队长时，他指挥官兵打赢了高原山地围剿战斗。

2014 年 7 月，边陲重镇喀什处处喜气洋洋，人流如织，来自东南亚等国家及全国各地的商旅齐聚喀什，参加中国西部最大的商品交易会——喀交会。

作为南疆的特战尖刀，特勤中队担负了喀交会形势最严峻、敌情最复杂区域的警戒、设卡等任务。清晨 7 时许，已到执勤点的官兵突然接到命令：莎车县发生暴力恐怖事件，需前往处置。

瞬间，各个执勤点的官兵向指挥部集结。10 分钟后，时任副支队长的王刚一声令下，数辆防弹运兵车警灯闪烁，警报齐鸣，风驰电掣般向事发地域开进。

“一定是出大事了，不然怎么会把我们从执勤一线撤下来……”车厢内官兵们揣摩即将发生的战斗。果不其然，上级通报了敌情：一伙暴恐分子在巴莎公路 18 公里范围内设置多处路障，在 10 个点同时打砸焚烧过往车辆、砍杀无辜群众……并再三叮嘱，这伙暴恐分子是经过专业训练的亡命之徒，手段凶残，有大量的自制爆炸物……

车辆在乡村道路上飞驰前行，车厢内死一般的寂静，官兵们个个神情凝重，双手紧攥钢枪。

“不好，有情况！”寻声望去，只见路中间几辆车冒着浓浓黑烟，四周摆满了大石头。

“准备战斗！”中队长刘琳一个手势，特战队员噌地一下跳下车。谁料，早已埋伏在道路两侧密林中的暴恐分子突然向特勤官兵投掷燃烧瓶、爆炸装置……

躲闪、隐蔽，据枪、拉枪机……豪气冲天的特勤官兵果断出手，一举击败了事先埋伏好，准备袭击执勤官兵的暴恐分子。还没到主战场，就遭遇了伏击战，但特勤官兵气贯长虹，敢打敢拼，在生死考验中奏响了一曲豪气干云的凯旋之歌。

由于道路受阻，特勤官兵徒步奔袭到达事发地域。现场火光冲天，爆炸声不断，未引爆的爆炸物嗞嗞地冒着白烟，空气中弥漫着浓浓的血腥味和硝烟味，惨不忍睹。

立即处置！特战队员冒着随时爆炸、随时被袭击的危险，兵分三路对暴恐分子实施打击。经过 7 个多小时的激烈战斗，一举击毙抓获暴徒 35 人，排除爆炸装置 9 枚。

这边战火未熄，那边战斗再次打响。2 名暴恐分子驾摩托车袭击加油站执勤民警，被特战队员当场击毙。10余名暴恐分子四处逃窜，企图制造更大事端。特勤中队的战士们不可能给他们喘息的机会，王刚带领百余名特战队员立即对方圆20公里内的沙丘地、红柳滩、芦苇荡等进行拉网式搜捕。

近40摄氏度的高温炙烤着南疆大地，特战队员负重30多公斤连夜搜索，生怕放过一点蛛丝马迹。第4天黄昏时分，特战队员在搜索一棉花地时，发现了暴恐团伙藏匿的窝点。凶残的暴恐分子见行踪败露，手持砍刀、长矛、钢叉袭击搜捕官兵，特战队员毫不手软，一举将暴恐分子制服。

从维稳一线到反恐战场，王刚带领特战队员践行了永不言败的豪气。这次战斗中，中队荣立集体一等功，3名官兵荣立一、二等功。

每次战斗打响之前，王刚支队长都要仔细研判并细致地部署

战斗洗礼，铸造砥砺特战尖刀

个头不高，干练利索；说话不多，嗓门不小……初见王刚，没觉得他有什么特别之处，唯独让人难忘的是他那犀利的眼神。

这是一种难以用语言形容的眼神。在硝烟弥漫的训练中，炽热的双眸充满练兵打胜仗的渴望；在生死未卜的战场上，深邃的目光中充满决战决胜的自信。

这种独特的眼神，属王刚特有。只有聆听他荣立 2 个一等功、1 个二等功、12 个三等功背后惊心动魄的战斗故事，才能真正读懂这犀利、炽热、深邃的眼神中蕴含的神韵。

"砰！砰砰！""小心，卧倒！"一次战斗中，王刚带领特战队员搜索一山坡时，突然传来几声枪响。王刚在提醒队友的同时下了死命令："你们只能跟在我身后，任何人不能超过我！"

清脆的枪声此起彼伏，从头顶飞过的子弹令人心惊胆战。王刚始终匍匐在队伍的最前面，第一个冲向山洞，第一个近身投掷催泪弹，而队友们紧紧地跟在他身后。

回想起那场战斗，特勤中队代理排长王永强感慨地说："有这样的领导带我们上战场，心里就有底气。即便粉身碎骨，我们也心甘情愿。"

经历过多次实战的王刚始终认为：一线指挥员不仅是战斗员，还是战斗员的"主心骨"，任何时候都要冲在前面，而不能落在下属的身后。熟悉王刚的人都知道，他有句口头禅，就是"看我的"；有个招牌动作，就是"跟我上"。

高原山地围剿战斗的第 40 天，王刚和探索队员接到暴恐分子藏匿地点的消息。为了节省时间，指挥部决定采取最快但也是最危险的方式——直升机索降，前往藏匿地点。

“我们开始都以为，支队长只是把我们送到那里。”只有22岁的刘阳没料到，比他大22岁的王刚，要和他们一起索降。刘阳和其他几名战友都惊呆了。

虽然是初秋，但是海拔4000多米的天山早已被大雪覆盖。直升机在山顶20米处盘旋，狂风刮得机体来回摆动，摇摇欲坠。

“没有机降点，只能索降！”接令的瞬间，王刚也打了个冷战。索降，从未练过，而且是在悬崖峭壁顶部，稍有不慎就粉身碎骨。6名特战队员比王刚还紧张，眼睛里充满了恐惧和不安。

舱门打开的一刹那，巨大的螺旋桨刮起2米多高的雪浪。透过舱门，一眼望不到底的悬崖峭壁、丛林沟壑令特战队员毛骨悚然，几名队员不由得用手去遮挡眼睛，身子也不由得往后撤了一下。

“看我的！”这三个字，刘阳不知道听过多少遍。他们都知道，这是支队长的口头禅，每回在训练场上，无论做什么练习，无论难度多大，王刚总会先说一句“看我的”，然后开始给大家做示范。

听见这句话，刘阳心里有了底。可是当王刚跳出舱门，悬在绳索上的那一刻，刘阳和战友的心还是一下提到了嗓子眼儿。风太大了！巨大的风力，吹得绳索如同落叶般左飘右荡，王刚紧紧握住绳索，尽量稳住失去重心的身体，用最快速度到达陡崖顶端。

接下来的一幕，让刘阳和战友的心里“噌”地燃起火焰。

按理说，王刚下来后应该警戒，因为第一个索降的人很有可能挨枪子。但王刚为了绳子不晃，把一端缠在腰上，重重地趴在地上，绳子一下就固定了。他是怕紧随其后的战友从绳子上摔下来，他把生的希望全都留给了战友！

看见顶着风雪趴在地上的王刚，几个年轻战士彻底燃起了火焰。“这样的场景我只在抗战电视剧里看见过呀！支队长一挥手，‘看我的，跟我上！’当时我就有一种要为支队长挡子弹的想法……为他……”刘阳说这话时，声音在颤抖。说完，他低头抿了抿嘴。

“你真的愿意为他挡子弹？”我问。

“不是我一个，是我们每一个。”刘阳无比坚定地说。

王刚不知道刘阳说了这样的话，如果他知道了，他会笑得得意，还是会笑得腼腆？

对于一名带兵人来说，这大概是他最愿意听到的表扬。

对于刘阳这样内敛的“90后”战士来说，这样的表扬又怎么会轻易说出口？

“看我的！”对三支队官兵来说，不是一句口号，而是一种无形的激励。用王刚的话说，如果党员干部不以身作则，打胜仗就是一句空话，战斗力提升就是一张空头支票。

每次战斗都冲在第一个的王刚，就像战士们说的那样：有支队长在，我们都不怕牺牲

2015年1月，王刚上任三支队支队长。在随后的党委扩大会上，掷地有声地说：“如果我哪个训练课目不达标，你们所有的课目都可以不达标！”

啥？不是在开玩笑吧？坐在台下的官兵们面面相觑。虽说王刚的英勇善战早已名声在外，可是当着全支队的面许下如此承诺，还真是新鲜。此时，莫说台下的战士，就连与王刚坐在一起的支队常委班子，心里也都打起了鼓：支队长的言下之意，不就是如果我都过了，你们也必须全部达标？要在考核之前啃下这块硬骨头，谈何容易?!

王刚的这句话像是一束火苗，虽然点着了大家训练的热情，但更多的官兵还是以为只是说说而已。有人觉得支队长是在烧“三把火”，但接下来的几件事彻底改变了大家对王刚的看法。

射击考核中，工兵中队战士蔡旭明老是打不好，以枪不行为由和中队干部理论。

“看我的！”王刚二话没说，拿起小蔡的枪，瞄准击发。

“砰！砰！砰！砰！砰！”五发子弹依次飞出枪口。

“报靶！”

“50环！”

战士们鼓起了掌，而蔡旭明惭愧地低下了头。从此他训练时主动给自己施压。

王刚没说话，一转身，拿着枪往后走。小蔡和战友一时间有点蒙，支队长这是要干嘛？

100米。王刚走到离胸环靶100米的位置停了下来。

这下蔡旭明和战友彻底蒙了。令他们更加没有想到的是，随着一声枪响，子弹从枪口高速旋出，直冲胸环靶。

“100米那么远，上靶太难了！支队长居然打中了！以前就听说过，但那时候真的不相信。可是这次是亲眼看见了，我真是打心眼儿里佩服！"蔡旭明说这话的时候，一脸崇拜，简直就像是王刚的小迷弟。

"看我的！"绝不是一句空话。训练场上,他就像是个刚入伍的新兵，有着使不完的力气。用更多官兵的话说，"40 多岁的人，一上训练场就生龙活虎的，带头跑第一棒，带头打第一枪"。

有一次，王刚看到一名班长给新兵做器械示范很不标准，他走到器械场，大家以为他会批评那名班长。谁知，他从一练习到五练兵都做了一遍示范，把新兵惊得目瞪口呆。

士气这把火，王刚算是彻底给燃了起来。在王刚的感召下，支队涌现出了王一杰、杜云、杨锁、张林林等一大批反恐英雄。任职不到一年时间，支队的各项训练打了翻身仗，在军事训练一级达标考核中名列前茅，被武警部队表彰为"军事训练一级达标单位"。

"看我的"成了支队官兵的口头禅。如今，训练当标兵、反恐当尖刀成为广大官兵的共识。一个周末的清晨，我在训练场看到很多官兵在自发跑步，做体能。他们中既有支队领导，又有基层干部，还有士官。支队政委李钧祥不好意思地告诉我："来支队任职前，我一直在执勤支队工作，对军事技能没太在意，和支队长搭档后，才知道了差距，到支队才半年时间，我就瘦了十几斤，是支队长点燃了我们练兵打仗的烽火。"

王刚生在南疆，长在南疆，目睹了一起起暴恐事件对各族群众的伤害，对社会稳定的破坏。刚当兵时，他发誓一定要练就硬功，有效打击暴恐分子；提干当干部后，他觉得一个人浑身是铁也打不了几颗钉，他把培养更多的"反恐尖刀"作为最大的幸福。

在特勤中队当队长时，刘志军因身体瘦弱，训练成绩一直在较低水平徘徊。王刚看在眼里，急在心上。他帮刘志军制订了严格的训练计划，并每天陪他一起练，经过一年多的因材施教，刘志军进步很大，后来荣立一等功，被评为“中国武警十大忠诚卫士”。像刘志军一样幸运的还有高凯、陈冰威、刘琳、杨卓龙等一大批反恐精英。

一花独放不是春，万紫千红春满园。当了支队领导的王刚更深刻地认识到，要实现新疆这片广袤土地的长治久安，必须培养出一批能打仗、打胜仗的反恐精英，镇守一方，造福百姓。

为了培养更多驰骋战场的精兵强将，王刚想了不少办法：成立专业“蓝军”、编写特战训练教案、创新各类特种装备……他一直致力于成批培养反恐尖刀的艰难探索。白天，他除了带头训练，还要给新特战队员讲课；晚上，他要对训练进行反思，有时一琢磨就是大半夜。

“真正的反恐战斗是体能、技能、心理素质的综合较量，训练场上的好成绩不代表战场上能打胜仗。只有把训练场和战场之间画等号，才能让没有经历战斗洗礼的年轻官兵快速成长。”为了让训练强度更好地与战场对接，王刚创造性地提出一个实战化“训练套餐”：将 5 千米武装越野、400 米障碍、手榴弹投准、战术基础动作、自动步枪精度射击等课目捆在一起进行连贯考核。

刚开始，官兵们的成绩并不理想，但王刚并不着急，他定期不漏一人地对“训练套餐”进行考核，让官兵在量的积累中实现质的突破。

实战是检验训练的唯一标准。在 56 天的高原山地作战中，支队近 400 名官兵没有一人退缩，没有一人掉队，没有一人受伤。在深山中连续步行三天四夜，带领十余人安全返回的支队警务股股长徐亚说：“如果没有支队平时的培养，我们是走不出大山的。”

“一人强不算强，个个硬才真硬。”揣着带能打胜仗兵的使命担当，王刚带出近百名反恐突出的骨干，其中 2 人被评为“中国武警十大忠诚卫士”，14 人荣立一等功，9 人荣立二等功，2 个中队荣立集体一等功，1 个支队荣立集体二等功。

铁汉柔情，"大男人"心怀"小幸福"

反恐战斗中，王刚不要命，训练场上，王刚是"黑脸教官 "，但现实生活中，他却是重情重义的"暖男"。

反恐战场上，在寒风中搜捕的王刚，碰到了同样在追捕暴恐分子的友邻单位。战友给了王刚一根胡萝卜。王刚用手上下搓了搓胡萝卜，然后掰成四节，分给了队伍里年纪最小、入伍时间最短的四名战士。四个新战士手里捏着小截儿的胡萝卜，怎么也下不去嘴。嘴上起泡的何止他们？支队长王刚也一样呀！这么多天，王刚跟着他们一起爬陡坡、趟冰河，永远都走在队伍前面。他们休息，王刚就到附近继续勘查，两幅随身揣着的军用地图，被他标记得满满当当。

"支队长，你吃吧！"

"我身体比你们好，你们赶紧吃，后边的任务还很艰巨。"王刚的话，像是儿时父母撒的谎，一块又一块的肉夹到你碗里，告诉你，他不爱吃。

"支队长当时就像是在下命令。"跟随搜捕分队行动的代理排长王永强，忘不了王刚当时的语气，更忘不了他看着战士们吃完胡萝卜的表情。"支队长看他们吃完，像是很欣慰的样子。这么多天，难得看见支队长嘴角上有些笑意。"

四个战士从王刚手里接过掰开的胡萝卜，看着王刚皴裂干燥的手背，有人迅速拿起一块，然后背过身去，大口地嚼着胡萝卜。甜甜的胡萝卜，吃出了咸咸的味道。

王永强跟着王刚，全程参与了那次长达56天的战斗。坚强的他，有一天晚上却差一点哭出来。

夜幕降临，搜捕分队"幸运"地找到一个废弃的羊圈。那晚，他们可以睡在一个能够挡风的地方了。

王永强和其他战士一合计，决定让王刚睡在羊圈的最里面。

知道了战士们想让自己睡到最里面，王刚皱了下眉头说：“重新安排。还是按照入伍的时间，最短的睡最里面。我睡在最外面。还有，今天晚上第一班岗我来站。”他语气坚定，不容置疑。

“那天夜里的温度，肯定在零下，早上起来我看见附近的水滩都有冰碴子了。轮到我的岗时，我看见我们支队长就蜷缩在羊圈的门边，头发也长长的。风一吹，他会缩得更紧一点。当时我鼻子一酸，差点没控制住……真的心疼。”王永强说话的时候，始终紧锁着眉头，他是真的心疼自家大哥。

“他很爱护自己的兵，有次他说刚来的新兵不适应新疆的天气，冬天手冻得满是冻疮。我去超市买了 20 只蛇油膏，让他给新兵，他笑得跟孩子一样。”王刚的妻子魏莉莉说。

“在一次结束一天的武装搜索后，搜索分队拖着疲惫的身体驻扎在一个废弃的羊圈。当时可以说高山之巅，风雪交加，联络不畅，吃的也

如果王刚不在办公室，他准保在训练场和战士们一起训练

就剩下几块馕饼。我递给他，他只吃了一点点就掰给了我们，然后从大衣口袋掏出了一个牛肉罐头，当时我们已经啃了十多天馕，大家看着罐头咽口水，他让大家分，但我们看他没吃也都不好意思吃，他说，转着吃，每人分一点，最后的留给他就行。”特勤中队张敏说，罐头转了一圈回来还有大半罐，王刚命令，再转一圈！

当时，通信员看不下去了，劝他吃。王刚笑着说，自己不饿，也不喜欢吃罐头。

特勤中队官兵跟着王刚住过羊圈、河边、小树林。“每次他都让新兵睡遮风挡雨的最里面，自己在外面，不避风，还特别冷。”王永强说道。

魏莉莉在一次接受采访时说，王刚最怕冷，平常冬天自己穿得很单薄，王刚除了穿保暖秋衣秋裤，还得靠着电暖器。

教导员黄选民告诉记者，王刚爱护战士的故事很多，每个人都说不完。在搜索过程中，疲劳了一天的战士们结束了武装搜索任务，可以卸下装具睡觉，指挥所内部分领导干部还在研究次日任务部署情况。“有一次突然下大雨，这时有领导跑过来要求支队连夜搭帐篷，防止战地临时沙盘被雨水冲坏。可是累了一天的战士们刚躺下，夜间还要上哨，次日还得搜索。刚开完会的王刚得知后，命令战士正常睡觉，全体机关干部集合。”黄选民说，王刚放下笔记本卷起袖子冲进了雨里，大家也跟着从宿营帐篷中冲了出来。

“有次我们有6个人穿着工人衣服执行潜伏任务，没戴钢盔、防弹衣，事先也不知道目的地就走了。第二天才知道，我们一晚上没信号，支队长呼了我们一夜没睡觉。”特勤中队张林林说。

后来其他部队都撤了，整个山谷只剩下他们6人，王刚在对讲机里对其他部队的人说：“我还剩下6个兄弟在上面，把剩下的食物、防弹衣、头盔、有电的对讲机给我们兄弟。”

“我们在对讲机里听到这段话特别感动，真的是什么都不怕了。”张林林说，6 天潜伏一行 6 人没吃过一口热饭，刚下返回的飞机，就看到王刚提着保温桶等待着，里面都是热腾腾的饭菜。

“我们下飞机的时候就跟难民一样，头发胡子乱七八糟，他走近后拍了拍我们头说：‘回来了，还好吧？’我们蹲在路边美餐了一顿，当时觉得真的是太美味了，他还给我们准备了拖鞋和洗漱用品，带我们去洗澡。”张林林说，王刚十分细心。

“2015 年 11 月份，我们的武警中队驻点刚建起来不久，他第一次来看望我们。战友们听说后慌忙列队迎接，气氛变得紧张起来。这时他从车上下来，搬了两个箱子，说把梨子拿去给娃娃们吃了。随后，他走进哨楼，发现哨兵李磊腿有点问题，后来知道是夜间反袭击拉动上楼梯时速度太快，膝盖顶到台阶后受伤。当时他特别生气，批评队长在战士受伤后不及时治疗，还让上哨。李磊赶紧解释，他接过李磊手中的枪，要求队长赶紧带李磊坐他的车去县医院检查治疗，自己留在哨楼。”二大队五中队政治指导员苏俊峰说。

“在营区，生活上他们不需要我照顾，但出去打仗，他们是我的兵、我的生死战友，他们还是孩子，需要我照顾。”王刚说。

王刚爱兵是出了名的，但他对官兵的严厉也是很有名的。武装拉练中，一名战士携带装具不全，他脸一黑，责令这名战士徒步返营携带装具；一次实兵对抗演练中，扮演“蓝军”的战士泄露了演练课目，王刚得知后连夜改变了课目和地点……

这样的次数多了，个别官兵认为王刚不近人情，但王刚的一席话，让大家对他更加敬重。他说：“我是一名指挥员，要对你们的生命负责，既要带你们上战场打胜仗，还要把你们从战场上安全带回来，这才是带兵人对战士最大的爱！”在王刚的影响和带动下，三支队各级带兵人的爱兵观念不仅更加牢固，对爱兵内涵的理解也更加深刻。

一次反恐战斗结束后，武警新疆总队组织功臣去海南三亚疗养。王刚一家三口从没去过海南，儿子常常喊着想去看大海，王刚却悄悄地把机会让给了一位基层干部：“他和妻子正闹矛盾，希望这个机会能让他们重归于好。”

培育出健康的兵、成才的兵、快乐的兵，这是爱兵的体现；按实战要求从难训练、从严要求，带出战场上能打胜仗的兵，这是更深层次的爱兵。

四级警士长王江即将退伍，在执行任务期间，他的小孩因感冒引发肺炎住院。王刚得知后，立即安排王江乘车回去看望。谁知第二天，王江又出现在执行任务的现场。问其何故，王江感慨地说：“支队长对我们基层官兵太关爱了。我的军旅生涯即将结束，唯有用工作成绩来回报领导的厚爱。”

漫长的追捕，考验着每个人是否拥有一颗强大的心脏。

“天将降大任于斯人也，必先苦其心志，劳其筋骨，饿其体肤，空乏其身……”此刻,队员们对《孟子》里的这句话,有了无比深刻的认识。

气温随着时间的推移不断下降。一天，王刚收到消息，在一处河滩附近发现了可疑踪迹。他立即带着队员赶过去。

弯弯曲曲的河道，像是故意在跟王刚他们开玩笑——要到达目标地域，得趟六次河湾！莫不说现在已是深秋，就是盛夏来到这里，河湾里的水也有着彻骨的清凉。而深秋已至，夜晚的温度甚至会跌破冰点。可想而知，那河湾里的水该是多么刺骨。

虽然已经做好了心理准备，但是当一只脚踏进河水的那一刻，刺骨的寒冷还是立刻渗透王刚的衣服和鞋子，顺着脚心和小腿，直窜入心脏。王刚不由得一哆嗦。而此时的他，更加担心的是队伍里的新战士。

于是，走在队伍最前面的他开始不停地向后面的队伍喊话：“一定要小心脚下！踩稳，抓紧前后同志的手！”

就这样，王刚带着搜捕分队的队员们，硬是在逼近零度的气温下，趟过了六道河湾。

那天晚上，王刚看着被冻得瑟瑟发抖的战士，叫了几名老同志，一起找来几根碗口粗的红柳木。天气潮湿，红柳难以点燃。最后，王刚用刀在木头上刮下一堆木屑，总算是点起了一堆熊熊燃烧的火。

火焰噼里啪啦地跳动，看着橘红色的火苗越蹿越高，所有的队员都沉默了。他们已经记不得这是自己进山的第几天，只记得每天都在重复着同样的工作，一个山洞、一片树林，甚至一块石头，他们都不肯放过。

民警贾永瑶因为采访活动，在退伍之后第一次回到了老部队，也再次见到王刚。

他说，来时，一路上兴奋得不行，特别是能见到王刚。三十多岁的贾永瑶,像是大一学期结束第一次从远方回到家过年的孩子,“家”的熟悉，见到“家人”的雀跃，让他已经有了鱼尾纹的双眼，闪着愉悦的光。

2002 年的春天，王刚亲自把贾永瑶挑进了特勤中队，从那一刻起，他们就成了并肩战斗的战友，成了生死与共的兄弟。每一次的反恐战斗都让贾永瑶刻骨铭心——眼见着残忍的暴恐分子把美好的家园撕得伤痕累累，眼见着无辜的群众坐在路边无助流泪，眼见着无畏的战友们一次次顶着枪林弹雨追击围捕，眼见着老大哥王刚冷静的指挥，和王刚见到暴恐分子被制服、所有人安然无恙后舒展的眉头。

贾永瑶尤其对第一次与王刚的见面印象深刻——脸黑，话不多，就站在训练场边上，迎着太阳，盯着每一个人看。那目光，像鹰。“那时我就想，这人肯定很凶，”说着，贾永瑶自己乐了起来，“可是真跟了他，你就知道他的温和。”

在王刚眼里，兵没有不是好样的，就看用不用心带。他说："带兵如种花，把花种在地里，得一季芬芳；把花种在心里，得一世芬芳。"

盛夏的新疆阿克苏拉塔加依山骄阳似火，一场实兵对抗演练如火如荼。一名特战队员正要扣动扳机，眉头上的一颗汗珠渗到眼角。他不由自主地眨了一下眼睛，结果比队友晚了 0.3 秒击发。

尽管子弹穿透了靶心，但没有逃过王刚的眼睛，他当场判定处置失败。这名特战队员虽然嘴上没说什么，但心里很不服气，有些官兵也为他打抱不平。王刚似乎看出了大家的想法，严厉地说："0.1 秒就可以决定一场战斗的成败。如果特战队员没有 0.1 秒的意识，必将吃败仗！"

听了这席话，大家认识到了问题的严重。他们自觉制造各种外界干扰，练定力、意志和技能。

"为什么这么严厉？"在 10 余次反恐战斗中出生入死的王刚有自己的独到见解：训练是实战的预演。只有让训练无缝对接战斗，才能确保战无不胜，否则，愧对使命。

训练中，王刚不仅严，而且狠。

一次演习中，特勤分队乘车刚出营院，对讲机里就传来徒步奔袭的命令。"没事找事，这不自己折腾自己吗？"面对官兵的牢骚，王刚语重心长地说："训练不玩命，打仗就丢命。"到达集结地后，官兵们还没喘口气，山地捕歼战斗、实弹射击等多个课目就相继展开。"只有平时多流汗，战时才能少流血；只有平时敢拼命，战时才能不丢命。"多次参加反恐实战让王刚深深认识到："战场上没有侥幸，没有似是而非。那是血与火的比拼，是实打实的较量。"

于是，王刚始终坚持极限化、反常规训练，带领官兵在沙漠里练越野，在居民地练侦察，在山崖上练攀登，在深山里搞对抗，在挑战极限中逼着官兵练就硬功。

那场56天的高原山地围剿战斗结束后，载誉而归的官兵以为可以休整几天。没想到，第二天就开始了为期7天的"魔鬼训练"：每天全副武装5千米越野、攀登、400米障碍、擒敌、一万米耐力跑……

胜战，是王刚最闪亮的名片：当排长、副中队长时，数次在比武中夺金摘银；当中队长时，圆满完成捕歼战斗；当副支队长时，多次带领官兵成功处置暴恐事件；当支队长时，打赢了前所未有的高原山地围剿战斗。

能让王刚变成另一个自己的，一个是篮球，一个是他的兵。

王刚爱打篮球，这是支队里都知道的。他常常在日落时分，一个人在球场运球、上篮，享受着和战场突击一样的风驰电掣。战士们吃完了饭，消完了食，都爱换上篮球服，跟这个老大哥来两局。

王刚不许别人让着他。厉害就是厉害，打不过我就想办法。球场上你让我一个球，少防我一次，上了战场，子弹能让你一条命吗？

所以这球，打得舒服，打得畅快。

球场上像个风风火火的小伙子，球场下，王刚也是个铁杆儿球迷。王刚的妻子说，只要王刚在家，电视机就总是锁定在体育频道。一次，王刚在家看NBA季后赛，恨不得钻进电视里去。妻子在厨房收拾碗筷，叮叮当当的响声让好脾气的王刚跟她红了脸："你能不能小点儿声！"

妻子委屈，可是也没接话。对她来说，王刚在家的时间是以小时计算的。这一次发火，说不定今后一段时间也是她想念王刚的凭证。就像是微信里，从不肯删除的聊天记录，一个字，一个表情，都舍不得删，只要没事就翻出来看看，然后对着手机屏幕幸福地傻笑，执着地等他回家。

对于话少而忙碌的王刚来说，发条信息也是"能省一个字就省一个字"。妻子幸福地埋怨着王刚，低头摸了摸右手中指上的戒指。她已经不记得这是哪一年的情人节王刚送给她的。但每年情人节送一个戒指的习惯，王刚坚持到现在。

"你带着她去买还是你一个人去？怎么知道她戴多大的？"我问王刚。

"不，都是我自己去。结婚的时候，我带着她去买过一回。那个尺码，我就记住了。"淡淡甜甜的微笑再次出现在王刚的嘴角。

任何人都是自己幸福的工匠。王刚用自己特有的细心，创造着属于他的"小幸福"。他也知道，路的尽头，有个人在等他，这或许是他努力反恐而又努力不让自己受伤的理由。

情眷天山，痴心守护万家灯火

王刚出生在新疆阿克苏，这里是八路军 120 师 359 旅铸剑为犁、屯垦戍边的地方，《南泥湾》歌曲、革命前辈转战南北的故事，就像高原阳光一样温暖着他、激励着他，那时他就立志长大后要成为一名真正的革命军人。

19 岁那年，王刚站在人生的第一个十字路口，他放弃当国家运动员的机会，毫不犹豫参军入伍成为一名武警战士，梦想像革命先烈一样，保护边疆的稳定。谁料，新兵下连后，中队安排他当炊事员。这对一心想当特战尖兵的王刚来说是一记重创。但他没有气馁，每天提前 1 小时起床练体能、练技能。

曾有人劝他，何必这样折磨自己呢？王刚不屑一顾地说："当兵就要当一个能打仗的兵。"这个理由虽简单，却让人无法拒绝。在年终的考核中，他一举夺得 5000 米武装越野、固定目标射击、400 米障碍、摔擒等 6 个课目第一。中队于是把他调回战斗班，在新的岗位上，王刚更加刻苦训练，一直保持着多个训练课目的纪录。

当兵第三年，王刚当上代理排长；第四年，因素质全面过硬提干。

此时，王刚 23 岁，在很多人的眼中，这只从红旗坡飞出的雏鹰，已拥有了一双搏击长空的翅膀。

王刚说，是党和军队托起我高飞的梦想。在王刚的记忆中，25 年前的那一幕，至今难忘。

他与刚刚授衔的新兵一起，紧握右拳，面向军旗庄严宣誓：服从中国共产党的领导，全心全意为人民服务，服从命令，严守纪律，英勇战斗，不怕牺牲，忠于职守，苦练杀敌本领，坚决完成任务……

这是王刚人生中第一次庄重宣誓，那一刻，他有一种快要燃烧起来的感觉。那个晚上，王刚把这段并不长的誓词，工工整整地抄写在日记本上。也许，当年的他并不完全理解这段誓词的全部内涵，但这并不妨碍一个士兵从此树立起自己最朴素的信仰和价值观：忠诚和使命！

2006 年至 2009 年，王刚先后有 3 次机会调到总队机关，但他毅然决然地留在了喀什。他说，我的根在南疆，我的职责和使命在反恐一线。

2010 年，王刚正在搞军事演习，突然接到母亲病逝的噩耗。那个爱他、疼他，一直以他为荣的妈妈，走了……

王刚的妻子清楚地记得，老人不知什么时候，在口袋里装了一张黑白照。弥留之际，老人摸出照片给她说，你们看看，这是王刚 100 天的照片……

临终前，老人特别想见儿子最后一面。王刚连夜租车从喀什往阿克苏赶，回到家时，母亲已被送往殡仪馆。而四个月前，父亲去世时，王刚正在天津培训，也没有见上最后一面。

王刚把自己一个人关进卫生间，爱人进去后看到，王刚坐在马桶盖子上，热泪长流。这里的眼泪一言难尽。

你陪我长大，我却没能见你最后一面。所谓忠孝难两全，最痛不过如此。王刚默默地吞咽了所有的痛楚。尽管他从不畏惧战场，但远在他乡的亲人最割舍不下。

儿子 8 岁了，王刚没有参加过家长会，和妻子的团聚也是屈指可数，两人从认识到结婚 15 年了，在一起的时间加起来不到半年，每天通一个电话是最大的慰藉。

“那次 56 天的战斗结束，你回来干的第一件事是什么？”采访王刚过程中，许多人不约而同地问到这个问题。

王刚微微低了一下头，在抬起头的瞬间，边笑边说：“给人家打了个电话，免得人家担心嘛！”

说话时，王刚的笑容腼腆，甚至是羞涩，语气里满是温柔与爱意。尤其是，他居然说给“人家”打个电话。

“人家？”大家都面面相觑，一时都没明白。

王刚口中的“人家”，是他的妻子。他知道，自己长达 56 天的“失联”，一定让妻子担心得整夜难以入眠。打个电话，让她听见自己的声音，是治疗她失眠最好的药。

一年大年三十，爱人带着儿子从喀什赶到阿克苏，想和王刚一家三口过个团圆年。谁料这天，当地发生了一起暴恐事件，包好的饺子，放了一整夜，王刚都没有回来。大年初一，爱人带着孩子又回了喀什。

三十功名尘与土，八千里路云和月。我们欣喜于王刚带给我们的安宁和感动，却无法体会战场下他的悲欢离合，但他就那样咬牙走过来了，在反恐维稳战场上立起了忠诚勇毅、能打胜仗的好榜样。

战场上是反恐勇士，群众中是人民卫士。

王刚一直生活、战斗在南疆地区，至今已有 44 个春秋。他常说：不是我不能离开这大漠黄沙、戈壁荒凉，而是这里既有我的根和魂，更有我的职责和使命，我深深热爱这片热土，要用我的青春和生命来守卫社会和谐安宁和人民幸福安康。朴素的话语中，折射出了王刚的崇高品格和精神脊梁。

任支队作训股长时，王刚因素质过硬被总队训练处借调工作一年，期间他的品质和能力得到了总队领导认可，准备把他从南疆调入总队机关工作，他却婉言谢绝，强烈要求回支队工作。在很多人眼里，王刚这是“傻”，这是“呆”，但他却痴心不改、无怨无悔。2014 年，王刚在副支队长岗位上已工作 4 个年头，身边不少人劝他转业：“凭着一等战功的荣耀，赶紧在乌鲁木齐安排个职位，干啥都要比在南疆部队强。”王刚想都没想，坚决地说：“既然选择了部队，就要战斗到最后一刻，工作到最后一秒。”在他看来，待遇诚可贵、奉献价更高，只有把自己的人生追求铆在建功警营的事业上，才能在追求中升华人生理想，在奉献中实现人生价值。

他真正是把南疆当作了自己的灵魂之地，把南疆群众当作了自己的亲人。他看着曾经待他如子的群众受到暴恐威胁，看着他扎根的这片热土受到极端思想侵蚀，他明白：南疆地处偏远、信息闭塞，群众受教育程度低，只有广泛宣传党的民族宗教政策、惠民措施和先进文化，积极抢占各族群众思想“主阵地”，才能从根子上维护这片他深爱着的土地。无论是执行任务，还是到驻勤点检查工作，王刚每次都抽空带着慰问品深入乡村、社区、农牧区，用群众看得懂的文字、听得懂的语言、浅显易懂的道理，对各族群众宣讲党中央、习主席关于稳疆治疆兴疆的决策部署、民族宗教政策和“三个离不开”思想，以及富民优惠政策、法律知识，向各族群众传播党的声音、传递党的温暖。

残疾老人买买提一家生活困难，一直住着两间土坯房，听了王刚宣讲辅导后，及时向村委会反映情况，并顺利申请了抗震安居房补贴款，同时还领到了棉花、农机等补贴。如今，买买提的新房盖起来了，生活也好起来了，还经常主动给周围邻居讲解党的好政策。

南疆这片土地成就了王刚的光荣与梦想。老乡们亲切地称他“兵巴郎”，他也把一腔挚爱献给了各族群众。

每次大战归来，每到逢年过节，王刚总要去趟恰其村。

初夏的一天，轻风拂面，炎热的阿克苏竟有几分凉爽。王刚带着几个战士来到了距离营区几十公里外的阿依库勒镇恰其村，这里有几家贫困户是支队多年的“亲戚”。

住在村头的拜克热，今年77岁。只要知道他的巴郎子来了，行动不便的他，再怎么样也要从床上起来，拄着拐，早早地站在家门口，等着王刚。

拜克热的三个孩子都已经成家，可是却没有能力赡养两位老人。

于是，汉族巴郎子王刚就成了他们的第四个孩子。每次来，拜克热的老伴都要拿出一条厚实的、崭新的褥垫铺在客厅地上，这褥垫几乎是“王刚专用”。每次走，拜克热总也不忘用不拄拐的左手，效仿着王刚，也给他敬个礼。然后拄着拐把王刚送到大门口，看着他的车拐上了村口的大路才肯回去。

坐在拜克热老两口身边的王刚，满脸温暖的笑容。没有了战场上的冷峻，没有了训练场上的狠劲儿，这一刻，他是拜克热老两口温顺的儿子。笑嘻嘻地听老两口讲最近小孙子如何淘气，讲他们最近看了一部什么样的电视剧，讲他们总怕自己的巴郎子太累了。

王刚听着，双手始终握着拜克热的老伴的手——老大娘的左手手骨曾受过两次伤，血液循环不好，王刚握着，给她暖暖。老大娘感受着从王刚手心传来的温度，那温度直抵内心。她那骨瘦如柴的左手，在王刚有力的手掌里，逐渐温暖。她说，王刚的手，是最暖和的。

麦尔亚木·库尔班家在村尾。偌大的院子俨然变成了小型工地，女主人的大儿子今年要结婚，正在盖房子。听说王刚和战士要来，麦尔亚木一大早就沏了奶茶，在家等候。10年前，丈夫去世，她一个人带着三个儿子，生活陷入贫困，于是三支队又多了个“亲戚”。

“2014年，村上盖富民安居房，自己要拿出3万多元，支队的战士给我捐了1万元。他们一年来好几次，每次都问我有什么困难，给我帮助，像亲戚一样。”麦尔亚木对记者说，“去年夏天，王支队长来了，我刚好出门了，心里特别遗憾。以后几天，只要听到门外有动静，我就赶紧跑出来，看看是不是他来了。”

王刚和支队官兵的帮扶让麦尔亚木对生活越来越有信心，她除了和儿子打理自己家的20亩地，还经常出去给别人打工，日子过得好了很多。

麦尔亚木和王刚亲切地拉起了家常，她14岁的小儿子阿不都克里木安静地坐在一旁，这个聋哑男孩虽然不会说话，却用质朴亲切的目光久久地凝视着王刚。告别时，这个腼腆的男孩子突然爆发“惊人之举”，给王刚来了一个“熊抱”。

说到帮助贫困老乡的事，王刚忆起了小时候：“我家在阿克苏红旗坡，邻居就是维吾尔族老乡，我们从来不分彼此，特别亲。”

在王刚的印象里，儿时住在红旗坡的日子快乐无忧。

每天上学时，总能看见邻居家的维吾尔族爷爷在院子里忙活农活。放学时，最开心的事，就是跑到部队，去看看这些大哥哥打拳练脚。有时回到家，看见桌上放着一碗热气腾腾的汤饭，或是一碗洁白浓稠的酸奶子，王刚就知道，一定是隔壁维吾尔族爷爷家给送过来的。刚偷偷地顺着碗沿儿舔一口酸奶，偷吃的“罪证”还挂在嘴边，母亲就拿着自家地里种的青菜，让王刚给隔壁的维吾尔族爷爷送去。每次王刚送完菜，维吾尔族爷爷总会在他的手里塞上一把葡萄干。

有一天，王刚站在院子里吃馒头。吃到一半，看见院子里养的鸡朝着自己走过来。王刚手一松，把剩下的半个馒头赏给了“咕咕”叫的鸡，自己一转身回屋了。

这一幕，被邻居的维吾尔族爷爷看见，他赶紧跑到王刚家的院子里，弯腰捡起了地上的半拉馒头，并追着王刚走进屋子。

一进屋，维吾尔族爷爷就用不太标准的普通话向王刚的父母告状："你家的巴郎子怎么能这样？这是我们辛辛苦苦种出来的粮食呀！"

因为这件事，小王刚被母亲打了屁股。不过他一点也不生气，反而觉得维吾尔族爷爷比之前更加亲切。

童年的经历，让王刚把各族老乡当作了亲人。在特勤中队当中队长时，当时才 20 多岁的王刚认识了阿娜依一家，得知她儿子常年卧病在床，一个女儿离婚后又回到这里，家里吃饭的人多，干活的人少，穷得家徒四壁。王刚亲眼看到阿娜依的孙子孙女为抢一块苞谷馕又打又闹，不由得心酸。他真诚地说："大娘，以后你就当我是你的亲儿子，我们一起照顾这个家。"此后，王刚经常在节假日给阿娜依送米送面送油送煤，为她的孙子孙女送来学习用品。他还常常带战友过来，帮着阿娜依一家种果树、修棚圈，教他们养鸡养鸽子。

如今，阿娜依大娘家的日子越来越好，孙子孙女都长大了，有了幸福的家庭。这两年，70 多岁的阿娜依大娘患了老年痴呆症，家里的人谁都不认识了，可是王刚去看她，她不仅认得这个"儿子"，还能够立刻清晰地叫出他的名字。

在反恐战场上，赢得了百姓，就赢得了胜利。在那次高苗地捕歼战斗中，王刚带领官兵之所以能快速取胜，就离不开当地百姓的配合。当时，特勤中队已经连续搜索了几天，全无结果。一天中午，一位维吾尔族老大娘找到王刚说，早晨有个神情慌张的人跑来跟她要了几个馕，就钻进玉米地了。老大娘觉得这个人有点面熟，出门一看，电线杆上贴的通缉令上就有这个人。获悉这一重要"情报"，王刚立刻带着官兵对茂密的玉米地展开搜索，果然发现了暴恐分子的行踪，并一举将其擒获。

每一次的反恐战斗都离不开当地百姓的支持。王刚动容地说："高原山地围剿战斗中，当地的农牧民帮了大忙。他们比我们熟悉山里的沟沟坎坎，主动给我们当向导。在暴徒可能逃跑的路口，拜城县康其乡上千牧民和我们的战士一起整夜整夜守着，山里那么冷的天气，老乡们点着火，裹着毡子，却从无怨言。"

这片养育他的土地，他爱了45年，守了26年，而且还会一直爱下去，守下去。就像是小王子精心照顾的玫瑰花，他不许别人伤害她。对暴恐分子的恨，对南疆人民的爱，让这个时刻与死神交手的男人，宁可不顾生死，也不愿离她一步。王刚对南疆的爱，就像是今年新收的棉花，质朴而纯净。经历了数十次大大小小的战斗，王刚的军功等身。

"军徽、五角星、利剑、旗帜、光芒、长城、橄榄枝……"深情凝视着刚刚获颁的"八一勋章"，王刚的心情久久不能平复。在他看来，这一勋章，是党和国家功勋荣誉表彰体系的最高层级，是人民军队的最高荣誉，体现了人民军队维护核心、听从指挥的政治本色，刻印着中华民族珍爱和平、保家卫国的民族品格，彰显着中国军人精忠报国、精武强能的传统特质，反映了新一代革命军人有灵魂、有本事、有血性、有品德的价值追求。

面对至高无上的荣誉，王刚坚定地说："一定不辜负党中央、中央军委和习主席的殷切期望，珍惜荣誉、再接再厉，坚决听党指挥，始终忠诚使命，强化练兵备战，为推动新疆社会稳定和长治久安，为保卫各族人民群众生命财产安全贡献自己的全部力量。"

誓言铿锵，男儿使命可为证，苍茫天山可为证！

“战斗英雄”冷鹏飞

钱晓虎　万东明

冷鹏飞，湖北浠水县人，1954年9月加入中国共产党，1956年3月入伍，原第23军73师217团1营营长。在1969年3月珍宝岛自卫反击作战中，他沉着冷静指挥战斗，战绩突出。1969年7月，中央军委授予他“战斗英雄”荣誉称号。2017年被中央军委授予“八一勋章”。

军队的任务就是保卫祖国，军人的职业就是打仗。招之即来，来之能战，战之必胜。这就要求军人具有打胜仗的素质，具有“一不怕苦，二不怕死”的战斗精神，这就是本事，这就是血性。

冷鹏飞

引子

2017 年 7 月 30 日，朱日和。

22 辆 99A 坦克呈箭形布阵，炮塔 30° 上扬，隆隆驶过阅兵台，接受党和人民检阅……作为我国自主研发的主战坦克，99A 坦克实现了火力、机动力、防护力和信息力的有效融合，体现了我军陆战装备的最新水平。

那一刻，端坐电视机前的一位老人难掩内心激动，连声赞叹：“好！好！真好！”虽然坐着轮椅，但他的脊梁依然挺得笔直，和蔼中透着威武，令人肃然起敬。

“如果咱们当时有这样的装备，谁还敢欺负咱们！”老人还没说完，他的左手便情不自禁地摸着他那平整的老式军装。

这件黄呢绒老军装跟随老人 20 多年，是他最贴心、最心爱的战友，平时都是平整安放在衣柜里，想了就摸一摸。而每年 3 月，他都会把军装提前熨好，然后再次穿上，精神抖擞地朝着祖国的东北方眺望。

这深情一望，是想念，也是祭奠。想念那段在珍宝岛浴血战斗的难忘岁月，祭奠那些和他并肩作战却永远留在那里的战友。

40 多年过去了，那里的一草一木，他也依稀记得；那时的炮火硝烟，他也时常听见；那些亲切的战友脸庞，他也时常梦见……他就是珍宝岛十大英雄之一，原 81032 部队副军职调研员冷鹏飞。

历史从不会忘却，我们更不会轻易遗忘：近半个世纪前的那场捍卫祖国主权的自卫反击作战，以及那些在战斗中抛撒热血的共和国将士……

1950年代末，中苏两国在方针政策上发生根本分歧，1959年苏联在中印边界冲突问题上偏袒印度，并以突然袭击的方式撤退了所有专家，中止了一切援建项目的合同，两国关系交恶，中苏边境纠纷随之开始，搁置了几十年的边界问题被重新提出。

从1964年开始，苏联向中苏边界地区陆续增兵，并在中苏边界不断制造事端。相关研究资料显示，从1964年10月至1969年3月，由苏方挑起的边境事件达4189起，比1960年至1964年期间增加了一倍半。边界纠纷主要集中在珍宝岛和七里沁岛的归属问题上，且多半是由苏联挑起。据苏联驻华外交官叶利扎维金回忆，1966—1967年，仅苏联驻华使馆就不止一次地主张在这个地区"对中国人上岛给予回击"。

战争不可避免地发生了！中苏珍宝岛冲突是一场真正意义上的战争较量，是当时两个最大的社会主义国家之间最直接的正面冲撞。这场冲突不同于其他国家之间引发战争的边境冲突，中苏边界矛盾最终以冲突形式得到最终解决……

历史再次证明，只有掌握了强大的经济和军事实力，战争才能离你而去，这就是战争的逻辑。

第一部分：备战

乌苏里江的早春，依然冰雪覆盖，寒气逼人。

说来也怪，虽然每年如此，但今年却冷得出奇。寒风一吹就是一整天，从不消停，似乎有使不完的劲。尤其到了晚上，那寒风就像冰凌一样，甭管你裹多厚的衣裳，它总能见缝插针地让你哆嗦几下。等它满意了，又会像刀子一样，在你的脸上划过来划过去，活像个冷血的屠夫，没有一点人情味儿。

这冷，老兵也很无奈。别无他因，就是他们早以为产生“抗体”的手脚，这些天竟也不争气地生起了冻疮。有的人早上跑个操，耳朵竟也会被冻得失去知觉，更别说那些第一次在这过冬的新兵，每个人的脸蛋就像熟透的西红柿掉在地上，一碰就要胀开。

前些日子，有不少江南籍战士的家人寄来了些冻疮膏，不少还声称是“独门秘方”，这一下子就在战士们中流行开来。不管新兵老兵，大伙都来“尝尝鲜”。可这哪抵得上乌苏里江的严寒，冷风过境，轻轻松松就把冻疮膏冻成了东北拉皮。

冷，不敢想象……

3 月 1 日清晨，大雪呼呼地下，冷鹏飞一如既往地起了个早。起早倒不是因为天气冷，而是他总觉得有大事要发生，睡不踏实。从老驻地搬到饶河营区，冷鹏飞想着，自己离打仗应该不远了。

冷鹏飞小时候，家里穷得揭不开锅，平常人家吃顿饱饭对他来讲都是奢侈事。为了生活，姐姐被送到亲戚家寄养，而他跟着父母沿街乞讨，艰难度日。后来，日本鬼子被赶跑了、乡绅土豪被赶跑了、国民党反动派也被赶跑了，好日子就像黎明的曙光渐行渐近，温暖心窝。从那之后，他就懂得，是共产党领导人们过上了好日子，那么就应该跟党走、报党恩，跟着共产党打天下。

当兵前，冷鹏飞因为阳光向上、工作积极、任劳任怨，很快成了当地榜样。在一次抗洪中，担任突击队长的冷鹏飞眼见洪水要冲破堤口，毫不犹豫跳进河中，用身体堵住缺口。在他带领下，突击队员们愈战愈勇，成功保住了家园。后来，他在洪水的见证下，光荣“火线入党”。从那以后，他就立志，入党就是把自己的一生献给了党。

当 1956 年征兵季节来临的时候，冷鹏飞再也按捺不住内心澎湃的激情，直接用针刺破中指写下了“我决心当兵，请领导放我走”的血书。

领导看他这么坚决,也不好意思一再挽留。

就这样,冷鹏飞穿上了梦寐以求的军装,先是坐船到汉口,然后又坐闷罐车直接被拉到了朝鲜一个名叫"安下"的地方。

虽然当时朝鲜战争已经结束,但作为原73师的一员,他和他的战友们还是在"三八线"以内守候了一阵子。

如今珍宝岛,这个面积仅0.74平方公里的小岛,走进了他的世界,而他也做好了准备……

冷鹏飞随手披了件军大衣,缓缓走到桌前,倒了一杯热水,顺手拿起昨天上级下发的《珍宝岛事态简报》看了起来。

热气扑腾扑腾地往上冒,萦绕在他的眉宇间,久久不散。冷鹏飞定了定神,嘴唇动了动,但欲言又止,始终没有发出声,可双手却不自觉地握紧了水杯。

局势真的越来越严峻了。

昨天会上,负责侦察的同志就介绍,现在的苏军不再只是拿着棍棒耀武扬威,而是真刀真枪,是坦克大炮!不仅如此,在珍宝岛不远处,苏军驻军的数量与日俱增。

这让他回想起了这几个月来接连不断的边境情况:

1月5日,边防队在执行巡逻任务时被苏军无端棍棒袭击,9人受伤,15支枪被抢……

1月15日,几名手无寸铁的渔民在江边打鱼,竟被苏军装甲车野蛮驱逐,4人被压死……

冷鹏飞感到，这珍宝岛的局势就像乌苏里江的天，愈来愈冷，已经到了剑拔弩张的时候。但谁都清楚，再气愤、再忍不住也要忍，决不能先动手，要把理留给世人评。

1 月 24 日，中央军委下达了指示，要求沈阳军区做好军事斗争准备，并提出了相关纪律：如遭苏方殴打，我可还手自卫，不可开枪；苏方使用装甲车等向我冲撞，我可采取必要的防护措施，并向苏方提出强烈抗议；苏方用装甲车等继续向我冲撞，并轧死轧伤我方人员时，我可相应还击，如炸毁对方车辆，棒击其人员，但不准开枪；苏方向我开枪，我应当场向苏方提出最强烈的抗议，并鸣枪警告。当我两次警告无效，苏

训练间隙留影

方打死打伤我方人员时，我边防部队可以开枪实行自卫还击。

窗外的雪，渐渐小了下来。冷鹏飞抿了两口水，起身放下杯子，然后脱掉外套，光着上身走出营部。

哨兵见了他，立马吹响了起床号。

灯亮，起床；灯灭，集合。不多久，各连队的官兵和他一样的装束，列队完毕。

虽然环境恶劣，但指战员们个个精气神十足，丝毫没有受这寒风影响。为了鼓舞士气，冷鹏飞还带着大家作了一首诗："练，为革命而练，20 里地一身汗；练，把意志练坚，把骨头练硬。"战士们越听越有劲，越念越精神。

冷鹏飞走到队伍的最前面，带着队伍迎雪出发。

这是他们的抗寒训练。

寒冷就像跟屁虫，你越躲着他，它就越粘着你不放。一旦你认真了、较真了，它就会畏畏缩缩乖很多。善良的人不能总是负气，要学会拒绝，要学会反击。

冰雪中，战士们在冷鹏飞的带领下越跑越快，刚开始还有些人缩着身子，现在已然都昂首挺胸，让裸露的上身最大限度地接受冰雪考验，脸上都透着胜仗归来般的自豪。

战士们的额头不断冒着热气，远远望去，整个队伍活像个火车头，在广袤无垠的雪原上奔驰……

而在珍宝岛另一侧的 100 公里外，此时也有一队冒着白烟的队伍在行进。不过，队伍中每个人都裹着防寒的厚皮军衣，他们不时还会掏出一小瓶伏特加，闷上两口，嘴角一扬，眼睛一眯，很是享受。

他们来自苏军边防总队，正在与上级军区的两个师进行演习对抗，而他们扮演的角色是"敌人"。

名义上是演习，但目的闭着眼睛也能想到，边防总队经常与中国军队接触，或多或少对中国的战斗队形、战斗编组有些了解，让他们当"敌人"，确实用心良苦。

这支队伍的指挥官在演习中很用心，积极出谋划策，很好地扮演了"敌人"一角，得到演习总指挥的信任。

但是，军队的服装可以模仿，队形可以模拟，甚至口号也能学得来。但有一点他们模拟不来，就是那位美国老兵在朝鲜战场上看见"原木在移动"时发出的惊叹——中国军队的意志太可怕了！

中国军人的意志是天生的，是历经磨难淬炼的，是无法用实践的理论等量形容的。

冷鹏飞继续带着战士们在雪地进行抗寒训练。

"营长，你说咱们要真动上手，就凭咱这装备，打不打得过老毛子的'铁乌龟'？"战士说的"铁乌龟"，就是苏军的T-62。T-62可是苏军的王牌，能跑、能打，还能抗，威力没得说。

对付这样的大家伙，正是战士们最关心的。由于珍宝岛附近的冰面够厚，苏军的坦克一次接着一次开到珍宝岛我军一侧横行霸道，而我们几次有效的试探结果都是：装甲真厚，不好破坏！

"怎么打不过！到时候咱们火箭筒手可别放水，弹药我给你们供足，你就给老子放开了打。"冷鹏飞心里清楚，对于军人来讲，世上是没有神话的，任何渲染的"金身"，都会被打破。就像在朝鲜战场上，"钢多"的铁疙瘩难逃"气短"的命运。

"营长，您就放一百个心，俺就是用火箭筒钻，也要把它钻个窟窿。"

冷鹏飞笑着用双手捧起一大堆落雪，狠狠地往身上搓，像是洗澡时打肥皂，双手反复交叉，快速揉搓，热气又一下子起来了。

战士们见状，全都摆开阵势，大吼一声，猛往身上砸雪，一个跟着一个比着，一个跟着一个较劲。一时间，人人身上都变得像大姑娘上花轿时穿的红衣裳，白里透着红。

渐渐地，官兵们身上蒸发的热气达到了峰值，犹如开足马力的火车，不断迸发出浓烈白烟，持续升腾，飞跃树梢，超越飞鸟，与蓝天白云交相辉映，停在了祖国边境线的上空。

第二部分：潜伏

冷鹏飞带着队伍刚回到宿营地，哨兵就跑来报告：上级命令他迅速到边防站开会。

这么急？过去可都不是这个点。冷鹏飞觉得有些不对劲，但他马上有了预感，战斗应该不远了。

他披上衣服，猛灌了几口水，拿起笔记，箭步出门，和刚从炊事班拿早点的通信员撞了个满怀。

“不吃了，来不及了！”他头也没回，径直往外走。突然，冷鹏飞停了下来，似乎想到什么。

“通知各连，训练后，把武器家伙都给我保养好喽！”听到营长指令，哨兵立马就向各连传达。

边防站的会议室里，大伙的情绪都很激动。

“老毛子越来越蹬鼻子上脸了！”

“何止蹬鼻子上脸，简直惨无人道。渔民有什么错？他们竟然开着坦克去压，哼！”

……

冷鹏飞听出了愤怒，但他也知道，愤怒是解决不了问题的。

“让我们听听上级的指示吧。”冷鹏飞的建议起到了效果，会议室又安静了下来。

边防站长孙玉国首先汇报了近期巡逻的情况，虽然内容和过去没多大变化，但一个细节，让作为军人的冷鹏飞一下子警觉起来。

原来，边防站巡逻队员发现，苏军手里的冲锋枪全都是荷枪实弹的。

这是一个信号！一个危险的信号！

冷鹏飞心里清楚，推推嚷嚷最多是受点皮外伤，可一旦右手食指这么轻轻一扣，那可不是蹦出一颗子弹那么简单，那将是开战，必须流血死人，是无法挽回的。

防区负责人首先通报了苏军的动态，特别强调了情报显示，苏军将在这两三天内有动作，要求各级做好临战准备。

冷鹏飞手中的笔突然停了一下，也就 1 秒钟不到，又继续记录起来。他思忖着，必须打了。

果不其然，会议进入后半段时，防区负责人宣布成立前敌指挥部，并开始任务部署。

指挥部决定在 3 月 2 日凌晨，先派出一个侦察分队上岛执行掩护任务，上午再派出 2 支巡逻队，从岛两侧行进。遇到苏军开火，坚决反击。

冷鹏飞被任命为侦察分队负责人，执行潜伏任务，伺机支援边防站巡逻队。

回到营部，冷鹏飞立刻召集人员传达了指挥部决定。战士们一听，纷纷请战。

因为人数有要求，很多落选的战士气得直跺脚：“我咋就不能去？说出个道理嘛！”

冷鹏飞怎能不清楚大伙心里的憋屈：苏军一次又一次的无礼行为，把本想安心过日子的老百姓推进了火坑。作为军人，哪能看着人民受这样的委屈。但他明白，打仗是要流血的，能不打尽量不打。毕竟上级也要求，除非对方无礼挑衅，开枪射击，才能还击。在他的安抚下，没参加潜伏任务的战士们这才离开。

马上英姿

3月1日下午5点左右，侦察分队提前吃完晚饭，随后便整装出发了。

他们先是乘汽车到了一个叫“武陵洞”的林场。下车时，已经是晚上10点多了。战士休整时，冷鹏飞向林场负责人了解了一些情况。随后，他们又坐了一段车。

由于山路崎岖，而且夜间行车一旦开灯就会暴露目标，所以他们到了地图上标注名为“2号桥”的位置，便改成了徒步行军。

寒风嗖嗖地吹着，雪花不知什么时候飘了起来，越来越大。虽然一路急行军，但冷鹏飞和队员们丝毫感觉不到温暖，他们的脚步也不觉加快。

在地图上，珍宝岛地形看似不复杂，却处处暗藏杀机。由于江水长期冲刷，岸边、岛上布满沟壑沼泽，且被厚厚的积雪掩盖，稍不留神陷进去就休想爬出来。

冷鹏飞在前面领着队，边走边提醒大家多小心。

侦察分队在夜幕掩护下，悄无声息地向珍宝岛开进。空旷的原始森林里寂静无声，月光透过挺拔的树梢泻到林间，分队在雪地上留下了一团团晃动的身影，没有声音，只听到“咔咔”的踏雪声和“呼哧呼哧”的喘气声……

凌晨，他们终于到了预定潜伏地点。冷鹏飞派出警戒哨后，立刻对周边情况进行侦察，随后指定了各小组的潜伏地点，要求各组迅速修建简易工事，并挖雪洞隐蔽。

3月的边防，仍是零下三四十度。行军还好一些，执行伏击任务对人实在是一项重大考验。

队员们身上穿的都是“四皮”，即皮帽子、皮衣、皮手套、皮鞋，一动就出汗，一停下来就结冰，而执行伏击任务时在雪地里一趴就是三四个小时一动不能动。之前，为了完成严寒下的训练任务，保证不冻坏人，冷鹏飞专门把战士们分成若干小组，在实践中研究探索既能完成伏击任务又不冻坏人的训练方法。

大家说了不少点子，有的小组提出吃辣椒取暖，也有的提出喝酒取暖，但因为辣椒呛嗓子容易咳嗽、喝酒有酒味容易被发现都被排除了。最后，经过集思广益，各个班一起商讨如何在潜伏中克服严寒，再通过不断改进，终于形成了“内动外不动”的共识：即手在套里挠、脚在鞋里蹬、舌在嘴里搅、腹腔收缩动等方式，达到了表面上看不出来又冻不坏人的“克寒”法。

不过这次行动，队员们除了武器外，每人还带了一小包饼干、一小瓶散装老白干和一包止咳药。

由于近乎一夜的行军，等掩体工事和雪洞挖好后，不少人的脸上还是略显疲态。冷鹏飞通知各组交接好哨兵，其余人员做好随时战斗的准备。

命令下达后，很多人立马来了精神，因为他们心里有火，有愤。为了相互提醒，队员们每个人都做了几个雪球，发现有人瞌睡，就用雪球砸。

这是多么的不易，我们可爱的战士为了身后祖国和人民的利益，不畏艰难，用血肉之躯与天寒地冻斗，这是一种怎样的情怀呀！

透过望远镜，珍宝岛是那样的安静，那样的安详，就像一块晶莹剔透的天然美玉镶嵌在祖国的大地上。

冷鹏飞缓慢移动着望远镜头，他真恨不得把每一棵大树、每一块石头、每一个冰块都看遍，并且记录下来，让祖国和人民看一看，咱们的国土能让别人占了去吗？

天渐渐亮了起来，根据计划，冷鹏飞将火箭筒班放在离他最近的掩蔽物里，并给他们配足了弹药。因为冷鹏飞知道，一辆装甲车就是一座移动的碉堡，可以进攻也可以防守，一旦开战，必须提前打掉。

猫在雪洞里的火箭筒手华玉杰把火箭筒紧紧地抱在怀里，不时擦掉炮管上结出的冰冻，生怕这冷天气冻坏了启动装置。而其他队员也没闲着，不断进行装弹、卸弹训练，确保武器始终处于最佳状态，不影响射击。

冷鹏飞看着自己带的兵，心里暖暖的。虽然一直望着远方，但他此刻已经给自己下了决心：如果真的打起来，一定要把可爱的战友们带回去，而且一个都不能少！

第三部分：首战

1969 年 3 月 2 日，农历正月十四，晴空万里。

此时的冷鹏飞眼里充满了血丝，但他没有丝毫困意。

不能懈怠，也没有心思懈怠，作为军事指挥员，他必须时刻清醒，时刻警惕。思索片刻，冷鹏飞双手又握着望远镜，死死地盯着珍宝岛上的一草一木、一举一动。

6 点左右，情况出现了。

一辆从苏军下米海洛夫卡方向驶来的军用吉普车，开到珍宝岛对面的江岸边停下，从车上跳下两个军官，大家立刻警觉起来，只见那两个军官对着珍宝岛指手画脚了一番便跳上车开走了。

冷鹏飞把情况向上级作了汇报，上级命令继续观察，提高警惕！冷鹏飞听出了“警惕”的含义，他放下通话器，走出临时指挥所，继续观察着。

一旁的通信员看了看冷鹏飞，他依然面无表情，但眉头明显紧了许多。

8 时 40 分，太阳刚刚跃上树梢的时候，我边防部队像往常一样继续在国境线中国一侧巡逻，还是分为两个小组，一个组 10 多个人，其中边防站站长孙玉国带第一组走在前面，第二组走在后面。

第一组刚抵近岛岸时，苏军技术观察站就将情况逐级上报。苏军边防哨所的伊万·斯特列利尼科夫上尉立马带领 2 辆装甲车、1 辆军用卡车和 1 辆指挥车共 70 多人，抢先赶到珍宝岛的东侧，挡住了第一组的去路。当苏军还在装甲车上的时候，斯特列利尼科夫就操起自动步枪，

冷鹏飞观察地形

命令部下将子弹上膛。

正在密林里的潜伏队员们看到了苏军的阵势，纷纷把头放低，像豹子一样蓄势待发。

什么？有情况！冷鹏飞突然发现了什么，只见他把身子尽量地往前移，望远镜伸到了极限，差点摔出掩体。

看清楚了！看清楚了！今天的苏军和以往完全不同，他们全都头戴钢盔，平端着上了膛的冲锋枪直逼过来。走在后面的那几个还时时瞄着左右，像一匹匹豺狼，眼睛放着光，看架势他们是要动真格的了。

苏军开始从两面包围珍宝岛，斯特列利尼科夫上尉带领 5 名边防军人和克格勃特别处派来的侦察员布依涅维奇上尉从正面接近该岛。他们后面约 300 米是第二小组，由巴班斯基下士率领。第三小组由拉伯维奇中士率领，从侧翼接近该岛。

此时，冷鹏飞的战友、1 连副连长王庆容带领的巡逻人员也已赶到。

面对来势汹汹的苏军，我方指挥员义正词严地发出警告：“你们回去，这是中国的领土！”

苏军士兵似乎早有了默契，虽然没有指挥员口令，却不但不回撤，反而持枪紧逼。

为避免武装冲突，边防站长孙玉国命令巡逻队向岛内后撤。此时，苏军展开战斗队形向我方巡逻队左翼穿插。我方边防战士毫无惧色，在对方的武装威胁下威严巡逻……

冷鹏飞看清了局势，苏军今天是癞蛤蟆吃秤砣——铁了心要闹出事来。他立马命令各组做好一切战斗准备，并将情况通过电波报告给了上级。潜伏队员们闻令而动，纷纷擦掉枪栓上的薄冰，透过准心看着岛上的对峙。

就在这时，通信员送来通话器，上级下达命令：我军炮阵地已经就位，冷鹏飞担任指挥员，全程指挥。

"太好了！"冷鹏飞猛地挥了一下拳，狠狠地砸在掩体上，瞬间雪花四溅。

这一下是对打"铁乌龟"有了足够的底气，这一下更是对惩戒侵犯我领土外来人胡作非为的一种宣泄。

这个消息是痛快的！

队员们看出了营长的变化，全都跃跃欲试，还有几个队员干脆咬破手指，提醒自己打起十二分的精神。

国虽大，好战必亡；天下虽大，忘战必危。这些年轻的边防将士，用生命践行着誓言，用行动书写着忠诚，在他们眼中，祖国山河再大，但一寸也不能丢！

苏军依然步步紧逼，孙玉国再次带人后撤，第二小组则往一侧的内河撤，在后面追赶的苏军先是呈前三角，之后又变成后三角，根据情况不停地变换着战斗队形。

眼看敌人要追上来了，我方大声警告"停下"，没想到苏军一听我方喊话，其中一个边防组长突然开枪，从河北衡水入伍的王根安和从辽宁辽阳入伍的刘恩学两名战士应声负伤倒下。副连长王庆容见状，赶紧让战士们扔下大棒子投入战斗。

说起大棒子，事情是这样的。刚开始双方较量时苏军拿着大棒子，我方则赤手空拳讲道理，动起手来自然吃亏。等我方拿大棒子时敌人又换成了枪，我方还是吃亏了。由此可见，苏军是一点原则都不讲。

枪声一响，冷鹏飞随即下令：开火！

早就为巡逻战友人身安全担心的队员们，全都等不及了，他们的怒吼伴着枪炮的火舌，响彻珍宝岛。

当时冲在最前面的苏军共有 7 个人，包括指挥官、记者和翻译，第二巡逻组的班长周登国看到敌翻译伊万掏枪要射击，一冲锋枪扫过去，7 名苏军一下子全被消灭了。

苏军下士尤里·巴班斯基见所长斯特列利尼科夫被击毙，立马指挥士兵，高声喊道：“冲啊！”

冷鹏飞时时关注着岛上战斗局势，不断组织潜伏队员实施火力支援。由于我方火力压制及时，苏军不得不原地疏散隐蔽，行动一下子迟缓下来，使得岛上巡逻队员们有足够时间占领有利位置。

苏军开火后，江面上的苏军装甲车也迅速动了起来，开始冲击。

几辆装甲车迅速机动，苏军士兵见装甲车过来，立刻向其靠近，并在装甲车后利用其移动堡垒作用，对我方实施射击。

冷鹏飞见状，立马派出一个班的兵力转移到装甲车侧面的山坳，伺机进攻。

事实证明，冷鹏飞的战术效果是成功的。由于苏军主要火力都放在了其正前方我军巡逻队员方向，两侧防卫比较单薄。在我潜伏队员的突然袭击下，几名苏军士兵应声倒地。装甲车后的苏军立马慌了神，不知如何躲避，纷纷往两侧的洼地躲藏，这正好成了潜伏队员们的活靶子。

除了提供正面支援以外，还有 1 辆装甲车悄悄迂回到岛的北侧，试图从侧后攻击我军。

冷鹏飞看出了苏军企图，立刻放下望远镜，带领华玉杰的火箭筒小组朝那辆装甲车飞奔过去。

时间就是战友的生命。华玉杰刚冲下来，就被积雪下的锋利岩石划伤了脚，可他来不及疼，抖一抖炮管，快速跟上冷鹏飞。

装甲车似乎也发现了他们，突然改变行进轨道，妄图逃离射程。冷鹏飞见状，当机立断，命令华玉杰就地射击。

架设、装弹、瞄准、发射，一发 40 毫米火箭弹应声出膛，直奔苏军装甲车而去。

“嘭！”由于装甲车突然加速，成功避开了火箭弹。华玉杰懊恼地狠拍了下自己的脸，准备再次击发，但被冷鹏飞制止了。

原来，虽然火箭弹没有打中，却也吓得苏军装甲车一身冷汗。装甲车里的指挥员不顾通话器里的指令，快速逃离。

这样一来，苏军失去了迂回方向的火力支援，战场形势逐渐向不利于苏军的方向发展。

之后的时间里，双方人员在岛上形成了混战局面，我军步兵的基本技战术素质和灵活性都在苏军之上，苏军士兵之间的配合过于拘泥条令，单兵间的距离、小组间的距离以及配置等过于僵化，不能根据地形、敌情和隐蔽物等情况灵活掌握，而其固有的重型火力优势在岛上地形中也无法发挥，伤亡明显高于我方。

冷鹏飞始终敏锐地注视着岛上战斗，如同一只猎鹰，冷静而果敢。潜伏队员在他的指挥下，声东击西，不断扰乱苏军阵型，使他们的有效进攻不断减少。

突然，苏军装甲车再次调整队形，通过缩短两车间距，使得苏军士兵可以有效躲避左右两侧火力，开始向我方再次冲击。

由于武器火力上的劣势，我方巡逻队员被强行压制，潜伏队员也被火力袭扰，很难组织有效反击。

看着身边倒下的战友，看着岛上倒下的巡逻战士，冷鹏飞迅速向炮阵地下达了炮击的命令。顿时，一门门五七炮、六〇炮一齐怒吼起来，一簇簇炮弹飞向敌人及其大小车辆。顷刻，对方的指挥车着火了，装甲车、卡车被摧毁了。岛上的中国边防战士在炮火支援下，高喊着“为战友报仇”的口号，英勇顽强地冲击，将剩余的苏军赶出了珍宝岛。

打扫战场时，看着牺牲的战友和受伤同志，冷鹏飞的眼泪止不住地往下流。可爱的战士们不畏强敌，奋勇反击，留下了一幕幕感人至深的英勇画面，至今令他难以忘怀。

刚交火时，侦察连副连长陈绍光很快带领尖刀班冲到敌人后面，趴在一道土坎下做好射击准备。一股被打散的苏军士兵退下来，只顾低头往回跑，正好撞在枪口上，一排子弹打过去倒下好几个，活着的趴在那里再也不敢动了。这时从陈绍光的身后传来一阵机枪声，一排子弹从他们头顶飞过。他回头一看，在几百米远的树林后面，有几只苏军的钢盔在动，一团团火舌就是从那里喷出来的。看来敌人是想把我们包围在中间。陈绍光一挥手，带着几个战士向敌人冲去。“副连长，你身上冒烟了！”一个战士叫起来。陈绍光摘下帽子一看，帽子打了两个洞，烧得黑乎乎的，他用雪一搓朝头上一戴，又向前冲去。离敌人 100 多米远时，敌人的两挺机枪交叉射击进行封锁。陈绍光冲到一棵大树后刚要射击，突然身子一歪跌倒了，低头一看胸部和左臂都负了伤，鲜血直流。战士过来包扎，他一手推开，端起冲锋枪向敌人机枪打出了一梭子弹，敌人的机枪哑巴了。陈绍光躺在了雪地上，他的腰部又受了重伤。一战士把他扶到一棵小树下，让他半躺在树干旁为他包扎。一些战士围过来，陈绍光吃力地解下身上的子弹袋，对战士说，“拿去，打……打敌人……”在他说话时，血顺着伤口渗出来，染红了他身下的雪地。

当苏军不断向我军袭击时，战士于庆阳迅速占领有利地形，端起冲锋枪一阵点射毙伤苏军 5 人。此时，苏军增援部队赶到。为吸引敌人机枪火力，于庆阳趁扫射的间隙，猛然跃起，向躲在丛林里的苏军射击。苏军突然开火，于庆阳不幸被子弹击中头部，打了个趔趄，扑倒在了雪地上。卫生员迅速赶到，发现子弹从他右太阳穴射入，从后脑穿出，脑浆、鲜血不停地向外流。

卫生员把于庆阳抱在怀里，为他包扎伤口。然而，令人意想不到的是，受伤的于庆阳竟猛地站了起来，一把推开卫生员，扯下还未包扎好的绷带，端着冲锋枪向苏军冲去。1步，2步，3步……当他艰难地迈出6步后，终因伤势过重，身不由己地倒下了，珍宝岛洁白的雪地上留下了6个深深的英雄脚印。此次战斗，于庆阳消灭了敌人2个火力点，用生命的最后6步，践行了他生前在决心书上写下的"生命不息，冲锋不止"的铮铮誓言。

3月2日这一天，战斗持续了一个多小时，我方共毙伤苏军60余人（其中击毙38人），击毁装甲车、指挥车和卡车各1辆，我方牺牲17人，重伤11人，轻伤24人，失踪1人。

第四部分：增援

3月2日战斗后，中苏双方都在酝酿更大的军事行动。

根据情报，苏军在几天内又有新的增援，坦克达到70辆，火炮380门。装甲车及自行火炮150辆，地面部队增至一万多人。尤其值得注意的是，苏军当时最先进的秘密武器——"冰雹"BM-21式火箭炮也被派往珍宝岛。

BM-21式火箭炮是一种122毫米40管自行火箭炮，具有发射速度快、火力猛烈、行军状态和战斗状态转换快速、射击准备时间短、越野机动能力强等特点。它通常配置在己方前沿后2~6千米的范围内，压制纵深为14~18千米，可以说是"隔空打牛"的利器。显而易见，苏军寻机大规模报复的迹象明显。

我方也紧张准备。各级都在准备，既要准备小打，也要准备大打；既要准备边界冲突，也要准备防范大举入侵。因此，我方也动员了46军133师、23军77师等部队，准备应对可能的大规模冲突甚至战争。

作战返营的路上，冷鹏飞的心情很沉重，因为他没有把自己的战友全部带回来。

他不断地反思和质问自己，是不是在作战中指挥疏漏了，才导致后面的战友陆续倒下？是不是炮火支援的命令下达得太晚了，才让苏军的火力再次复燃？

谁都知道，战况瞬息万变，没有谁能预测未来。不论你是参战还是观战，能做的只是随机应变。

冷鹏飞的自责，其实是对战友们炽热的爱，他甚至想，如果没有这样的战斗，他死去的这些战友一定可以更加精彩地活着……

一直晴朗的天，这时也渐渐变得阴暗下来。

寒风掠过树梢，枯枝上的几片残叶经不住诱惑，一片接着一片飘落下来，在空中百无聊赖地摇晃着脑袋，最终一头栽进洁白的积雪里。

一切又回归战斗前的宁静，此时的大地似乎也已沉睡。

走在冷鹏飞身后的队员们一言不发，眼神里没有丝毫胜利的喜悦，有的只是失落和无奈。

冷鹏飞突然停下来，转过身，望着身后的队伍。

后面的队员面对冷鹏飞突如其来的停顿，没来得及反应，像多米诺骨牌一般，一个接着一个撞个满怀。

可还没等所有人停下来，冷鹏飞又往前走，只是此刻他的脑中在思考着什么。

“通信员，通知队伍原地调整。”作为营长的冷鹏飞清楚，如果每个人都因为战友牺牲而变得如此沮丧，是无法准备下一场战斗的，更对不起那些失去生命的战友们。所以，他必须站出来！

听到调整的命令后，队员们并没有像往常一样，三三两两打闹，而是不自觉地往冷鹏飞身边走，然后围坐在他身旁。

冷鹏飞在训练

冷鹏飞没有坐下，而是稍作思考，队员们也都仰头注视着他。

"同志们！我知道大家心里不痛快！因为虽然老毛子被我们打跑了，把他们赶出了咱们的国界，保住了珍宝岛，但是我们的战友也……也留在了那里！"冷鹏飞想说"牺牲"，可话到嘴边又咽回去了，他觉得"留在那里"此刻更合适。

"但同志们，我们现在还要提高警惕，时刻准备。虽然这次我们胜利了，但老毛子肯定不会罢休，一定还会去打扰我们那些留在珍宝岛的战友。所以同志们，现在还不是我们伤感的时候，我们要打起精神，更加刻苦训练，用我们生命捍卫珍宝岛的主权，让我们长眠在珍宝岛的战友们安息……"

没等冷鹏飞说完，队员们纷纷站了起来："为牺牲的同志报仇！""保卫珍宝岛！"

第二天，也就是 3 月 3 日，中央人民广播电台将珍宝岛的胜利播报全国。这让战士们的情绪一下子振奋起来。为啥？他们可是打跑了进犯的敌人，是把咱们国家的领土夺了回来，这就该骄傲，就该自豪，战士们的备战热情也被点燃了。

归营后，上级命令冷鹏飞一部就地调整，总结战斗，时刻准备。

冷鹏飞没有闲着，而是更加警惕了。他认真梳理 3 月 2 日的战斗过程，并将一份详细的《作战纪要》报给了上级，为上级下步决策提供了最直接的参考。

不仅如此，冷鹏飞每天都把各连连长和参战骨干召集起来，像电影回放一样，一帧一帧地对战斗进行分析。

“苏军行动有些古板，不灵活，但他们相互协同、相互补位意识好。我打死了至少两个老毛子指挥官，可他们队形一点不乱。”狙击手的发言得到参战骨干的认可。

“没错。还有一点，他们这次有些预判不足，低估了我们的火力，结果好几次打得步兵都跟不上装甲车了。如果下次他们配合更紧凑的话，我们的火力伤害肯定要打折扣！”

……

大家你一言，我一语，既有赞同也有争论。冷鹏飞在一旁边听边记，特别是对付“铁乌龟”的方法，他很留心。

这次战斗，冷鹏飞对苏军的步坦协同有了很直观的见识。以往训练，因为没有装甲车，大家还只局限于朝鲜战场上美军使用的那一套，完全没有想到，仅仅过去几年，装甲车会运用这么好，装步协同会这样管用。

传统步兵对传统步兵，我们不比苏军差，一点都不吃亏，甚至大大优于苏军。可苏军升级成装步协同，我们就很难占到便宜。为啥？别人是有障碍射击，步步为营，我们是阵地甚至是无障碍射击，举步维艰。

思考！思考！

冷鹏飞专门把全营的重火器手叫到一起，集思广益。可别说，竟也想出个法子来。道理很简单，原理也容易懂，那就是——往前靠，放近了打！

为了检验效果，冷鹏飞专门组织针对性演练。一波人模拟装甲车来回运动,火箭筒手则伺机打击。可别说,效果很好。即使模拟的“装甲车”突然转向变速，火箭依然可以命中，并且50米左右发射的命中率最高。

看着战士们欢呼的情形，冷鹏飞内心有了一丝波澜：我们啥时候能有这样的装备，为我们的步兵打造“可以移动的堡垒”？

当天,冷鹏飞的做法就得到了上级的肯定。但上级也指出,距离越近，效果越好，同时危险性更高，要注意自我保护。结合愈来愈严峻的边界形势，他们要求冷鹏飞加紧进行临战训练，应对随时可能出现的战斗。

3月2日的战斗结束没多久，前敌指挥部就又召集所有指挥员开会。一方面是总结3月2日的战斗，另一方面是为下一场战斗做充足准备。

分区指挥员曹建华在会上提出了继续在珍宝岛备战的想法，却得到很多人的反对，尤其是上级的参谋提出很大异议。

他们建议要按照上级方案来，把下一步作战重点放在距珍宝岛20公里外的七里沁岛。

上级的考虑是：自1966年以来，苏军多次入侵该岛并制造多起严重流血事件，是中苏边界斗争的焦点，在此反击政治意义重大；1968年3月，我军曾在该岛进行过反击准备，甚至还派出侦察分队上岛潜伏；我方地形视野开阔、道路状况较好，便于防御和部队展开，是个较理想的歼敌场所。

曹建华的提议得到了冷鹏飞和其他几位现场指挥员的支持。

冷鹏飞认为，虽然七里沁岛对于我方战斗有力，可以利用当地复杂地形，有效限制苏军装甲车的行动。但潜伏的目的是突然进攻，要在短时间内一招制敌。可一旦地形复杂，苏军必定提高警惕，十分小心，会大大丧失潜伏优势。

同时，由于苏军在3月2日的战斗中吃过亏，并且事后多次上岛侦察，自认熟悉地形，因此会产生麻痹心理，容易盲目突进，从而导致其战力不能最大化发挥。只要我军合理部署兵力，密切协同配合，就一定能打个苏军措手不及，起到威慑的防卫目的。

最终，军区经过复议，同意了在珍宝岛再次潜伏的作战方案。

3月2日战斗后，苏军增加兵力，几乎每天都对珍宝岛进行袭扰。冷鹏飞意识到，接下来将是一场恶战。

指挥部根据苏军作战特点认为，我军很可能面临与苏军大规模装甲坦克的对抗。于是，前敌指挥部迅速在我方江汉布雷，建立攻防兼备的防御体系。同时，请求上级加强前沿反坦克兵器的部署，最大限度地将火炮位置靠前，以提高反坦克效果。

随后的日子里，冷鹏飞每天都带领挑选好的侦察骨干深夜行军，凌晨潜伏，在茫茫林海间，让他和他的战士们可以融入雪原，融进乌苏里江的寒风里。

人们常说，一个动作练了千百次就会炼成绝招。对于军人来讲，只有历经千万次的磨炼，才会在那关键的一次一招制敌。

不断的训练使冷鹏飞和他的队员们可以在零下30多度的低温环境潜伏6个小时。

这是极限，但中国边防军人做到了！

战斗永远不会亏待有准备的人。3月14日，冷鹏飞接到上级命令，要求他带精干骨干到达指定区域再次执行潜伏任务。

第五部分：再战

3月15日凌晨，天还未亮，正在潜伏的冷鹏飞突然发现苏军6辆装甲运兵车开到江边，运载30多名士兵进入岛东北部树林隐蔽。

原来，苏军一直认为人体最多只能在这种气温下潜伏4个小时，因此选在了三四点钟上岛。而此时，我军小分队已经潜伏了4个小时了。

冷鹏飞冷静地观察着。他发现，苏军陆陆续续增加了不少兵力，恶仗越来越近了。

大约8时02分，我方巡逻队比平时推后1小时开始巡逻，巡逻路线也由原来的由北往南，改为由南往北，路过我方潜伏阵地。

当巡逻队走到岛中部，刚刚到达苏军轻武器射界时（对面苏军步兵使用的是AKM步枪）便停下休息，直到对岸的苏军开始行动时，才回头折向西南。眼看巡逻队要离开射程，苏军部队只好开枪，我方巡逻队便迅速隐蔽起来。

也在同一时刻，正在观察的冷鹏飞发现临时指挥所周边地形低洼，便于隐蔽，但不便于观察和指挥，所以他决定将指挥所前移至2排阵地。

只见他弯着腰低姿向2排阵地运动，那样子，活像一只雄健的大鹏鸟，腾飞在前沿阵地。突然，他发现前方洼地左侧小树林里，有几顶灰色平帽影影绰绰在晃动，他断定是对方的潜伏哨。没想到，苏军抢先开火，子弹擦身而过。

冷鹏飞判断，敌人的这两个点射是在侦察。于是，他将计就计：你来侦察我，我就利用你的侦察。他立即端起冲锋枪还了两个点射，撂倒了两个潜伏兵。

冷鹏飞的还击，使潜伏在密林中的苏军误认为目标已暴露，隐蔽着的三辆装甲车隆隆发动，组成战斗队形，向5班阵地发起首次冲击……

对方的主要冲击目标是冷鹏飞的指挥位置，冷鹏飞急令通信员把火箭筒班调上来。

早就憋着劲的火箭筒班迅速跟了过来。

作战中，冷鹏飞和战士们背靠着隐蔽物，平端着冲锋枪向苏军装甲车愤怒地扫射。

苏军装甲车发疯似的边开枪，边向5班阵地逼近，一发发子弹“嗖嗖”飞过，装甲的轰鸣声和履带碾压冰雪的声响使大地不住地震颤。

当苏军装甲车距5班阵地150米时，冷鹏飞身边的火箭筒手华玉杰耐不住急躁的性子了，“呼”的发出一声巨响，火箭弹飞出去了，敌人三辆装甲车急忙调转屁股，隐入密林之中。

“不要急，放近打，敌车不靠近不要开炮！”冷鹏飞对华玉杰说。

一会儿，敌三辆装甲车又从树林里钻出来，向阵地冲击。这次，他们改变了战术，互相交错前进。这辆又过来，那辆又过去；一会儿往左，一会儿往右。左突右冲，各种火器齐发，阵地上浓烟滚滚，枯木被炮火点燃，子弹在头顶不住地飞过，一时间压得战士们抬不起头来。数秒钟后，装甲车眼看冲上5班阵地……

万分紧急的情况下，冷鹏飞的大脑是冷静的，他果断指挥二机班长史玉才，迅速抢占5班阵地左侧的有利地形，用猛烈的火力吸引敌军装甲车，掩护火箭筒手伺机近射。

当装甲车逼近阵地70米左右时，史玉才打响了机枪。果然，冲在前面的那辆装甲车急速右转，像被激怒的野牛，向史玉才冲去，把侧翼很快暴露在5班正面。华玉杰鹰一样的眼睛，快速地捕捉了这个战机，瞄准目标突然开炮，只听“轰隆”一声响，苏军装甲车先是冒了一股黑烟，紧接着燃起了冲天大火，车上的侵略者争相逃命。2排战士们端起枪一阵猛烈射击，跳下车的苏军一个个都见阎王去了。

“‘铁乌龟’并非坚不可摧！”此时，冷鹏飞悬着的那颗心踏实了，胜利的信心更足了，脸上露出了一丝微笑。

冲在前面的那辆装甲车被击毁后，尾随其后的两辆乱了阵脚，边射击边犹犹豫豫地往前拱。对方的机枪响声不断，火力猛烈，飞蝗似的子弹不断地从头顶掠过，被打断的树枝不住地往下落。此时，冷鹏飞为更好地发挥火箭弹的威力，指挥华玉杰避开正面火力，到另一侧打击对方装甲车。华玉杰利用一侧的土堤作掩护，瞄准目标，等装甲车离他有50来米时，抓住其爬坡速度慢的时机，又是一炮，将右方的那辆装甲车击瘫。瘫痪的装甲车火力仍未减弱，成了固定的堡垒，继续射击。华玉杰在冷鹏飞的指挥下，又发一弹，苏军的机枪变哑了，装甲车也着了火，车上的苏军士兵一个个从安全门往下跳，争抢着往车下钻。战士们顺手扔了几枚手榴弹，使车下的敌人全都送了命。

随后，我后方炮群也对苏军潜伏部队阵地和江面敌人进行打击，苏军部队完全暴露在没有依托的江面上，原本负责支援的苏军潜伏分队阵地则被炮火覆盖，根本无法起到作用。在2辆装甲车被击毁，数十人伤亡后，苏军潜伏分队和江面部队的余部撤回到对岸。

苏军首次冲击被打退后，冷鹏飞向前线指挥所简要报告了战况。

随后，冷鹏飞召集骨干碰头，利用战斗的间隙，寻找对方作战规律：进攻时，苏军步兵主要依托装甲车行进，而装甲车则利用炮火掩护突击。苏军虽然战术配合合理，但地形劣势却没有考虑全。塔墩地形复杂，对履带装备行进影响很大，这就导致坦克和装甲车行动迟缓，一旦履带车辆进入这个区域，就是发挥火箭筒和无后坐力炮优势的最佳时机。

“同志们，现在不是我们一个人在战斗，党和人民一直都在我们身边，所以我们不能马虎，更不能沾沾自喜，要时刻警惕，消灭一切来犯之敌！”冷鹏飞的动员恰到好处，各组迅速展开战斗动员、后送伤员，并接收后续部队和民兵肩扛车推送来的弹药。

此刻的冷鹏飞格外冷静，因为他知道，苏军的下一次战斗必定是疯狂、持久的。他也清楚，硬碰硬肯定吃亏，必须选择利用有利地形，最大限度发挥火箭筒的威力，让苏军的坦克和装甲车成为废壳。

等等！冷鹏飞的脑子里突然灵光一现，一个战术应运而生——让火箭筒手故意打不着！

战场要的就是命中率，冷鹏飞竟然反其道而行，这到底是怎么回事？

原来，冷鹏飞想到了前期埋设的雷场。没错！就是要让苏军装甲自寻死路！

这真是个好招！苏军坦克装甲不是多嘛，面对地雷场，机动再强的装甲也得变成“死乌龟”。

冷鹏飞立刻召集所有火箭筒手，把每个人的任务逐一作了明确说明。

硝烟弥漫在珍宝岛上空，燃烧着的枯木和装甲车，借着江风不时地发出“噼啪”的响声。一场更激烈的战斗即将来临。

突然，一阵“轰隆隆”的炮声，打破了乌苏里江的沉寂。9 时 40 分，苏军在重炮的掩护下，以 2 辆坦克、3 辆装甲车及武装部队，向 2 排阵地发起了更为猛烈的冲击。同时，还以 4 辆坦克，从 4 班阵地的右翼进入内河，企图对我军形成包围。

由于弹坑较多和地形限制，苏军坦克一时无法上岛，整个苏军队形又被迟滞在岛东侧江面上。这时，苏军的迂回分队绕过了岛南端，从我国内河的岛西江叉上包抄过来。

冷鹏飞抓住这一机会，迅速命令潜伏好的火箭筒手故意射击，暴露位置。

果不其然，苏军坦克发现我方火箭筒手后，立马调转车头，火力全开。我方火箭筒手见状，按照事先安排，边打边退。而苏军坦克像发现蜜枣一样，不顾一切，高速驶来。

“嘭！”随着一声巨响，上当的苏军 T–62 坦克刚刚进入雷区，首车履带便被炸断。仓皇逃窜的坦克驾驶员试图向后方发信号，结果被我狙击手当场击毙。

随后，冷鹏飞带领分队迅速转移到另一阵地。而此时发了疯的苏军装甲四处打炮，震得山林轰声阵阵。

突然，几辆装甲车似乎发现了冷鹏飞的位置，纷纷开火。一时间，潜伏分队的区域尘土飞扬，弹片四溅，不少队员额头、手臂都被划伤。强大的火力压制使得潜伏分队抬不起头，更别提组织有效反击。

见此情形，冷鹏飞向前线指挥所报告，请求反坦克火器支援。

班长杨林披着白被单，率 2 门七五无后坐力炮，奉命穿越对方炮火封锁区，火速登岛。

苏军为阻止我增援部队登岛，用炮火严密地封锁了 50 多米宽的江叉冰道，炮弹炸得冰块横飞。当杨林等人刚要接近珍宝岛岸坡时，正与对方的坦克和装甲车遭遇。高速行驶在最前面的坦克离杨林只有 50 米，架炮已来不及了，冰面距岛岸有 2 米高，他们推着 160 多斤重的火炮上岸，几次没成功。此时，坦克距他们只有 20 米了！冷鹏飞站在岛上大喊：“人先上来！”

疾进的装甲车眼瞅着就要冲过来，爬上岸坡的杨林，向苏军坦克连投了 4 枚手雷。冷鹏飞即令岛上反坦克火器集中火力，炸得对方坦克左突右闪。慌乱中，有一辆装甲车闯入雷区，炸断了履带，变成了“死乌龟”。其余几辆，随即停车后撤，仓促得连炮塔都来不及转。

“快到前沿去，支援步兵，步兵好掩护你们！”

冷鹏飞还交代说：“沉着点儿，放近了打！”

前沿的 2 排坚守在一道一人多高的天然土坎上，土坎的前面是一片沼泽地和塔头墩。苏军猛烈的炮击已把土坎上大多的树木摧毁炸断，1 辆坦克和 3 辆装甲车离 2 排阵地只有 100 多米了。杨林架上炮，用左手把住炮筒，像端枪一样直接瞄准。待装甲车冲到 80 米处时，稳稳按下击发机，一声巨响，命中了。尾随其后的装甲车，急忙向右侧的坦克靠拢，但同样没有躲过被击毁的命运。

杨林的炮火激怒了对方的坦克、装甲车，他们集中火力，一齐向杨林炮位打来，进行疯狂的报复。

密集的炮火把碗口粗的树木拦腰切断，一阵阵机枪弹倾泻到土坎上，倾泻在杨林身旁。他负伤了，左手掌被击穿，右手的三个手指被打断，鲜血染红了火炮，染红了脚下的雪地，但他仍坚持战斗，不下火线。杨林咬着牙，忍着伤口的剧疼，以惊人的毅力，把一发炮弹推进了炮膛。

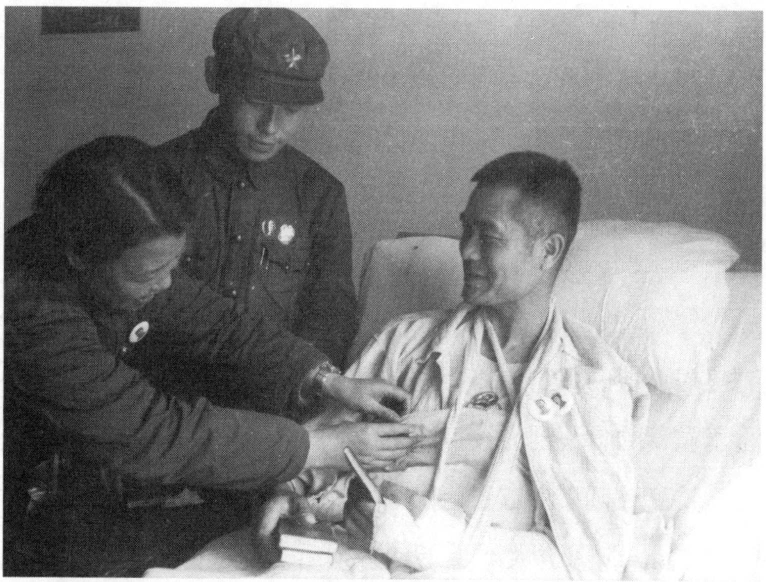

冷鹏飞受伤住院

一发带着杨林鲜血的炮弹，向苏军飞去，一辆正向阵地冲击的装甲车被击中。一会儿，那辆被击伤的装甲车又继续向前爬动。杨林高喊一声：“再补它一发！”把第二发炮弹推进了炮膛，射出了炮口，被击伤的装甲车顿时起火。另两辆坦克见势不妙，向着杨林炮位打了几炮，调头急撤，迅即隐入树林之中。

就在杨林击毁第四辆装甲车后，苏军坦克一发炮弹飞了过来，年仅25岁的杨林壮烈牺牲在炮位上。

冷鹏飞先于杨林身负重伤，当他听到杨林不幸牺牲的消息时，悲痛得全身颤抖。是他亲自把这个大个子士兵迎上岛，又亲自指挥他在前沿英勇战斗……

因为冷鹏飞不断靠前指挥，不知不觉已到了战线最前沿，就在此时，苏军炮火覆盖而来。

前沿阵地瞬间浓烟滚滚，被炸坏的铁皮四处飞扬。

“营长！营长！”冷鹏飞的耳朵刚从巨大炮声导致的轰鸣声中反应过来，身旁的战士早已哭喊着将他往岩石后面拉。

原来，就在炮火倾泻的时候，苏军一发14.7毫米的曳光弹，猛地钻进冷鹏飞的左臂。带火的尾焰一下子就把他身上的衣服点着了，鲜血伴着火光喷涌而出。

战士们慌忙扑打火焰，通信员则在一旁帮他快速止血。

“放开我！你们干什么！我还要指挥战斗！”冷鹏飞一点没有感觉到疼痛，他的眼睛始终盯着岛上战事。可当他试图撑起身体时，他发现自己左臂的骨头已经被打断。

冷鹏飞随手拿起身旁掉落的树枝，让通信员简单固定。

“营长，您这太严重了，必须后送！”战士们心疼得哀求。但冷鹏飞哪里听得进去：“这是什么时候？先打仗！”

冷鹏飞忍着剧痛，不听劝阻，仍坚持指挥，取得了打退苏军第二次疯狂冲击的胜利。

在前线指挥所的多次催促下，他才撤离战场，将岛上的指挥任务交给边防站站长孙玉国。而战友们没有让他失望，将战场主动权牢牢地掌握在我方的手中。

第六部分：尾声

3 月 15 日，是双方战斗最为激烈的一天，我方步兵在炮火的支援下，顶住了苏军 6 次炮火袭击和 3 次进攻，毙敌 60 余人，打伤 80 余人，击伤坦克、装甲车 13 辆。我方牺牲 12 人，伤 27 人。

珍宝岛战斗的结果使苏联方面相当震惊，对中国军队常规力量的实力也有了新的评价，这在一定程度上遏止了苏联的战争企图。1969 年 9 月，在首都机场，周恩来总理同从河内参加胡志明葬礼后回国途经北京的苏联部长会议主席柯西金进行了坦率的谈话。其后，中苏边境谈判在北京举行，中苏边境冲突开始缓和。

在国防建设上，珍宝岛战斗也产生了诸多影响。且不说随后开始的规模巨大的战备工作，单就装备上讲，由于在珍宝岛之战中，当时我军装备的主要反坦克武器，如 75 毫米无后坐力炮、85 毫米加农炮和 56 式火箭筒等，都无法有效地击穿 T–62 的正面装甲，这刺激了中国坦克和反坦克技术的大发展，我军开始进行重点打坦克的训练，军工部门则组织了大规模的反坦克武器会战，73 式 100 毫米滑膛反坦克炮、69 式火箭筒、105 毫米无后坐力炮等一系列应急装备首先投产，其后一直到 20 世纪 80 年代。红箭 –73 反坦克导弹、86 式 100 毫米反坦克炮等都能够有效对付苏军 T–72 坦克，基本解决了当时的战备需要，并使我国的反

退休后的冷鹏飞

坦克装备和技术储备至今仍居于世界前列。这种结果，恐怕也是当年拿坦克恐吓我们的国家所没有想到的。

1969 年 8 月，我军在岛上建立了营房，开始常年驻守该岛。

战后，冷鹏飞被中央军委授予“战斗英雄”称号，荣立了一等功，并受到了毛泽东、周恩来等党和国家领导人的亲切接见。从此，珍宝岛和冷鹏飞的名字传遍大江南北，载入我国史册。

回到部队后，冷鹏飞先后担任团长、师副参谋长、师长、副军长。跟他接触过的人都有这样的感受，他的眼里总有炮火硝烟中对敌人的警觉，他的心中总有冲杀突击时爆发的血性与豪气。

一次，冷鹏飞带着指导组跟随一个团进行战术课目观摩，为检验这个课目步兵的训练强度和战术动作难度，他要求所有指导组成员不乘汽车，并率先背上和战士们一样的负重，徒步跟随部队强行军 15 千米。由他钻研创新的“抗击敌坦克进攻系列战法”，对部队训练具有重要指导作用。

战时是英雄，和平时期是模范。每次下部队，冷鹏飞都坚持“三不准”原则：不准迎送、不准招待、不准陪吃。他说：“领导干部自己搞特殊化，在战士们面前，还有什么资格指挥部队呢！”冷鹏飞小儿子大学毕业时，找不到合适工作，他没有打过一个招呼，而是鼓励他自食其力。小儿子只好去拉板车，在街上摆摊卖西瓜。因继承了冷鹏飞的吃苦能干，小儿子最后也打拼出了一片天地。

1993 年，冷鹏飞退休。20 多年间，他从来没有忘记自己战士的责任，先后担任几十所中小学校的课外辅导员，义务为孩子们进行爱国主义教育 50 余场，自制 40 余块教育宣传展板，30 多次巡回为各部队 3000 余名官兵作报告、搞座谈，继续发挥着一名老军人、一名老英雄的光和热。

“缉毒先锋”印春荣

范玉泉

印春荣，云南昌宁人，1964年7月出生，1982年10月入伍，现任云南省公安边防总队普洱市支队支队长。他是独具虎胆、出生入死的缉毒英雄。奋战在缉毒战线28年，数百次深入情况最复杂、毒情最严峻的边境一线调研摸排，精准分析边境制毒贩毒规律特点，30多次打入贩毒集团内部侦查，一次次将贩毒分子绳之以法。作为侦办主力，他先后参与破获贩毒案件3234起，抓获犯罪嫌疑人4246名，缴获各类毒品4.62吨、易制毒化学品487吨、毒资3520余万元，个人参与缉毒量创公安边防部队之最。被评为“中国十大杰出青年”“我最喜爱的十大人民警察”，2006年被公安部授予“全国公安系统二级英雄模范”荣誉称号。2017年被中央军委授予“八一勋章”。

毒品一日不绝

禁毒一刻不止

印春荣

8.17

崇尚荣誉是军人的追求，因为荣誉的背后是忠诚、奉献和责任。2017 年 7 月 28 日上午，在激昂而振奋人心的乐章中，印春荣早已挂满勋章的前胸，又佩戴上了象征军人最高荣誉的"八一勋章"。

这份殊荣是印春荣 35 年军旅生涯最好的证明。

35 年来，他高擎禁毒大旗，披肝沥胆，守护着春天的欣欣向荣。

虽然历经千难万险，历经无数生死，但他坚信，谁都无法阻挡春天的来临。

一

茶室的灯光斜刺下来有些耀眼，印春荣本能地移动身体，坐到了沙发最右角，这里的光线相对柔和，静谧中透着一种说不明的安全。

对于印春荣来说，能够有选择就是最好的选择。没有人比他更明白，掌握主动权，对于一个卧底来说，意味着什么。

印春荣端起桌上的玻璃茶杯，那是一杯冲泡得恰到好处的普洱茶，汤色清亮透明，泛着橙黄的光泽。普洱茶历史悠久，也让普洱市闻名四海，这个边境线长达 460 千米的边境城市，东南与越南、老挝接壤，西南与缅甸毗邻，具有"一市连三国"的特殊地理区位，是云南边境情况最复杂、斗争最尖锐、任务最繁重的地区。

2014 年 8 月，印春荣提任云南省普洱市公安边防支队支队长，维护边防辖区总面积 5757.3 平方千米的安全稳定成为他肩头沉甸甸的责任。在长期高强度的工作重压下，一口热茶，无疑是疲惫身心的最好慰藉。

印春荣喝过的茶不胜枚举，但记忆最深的，还是多年前，千里之外的一场下午茶。

那茶索然无味，但足够惊心动魄。

那是2002年5月6日下午时分，厦门一家五星级酒店三楼的茶座里如平常一样生意清淡，可容纳五十几人的茶座里，只坐了三个客人。

音箱里传出的萨克斯乐曲舒缓悠扬，而在座的三个人看起来却一点都不放松。其中一个彪形大汉，要么面无表情地盯着斜对面的小个子，要么就警觉地扫一眼四周。

座位上的小个子，就是时任云南公安边防总队保山支队副参谋长的印春荣。不过，在这个茶座里，他的角色变成了名叫“三哥”的贩毒集团马仔，与他面对面坐着的是绰号为“黄毛”的台湾籍毒贩。

一个星期前，印春荣和他的战友在云南省保山市截获了一辆运毒车，一名毒贩被保山公安边防支队抓获，同许多小马仔一样，这名毒贩选择了人体藏毒。

突击审查，印春荣很快掌握了马仔的幕后老板正在福建等着接货。万事开头难，审查工作至关重要，说服马仔必须一宿搞定，如果他跟上线失去联系两天、三天，就永远不会有人联系他了，因为这说明他可能

印春荣同志组织官兵训练

出事儿了。

幕后老板外号“黄毛”，在台湾曾有 5 年的特种兵经历，枪不离身，而且身边常年带着一名身手不错的保镖，多年来从未失手。

随着案子的跟进，印春荣发现“黄毛”和广东的一名毒贩还有联系。为了彻底打掉这个特大贩毒团伙，印春荣向上级请示汇报，很快成立专案组，兵分两路，一组到广东，一组由自己带队乔装成送货人前往厦门与“黄毛”见面。

到了厦门以后，印春荣打电话联系上了“黄毛”，约在上岛咖啡屋谈判。

可是在上岛咖啡屋，印春荣并没有见到马仔口中的“黄毛”，来谈的是一个身高 170 厘米左右的男子。

印春荣知道是毒贩在试探自己，这种试探，他已经经历过无数次了，他一边不慌不忙地操着云南普通话与来人进行交谈，一边观察着周围的环境。

陌生的咖啡厅里，印春荣凭直觉判断，还有两个可疑人，一个坐在不远处注视着自己的一举一动，一个站在门口里向外观望。

印春荣心想，这“黄毛”果然老道。不但自己不露面，还安插那么多人盯住自己。

来交谈的人对云南边境的情况十分熟悉，不停地问一些云南边境的问题，面对层层逼问，印春荣步步为营，不慌不忙地介绍着云南边境的情况、自己的“业务”范围和组织“货源”的能力。

正当聊得火热的时候，对方接了一个电话，接完电话之后，和印春荣寒暄了几句，就借故离开了。

印春荣暗叫不好，难不成已经暴露了？但仔细捋了一遍接头的所有细节，并未发现有什么破绽。如果真的暴露，应该也是外围出了问题，可能有同事不小心被盯梢的人发现了。一想案子暴露，失去打掉这个特大贩毒团伙的机会，印春荣就特别沮丧。

令印春荣欣喜的是，广东很快传来消息，广东的毒贩并没有逃跑，案子跟进得很顺利，已经和对方约妥了交货时间。

印春荣悬着的心放了下来，并不是案子暴露了，而是“黄毛”太谨慎，故意考验自己。

初战交手，让印春荣明显感觉到这是比以往都要难啃的一块骨头，“黄毛”的反侦察能力很强，不容易对付。

一天过去，“黄毛”主动打来电话，要求印春荣前往交货。

根据“黄毛”的要求，交易地点选择在厦门一家五星级宾馆的二楼茶室。接到“黄毛”的信息以后，印春荣迅速对宾馆的地形进行勘察研究。

这是一个开放式的茶室，四周非常空旷，站在茶室，可以清楚地看清一楼大厅的情况，负责抓捕行动的人员根本无法隐蔽，也找不到任何的掩护。

“黄毛”心思的缜密让印春荣不敢轻敌，为了不打草惊蛇，印春荣决定撤掉外围保护，只身一人前往茶室与毒贩交涉，再另想办法引“黄毛”到预先设下的包围圈进行抓捕。

专案组都觉得这有些冒险，但眼下并没有更好的办法，只能由赤手空拳的印春荣去单刀赴会。

这一次，印春荣终于见到了“黄毛”本人和他的贴身保镖“胖子”。印春荣仔细打量着眼前的对手。

“黄毛”身高 175 厘米左右，体格偏瘦，却显得很干练，金黄色头发下有一张轮廓分明的面孔，很难想象这个外表英俊的男子，不仅是摸爬滚打样样精通的退役特种兵，还是心狠手辣睡觉枪都不离身的大毒枭。

保镖身高 190 厘米左右，体重应该在 100 千克以上，164 厘米的印春荣明白，如果自己稍有疏忽，马上就会被对方识破，而硬碰硬的话，自己绝对难以招架。

印春荣端起茶杯，喝了一口茶，强迫自己冷静下来，进入到"三哥"的角色中，演得越像，则越安全。

没聊两句,"黄毛"称自己没烟了,印春荣顺手从兜里掏出一盒"555"牌香烟，扔给对方一支，自己慢慢地点上一支。掏烟、点烟、吸烟、吐烟，印春荣这套并不起眼的小动作，一直在"黄毛"冷冰冰的注视下完成。

被这样死死地盯着看了一分多钟，印春荣的心提到了嗓子眼。终于，"黄毛"点上了烟，长长地吸了一口，刚才几乎僵滞的空气重新流动起来。

印春荣明白，刚才"黄毛"是在考验他，看他现在的神情，应该是过关了。

长达半小时的试探，"黄毛"基本上信任了印春荣，将 80 万元打到了印春荣指定的账户上，并将 40 万元现金摆在了印春荣的面前，要求马上交易。

正在分析案情的印春荣

按照专案组预案，这是行动的最佳时机。

但是，印春荣却接到了专案组的消息，广东方面的抓捕时机还没有成熟，交易还没有达成，贸然抓捕"黄毛"，可能会使广东方面失败。这就意味着，印春荣需要和"黄毛"继续拖延时间。

专案组预定方案中，广东为主战场，厦门为第二战场。第二战场要以主战场为主，力争做到广东抓，厦门同时抓，或者广东抓了以后，厦门才能抓。

多年的卧底经验使印春荣明白，与毒贩交谈的时间越长，对自身就越不利，言多必失，特别是面对"黄毛"这种老道的毒贩，稍有疏忽，都会招来致命威胁。

虽然心里焦急万分，但除了拖延下去，印春荣别无他法。

印春荣一边点钱，一边漫不经心地与"黄毛"闲聊，头两个小时，双方还算相谈甚欢，一起为以后的贩毒进行规划。

两个小时过后，"黄毛"立即拿货的要求一直没得到满足，开始变得焦躁起来。

为了稳住他，印春荣拨通了外面战友的手机说道："大哥，老板这边急着想拿货，你赶紧查一下钱到账没有。"

电话另一头说道："拿货没有问题，但是他们的钱还没到账，告诉他，钱一到账马上就发货！"印春荣明白，战友是在通知他，广东方面还没有抓捕，必须想办法稳住"黄毛"。

没拿到货的"黄毛"越来越烦躁，对印春荣开始骂骂咧咧的，几次提出"改日再谈"。

面对"黄毛"的抱怨，印春荣一边赔笑，一边设法稳定他的情绪。对于印春荣来说，这短短的一小时，简直比一个世纪还长。

印春荣调用自己的全部智慧和生活常识，滔滔不绝中继续扮演着马仔“三哥”。不能冷场，但也不能太过热烈，一切谈话的内容都得临场发挥，而且要恰到好处。

艰难支撑了4个小时后，印春荣终于等到外围战友的电话。

“大哥让我们去拿货。”印春荣高兴地对“黄毛”说道。

此时早已等得不耐烦的“黄毛”和他的保镖顾不得多想，起身便跟着印春荣去取货。

“黄毛”没想到的是，他做事那么谨慎，却还是着了印春荣的道，在取货地点，等待他的不是毒品，而是专案组早已设下的包围圈，埋伏在四周的官兵“呼啦”一下冒了出来。

发觉上当的“黄毛”狗急跳墙，正欲拔枪反抗，印春荣一个箭步上前将他掀翻在地，牢牢按住，和战友们一起将“黄毛”和保镖生擒。

此案共缴获海洛因53千克，毒资300多万元，摧毁了一个以台湾人为首，长期经营于广东、云南等地的贩毒集团。

直到进了班房，从未失过手的“黄毛”也没明白，这个黑黑的小个子怎么可能是警方卧底？

二

“黄毛”的疑惑不是没有道理。就是现在看起来，身着便装的印春荣和常人眼中高大威猛的边防警察形象相去甚远，不足一米七的小个头，身体微微发福，黝黑的皮肤，精干的寸头，不露声色，表情严肃，眼神却十分犀利，这种形象让人难免对他敬而远之。

就着深夜的普洱茶香，印春荣的思绪被回忆追赶着，“黄毛”的这一战，时隔多年，回忆起来依旧让他有些兴奋。他坐直身板，放开紧抱的双手，凌厉的眼神也开始轻松起来，有了一丝笑意。

茶杯就在面前，汤色正好，印春荣浅浅饮了一口。

什么样的人才能够做卧底？其实并没有统一标准，但假如你长得像个文质彬彬的博士，却和毒贩说是来自云南边境的马仔，估计这戏难演。假如你长得高大威猛，容易让毒贩产生危机感，也不利于行动。

长得不那么像边防警察的印春荣，在缉毒战线上，成功将这种“不像”用到极致，比如第一次主动请缨，参与缉毒侦查。

那是 1998 年 10 月，时任保山边防支队龙陵大队军医的印春荣意外得到一个线索，有毒贩要转手一批毒品。印春荣激动地找到龙陵大队大队长，汇报了这一线索。

和往常不同，印春荣发现大队长除了欣喜外，还有些忧虑，一问才知道，大队里的侦察员都出去跟案子了，根本抽不出人手料理这个线索。

“不如让我去吧！”印春荣鬼使神差地对大队长如此说道。

大队长看了看印春荣，心里有些怀疑，这个其貌不扬的小个子医生能行吗？他没有参加过缉毒战斗，更没有经历过化装侦察，那可是玩命的事，开不得玩笑。何况他也不属于侦查部门和情报部门，没必要以身犯险。

侦查是一门系统而专业的学科，要掌握法学、侦查学等各种知识，身体素材也是考核一大标准，擒拿格斗、警用武器都得精通。

看到大队长还在犹豫，印春荣再次说：“我觉得我能行的。”

“我首先是个军人，其次才是个医生，你们能上战场，我也能上！”印春荣恳切说。

印春荣的坚持，打动了大队长，同意让他乔装打扮，扮演一个买货的老板与毒贩联系。

在大队长的指点下，印春荣拨通了毒贩的电话。

在电话里，印春荣说明了自己的目的，可是毒贩对毒品却闭口不谈，只是闲聊一些不着边际的问题。

印春荣知道毒贩是在试探自己，所以不动声色地与毒贩东拉西扯。

一通电话以后，大队长改变了对印春荣的看法，他虽然没有经验，但是说话的方式、语气都拿捏得很准，没有什么漏洞，表现得还算可圈可点。

令印春荣没有想到的是，自从通过话以后，毒贩却迟迟没有再联系他。这令他有些失落，难道第一次缉毒就这样泡汤了？

由于是第一次参加缉毒任务，印春荣太想把它做好了，但毒贩的杳无音信，让印春荣寝食难安，他无数遍设想交货场景，想像着怎样才能把任务顺利完成。

一个星期以后，印春荣终于接到毒贩的电话。他压制住激动的心情，在电话中与毒贩耐心交谈，尽管毒贩依然没有谈什么时候交货，但再次连上的线，让印春荣依旧很兴奋。

一来二去，几次电话后，毒贩终于信任了印春荣，同意去龙陵宾馆交货。

交货当天，印春荣早早候在宾馆等着毒贩的到来。即使他已经不止百遍地告诉自己不能紧张。但一见到毒贩，印春荣的心还是一下子提到了嗓子眼，那是他第一次真正近距离接触毒贩，他既紧张又激动。

毒贩来了两个人，身高都在175厘米左右，比印春荣明显要高出一个头，光从体型来看，真动起手来，印春荣肯定吃亏。

印春荣努力克制自己的情绪，一遍一遍地告诉自己，放轻松，不能紧张。看到两名毒贩手里空空，并没有要交易的毒品。

印春荣一声怒喝：“不是说好在宾馆交易吗？你们到底有没有诚意？”

这凭空而来的呵斥，反而给印春荣缓解了无形中的紧张，他的神情一下子从军医官转换到了贩毒老板，表现出了被怠慢的愤怒。

一名毒贩赶紧圆场说："大哥，不急，不急 ，我们先去吃饭，其他的再谈。"

印春荣明白，毒贩肯定不会轻易相信自己，改变交货地点，是毒贩常用的办法。

出了宾馆大门，一名毒贩骑过来一辆摩托车，让印春荣坐到中间，就这样，印春荣被两名毒贩前后夹击去找饭馆。印春荣当时心想，自己要是暴露，后面的人随时可以用刀子从背后插入自己的心脏。

印春荣更担心的是，外围的战友有没有看到他出来，能否及时跟上，如果外围跟不上，到了新的交货地点，他该怎么办？难道赤手空拳和两毒贩肉搏吗？

各种想法像突然爆发的山洪，在印春荣紧张思绪的空白河床上驰骋、奔腾、肆意翻滚。无论山洪怎样肆虐，印春荣潜意识的堤坝却牢不可破。

突然，摩托车一个刹车停了下来。印春荣一看，原来刚经过交通岗

印春荣同志为官兵上禁毒课

亭时，骑车的毒贩不小心闯了红灯，被一名交警给拦了下来。

心里有鬼，骑车的毒贩掉转车头想逃跑，眼看任务即将“流产”，印春荣赶紧制止骑车的毒贩，下车向交警迎面走去。

那位交警看印春荣有些眼熟，刚想说话，印春荣灵机一动，先开口说道：“老哥，我们是从山里来的，头一次进城，啥规矩都不懂，放我们一马吧！”随手塞给交警一盒烟，并使了个眼色。

交警明白其中必有内情，说了句“下次注意”，便挥手放行。

意外为毒贩成功化解“险情”，竟然争取到毒贩的进一步信任，相互间交流也更加轻松了。两名毒贩选择了一家餐馆停了下来。

饭馆很小，一桌吃饭的客人都没有，毒贩在一个角落坐了下来。印春荣仔细观察着饭馆的环境，发现毒贩选择的位置恰好是监控的死角，外面根本看不到里面的情况。

另外这餐馆怎么一个吃饭的人都没有，老板和毒贩难道是同伙？要是这样的话，一有什么状况，毒贩把门一关，自己想脱身就难了。

正在学习的印春荣

印春荣脑子飞快地旋转着，一边要应付毒贩提出的问题，一边要想着下一步该怎么做。

吃饭间，毒贩问起印春荣毒品的销路，印春荣没有这方面的经验，知道言多必失，随机应变说："老弟，你心也太黑了吧，有钱大家赚，我告诉你，我岂不是丢了饭碗？"

经过三番五次的试探后，毒贩终于进入了正题。在协商好价格以后，一名毒贩从小饭馆门后提出了一包东西摆到了印春荣面前。

印春荣打开一看，里面装满了毒品。

这是抓捕的最佳时机了，印春荣心想。可是外围迟迟不见动静，为拖延时间便于抓捕，他以验货为借口，与毒贩进行周旋。

左等右等，外围依旧没有动静，印春荣心想，难不成外围跟丢了？

印春荣一边验货，一边观察毒贩的一举一动，寻找最佳下手时机，趁毒贩不备，他抄起了一个玻璃杯，使劲砸向一名毒贩的脑袋，那名毒贩应声倒地，鲜血顿时喷涌而出。

另外一名毒贩见状，瞬间急红了眼，掏出刀子就向印春荣捅去。印春荣侧身一闪，猛地撞向这个比自己高出一头的家伙。

就在这危急的时刻，外围设伏的侦查员冲了进来，一举将两名毒贩擒住，当场缴获海洛因 9.85 公斤。

印春荣事后才知道，外围迟迟没有冲进来的原因是看不到里面的情况，因为毒贩进入饭馆的时候没有携带毒品，贸然的行动，恐怕打草惊蛇。后来听到里面的打斗声音，才冲了进去。

初战告捷，印春荣的表现让所有人刮目相看，这次的经历让印春荣初次品尝到了胜利的果实，也为他成为一名缉毒警察奠定了基础。

如果不是因为这个案子，今天的印春荣很可能还穿着白大褂，拿着手术刀，站在无影灯下。

三

经过三四次冲泡，茶的劲儿明显大了许多。印春荣的思绪却停了下来，几次放下茶杯，又重新端了起来。

谁都知道，缉毒这条路上荆棘密布。

因为首次缉毒任务的圆满完成，1999 年 1 月 4 日，印春荣被借调到保山支队情报科工作。

他还来不及享受新岗位的喜悦，新的压力扑面而来。半路出家的印春荣，以前所学的理论与现实需求相差太远。最简单的讯问笔录和侦破报告他都要从头学起。

印春荣感觉所有人的目光都在盯着自己，所有人都在看他这个半路出家的人到底行不行。他不断勉励自己："天下无难事，只怕有心人，没有不行，只有不敢，只要自己比别人努力一点，一定能把事情做好。"

印春荣心里清楚要想成为一名合格的侦查员，除了要忠于职守，掌握有关办案程序，还必须有一套过硬的本领。他认真钻研专业书籍、阅读大量的卷宗、细心揣摩毒贩心理、分析贩毒的规律和特点，虚心向其他战友学习，努力掌握与毒贩周旋的技巧，不断提高办案能力。

印春荣要求自己不但要学，还要学精。他的情报线索来源渠道比较窄，没有线人，只能自己不断地去跑，不断去获取信息。"功夫不负有心人"，在缉毒这条道路上，印春荣从一个"新手"慢慢成熟起来。

1999 年 3 月，印春荣被任命为情报科副科长，正式脱离军医行业，成为一名真正的缉毒警察。

被委以重任，应该是值得欣喜的，但印春荣担心自己难以胜任。毕竟在缉毒这条路上，自己走的时间还太短，3 个月的时间，理论上自己还是个新兵，现在要承担这么大的责任，印春荣显得有些惶恐。

“带好队伍比起做好自己难多了。”印春荣说。他认为自己还是个新兵，而且别人也是这样认为的，所以很多战友对他不是很服气。

印春荣急切地想证明自己，可是时运不济。1998 年，保山边防支队的毒品查缉量和办案数量都达到了一个顶峰。到了 1999 年，支队的毒品查缉数量进入了一个低谷，与 1998 年的顶峰形成了鲜明的对比。

私底下，大家都在议论，以前的情报科长在的时候，经常有群众来提供情报，印春荣当情报科长以后就少了。这时候大家开始质疑，是不是印春荣这个情报科长不称职。

每每听到这些言语，印春荣心里都很不是滋味，但对于直线下滑的成绩，印春荣也是有心无力，无法施展拳脚。大家认定他这个半路出家的人能力有限。

印春荣感觉自己被压得喘不过气，他不停地质问自己，为什么别人能做到，自己却做不到？

这时候，争论没有任何的意义，印春荣只能坚持自己一贯的做法，

印春荣同志组织召开案情分析会

印春荣向当地群众了解情况

在没有办法改变的时候，选择做好自己。他不停地在自己身上找原因，是不是像战友说的那样，自己能力确实有问题，对于自身暴露出来的缺陷，他没有去埋怨别人的不理解，没有去争论，而是选择收起自己的委屈，拼命做出个样子。

期间，印春荣针对贩毒活动出现的新情况、新问题进行研究，不断总结经验，制定了多套工作策略和措施，对打击毒品犯罪起到了较好的促进作用。

经过了 1999 年一年的补课与积累，印春荣快速成长了起来，从缉毒战线上一个初出茅庐的"新兵"，变成了一个专家。

到了 2000 年，机会来了，公安边防部队被依法赋予了办理贩毒等"三类六种案件"的权力。

这对于印春荣来说真是个天大的好消息，他终于可以施展拳脚。在缉毒战场上大显身手，打团伙，摧网络，缴毒资，逢战必胜，有案必破。这时候，人们终于认可了印春荣，向他投来赞赏与信任的目光。

小时候，印春荣的母亲时常告诫他“不一定要争第一，但不要落人于后”，母亲朴实的话语，让印春荣从小养成了一种不服输的性格，也正是这种性格，让他在面对困难的时候能够迎难而上，化压力为动力。

四

印春荣一仰头，将杯中茶一饮而尽。

他的眼中，只有坚定。

不怕干扰，无视麻烦，优秀的将领总能直奔目标。就像旁人每次提到案件以外的事情，印春荣却总是三句话不离案件，很快将话题又转回到案件上。

谈起自己的童年，印春荣总是想一言带过，觉得没多大意思。作为家中的老二，他成长得中规中矩，没给父母招惹大的麻烦，也没有带来异于常人的荣耀。

但是，回头一看，很多时间，命运不是你想选择就可以选择的，它其实早已注定。

1964 年 7 月，印春荣出生在滇西边城瑞丽，瑞丽群山环抱，绿水青山，本是一座美丽静谧的小城，可是因为与毒品泛滥的“金三角”毗邻，瑞丽成了既是阻击境外毒品内流渗透的西南门户，也是深受毒品侵害的地区。

生活在边境的印春荣对毒品并不陌生，自打记事起，就看到过一些老人吸食大烟，那时候的他对毒品的危害并不了解。直到读中学的时候，他才真正意识到了毒品的可怕。

有一天晚上，印春荣像往常一样上完自习回家，在经过一条小巷时，被什么东西绊了一个踉跄。他用手电一照，吓得面目失色，他看到一个已经死去的男人，那男人手里还握着一支没有注射完的针管！

那是印春荣第一次直面毒品所带来的死亡，那晚触目惊心的一幕长久地盘旋在印春荣的脑海，挥之不去，让年少的他很长一段时间都无法走出恐惧的阴影。每次看到毒品，他脑海里都会浮现那个男人的样子。

从那以后，印春荣对毒品有了新的认识，也越来越了解毒品的危害。

青年时期，印春荣所能目睹的悲剧，几乎都和毒品有关。家乡的孩子们还很小时，一些父母想办法把他们送往内地亲戚家，目的只有一个：让孩子远离家乡，以免他们长大后沾上毒品。

有位与他从小一起长大的伙伴，一双大大的眼睛，目光纯净，志向高远，从小学到中学，一直是班里的文艺骨干，歌唱得好，弹得一手好吉他。中学毕业就找到让同学们羡慕的工作。但后来由于沾上了毒品，曾经神采奕奕的双眼变得呆滞、无神，整个人就像着了魔一样，为了买毒品，把家里所有值钱的东西都卖光了，最后不仅将10岁的儿子带到境外卖掉，而自己也成了暴死异国他乡的孤魂野鬼。

他的一位中学舍友，毕业后生意做得不错，还盖起了小楼，日子过得红红火火。没想到，印春荣再次见到这个同学时，竟是在电视直播的一群因贩毒被宣判的死刑犯中。

他的一个远房亲戚原本是村主任、县政协委员，带领村民修公路、架电线、引自来水，带头发家致富，曾是家族的骄傲，却逃不过毒品的魔掌，因贩毒被判刑，在铁窗下度过余生。

只要沾染上毒品的人，就像被人松开手的氢气球，看似扶摇直上，但所有人都知道，“嘭”的一声炸响只是时间问题。

很多吸毒者，特别是青少年，刚开始都觉得吸毒只是一场游戏，一种很酷炫的行为，结果一吸就变成没有方向的水流，再也回不到人生的正轨。

“是毒品，就这样把一个个好端端的人变成了魔鬼。”当谈起这些往事的时候，印春荣既惋惜，又愤怒。太多的人间悲剧让印春荣痛心疾首、疾毒如仇。目睹着这一幕幕惨不忍睹的现实，印春荣的心在滴血。

1982 年，印春荣高中毕业，他放弃了父母给他安排好的工作，毅然报名参军，成为一名光荣的公安边防战士。

也许，正是少年时期触目惊心的一幕幕，让印春荣的缉毒之路走得如此坚定。也正是曾经的痛彻心扉，令这个貌不惊人的小个子，成长为一名缉毒神探，进而成为一枚镌刻在共和国缉毒史册上的印章。

当然，并不是所有的事情都会一帆风顺。

从军以后，现实与理想变得南辕北辙。新兵结束，他没能实现上缉毒战场的梦想，而是被选拔当上了卫生员，命运的安排多少让他有些失落。

就这样，印春荣开始了自己的从医之路，但令他没想到的是，这条路他走了 16 年。

印春荣在边境一线调研

16年的军医生涯里，印春荣从未忘却过自己的初心，每每看到吸毒者家破人亡、缉毒警察受伤牺牲时，他都心痛不已，暗暗发誓要与毒贩势不两立，终有一天要走向缉毒的战场，将他们绳之以法。

有了这个信念，在做好医生本职工作时，印春荣都会静下心来研究禁毒形势，看到毒品案件，都会忍不住凑上去看一看。想到和毒贩打交道就是一场心理战，于是他又苦心钻研心理学，从犯罪、大众、社会、青年等心理学到心理读心术，他都不断地去探索研究。

在行医的过程中，他还不断地积累自己的人脉，交往了不少地方各行各业的人，为以后发展线人打下广阔的人脉基础。

总有同事嘲笑印春荣说：“你这就是自我憋屈，好好的日子不会享受，整天折腾着什么，缉毒有缉毒警，你整天操那份闲心干嘛！”

遇到这种情况，印春荣总是笑笑回答道：“反正闲着也是闲着，做点事觉得充实一些。”

由于对毒品的敏感性，从医期间，他就为支队情报部门提供了不少

印春荣带领部队返回单位

的线索。有时候看到毒贩被绳之以法，虽然自己不能参与，但在印春荣心里也有一丝安慰。

多年的坚持培养了印春荣敏锐的观察能力，使他在从医 16 年之后，一战成名，显露出一名优秀缉毒侦查员过硬的素质和本领，最终圆了缉毒梦。

当人们把印春荣的成功归为一种偶然或者运气时，印春荣从未解释，因为只有他自己知道这么多年经历了什么。

其实，缉毒行动很像外科手术，行动必须迅速而准确，直达要害，不容丝毫差错。

五

印春荣举起茶杯，眯起眼睛，盯着那看似清澈汤色中不易觉察的细丝搅动，那微小的波纹，极有可能掀起惊天骇浪。

与毒贩打交道不仅仅是勇气的较量，更是智慧的比拼，现实不像电影中那样可以展示丰富的内心世界，在生死一线，靠的是机敏、冷静和沉着。

错综复杂而又相互交织的案件，印春荣难免会记混淆。但只要提到案件代码：3·05、4·08、5·06、6·16、7·15、8·12、9·12、10·15、11·20……印春荣的记忆马上复活，时间、地点、人物像电影一样在他眼前铺展开来。

这些数字中，印春荣记忆最深刻的要数“11·20”特大贩毒案。

2003 年 11 月 20 日，印春荣接到报告：保山市曼海公安边境检查站从一辆桑塔纳轿车轮胎钢板夹层里查获海洛因 5.964 公斤。当时，办案人员都认为毒贩已经暴露，幕后指使人可能跑了，线索已断，没有延伸侦办的必要。

就在办案人员决定放弃案件延伸时，印春荣却仔细地观察带“货”的毒贩，发现他不时地抬头看预审员。凭多年的经验，印春荣判断此人可以突破，于是主动接近他，和他闲聊了起来。

在交谈中，印春荣得知这名毒贩原本是一名1968年下乡的昆明知青，父亲还是一位老红军。知青返城后，他去缅甸待了很长时间，走上了贩毒之路。

印春荣漫无边际地与毒贩聊着，和他讲了自己对知青的情感，这份感情当然不全是表演。印春荣在农场出生，农场里确实有很多下乡知青。

这份真情实感，使毒贩放松了警惕，心理防线被一点点撕开。毒贩对印春荣交代了他背后还有一个昆明的老板，但对于这个昆明老板他一无所知，只知道一个电话号码，而且从来都是老板主动联系自己，平时这个号码都处于关机状态。

一个无法联络上的电话号码到底有多少可信度，这让办案人员犯难了，无法判断毒贩说的是真话还是假话。

印春荣明白，在案件没有延伸之前，你永远搞不懂毒贩说的是真话还是假话，只能假设相信，然后不断去验证，哪怕只有百分之一的希望，也要尽百分之百的努力。

于是就凭这半信半疑的线索，印春荣和专案组人员赶往昆明。从保山到昆明有七八个小时的路程，在这期间，印春荣不断地和毒贩闲聊，不停地试探他，试图得到更多的线索。

同行的侦查员不理解，一路上印春荣对毒贩可谓是关怀备至，小到喝水、吃饭、睡觉，他都关心到位。一向嫉恶如仇的印春荣，怎么突然变得“温柔”起来？

“人性要讲，但底线不能忘！”印春荣说。

印春荣一直认为，毒贩首先是人，也是有尊严的，对于他们，你得先把执法者和犯罪嫌疑人的对立面解除，给予他充分的人文关怀，他才可能跟你讲一些实话。

但必须时刻谨记，他们始终是犯罪嫌疑人，只要有一线希望，他们都有可能选择逃跑，你得打起十二分精神警惕着，防止他们逃跑、自残，甚至自杀。

印春荣的付出没有白费，快到昆明时，毒贩终于讲了实话，即将接头的这个老板，他们不仅早就认识，也早已约定了交货地点，就在昆明的一个停车场内。

这一突破让专案组看到转机，案件由被动变为主动。抓捕工作进展非常顺利，在约定的停车场内，老板被瓮中捉鳖。

按照常理，该案可以说已经告一段落。但印春荣没有松懈，乘胜追击，连夜对这名老板进行突击审讯。据这名老板交代，他的毒品是卖给贵州的毒贩韩某，而“大老板”是在广东的台湾人陈某，绰号“耗子”。

消息让印春荣兴奋异常，他连夜对案情进行研究，制订抓捕贵州韩某和广东“耗子”的计划。

抓捕方案一定，印春荣来不及等到天亮，便立即带人前往贵阳，对韩某实施抓捕。

在贵阳抓获韩某以后，印春荣又马不停蹄地押着 2 名毒贩赶赴广东与“耗子”进行周旋。

之后的 19 天，印春荣与两名毒贩同吃同住，先后开车辗转于昆明、贵阳、广州、东莞、深圳等 3 省 7 市，与“耗子”苦苦较量。

一路上，毒贩困了可以睡、饿了就能吃。面对着时刻想着逃跑、自杀、自残、拼命的2名毒贩，印春荣却丝毫不敢懈怠，时刻保持高度的警惕，因为任何的疏忽都是致命的。

为了不让自己睡，他尝尽一切可以尝试的方法，掐大腿、吃辣椒、吃酸瓜，有时候害怕自己睡着，就点一根烟，夹在手指之间，一根烟烧完的时间大概是3分钟，当烟烧到手指，也就醒了。

回忆暂时中断，印春荣抬起右手，伸开手指，扫了一眼指尖焦黄的伤疤，那是长年累月烟熏的印记。

印春荣手指间的伤疤，让人看得心疼，看着它，你仿佛读到当时有多么的艰难，它们都是英雄的徽章。

到达广东以后，印春荣又扮成韩某的“小弟”，与2名毒贩一起去见“耗子”。可对手非常狡猾，不断变换交货地点。

经过反复较量，狡猾的“耗子”还是上钩了，带着140万现金到达约定地点进行交易。当“耗子”出现在交易地点时，印春荣和战友一举将“耗子”等3名毒贩抓获。

印春荣同志到执勤现场检查官兵执勤情况

由于“耗子”身上没有携带毒品，抓获以后，他拒不承认自己贩毒的事实，声称自己是正规的商人。

毒品案件没有第一现场，所以要求人赃俱获，这常常给侦查人员带来难题。抓到“耗子”只是第一步，难的是如何收集证据定他的罪，虽然印春荣已经掌握了一些证据，但是还需要更多的证据来把案件坐实。

为了收集证据，印春荣带着专案组，押着“耗子”前往深圳，准备对他家进行搜查。

到达深圳，一路沉默的“耗子”主动和印春荣交流起来，说他有一个 2 岁的孩子，他不希望让孩子看到自己现在的样子。当时印春荣考虑到“耗子”家住的楼层较高，为了稳住他的心态，防止他跳楼自杀，便同意了他的请求。

在对其进行相应的控制措施以后，印春荣去掉了“耗子”手上的手铐，为的是在孩子面前，保住一个父亲最后的尊严。

在“耗子”家中，印春荣见到了“耗子”的女儿。孩子很可爱，聪明机灵，见到“耗子”一下扑上去，甜甜地叫着“爸爸”。

这平常人家最为温情的一幕，让同样作为父亲的印春荣，对眼前的孩子不觉同情起来。而眼前一言不发的“耗子”把印春荣拉回现实，他的贪婪，早已注定不能给孩子一个圆满的家庭。

印春荣审讯有各种丰富社会经验的毒贩，常常一招“以弱制强，以退为进”就可以给对方埋下伏兵。但碰到“耗子”这种一言不发，保持沉默的犯罪嫌疑人，往往需要更多的智慧和耐心。

不说话，你就无法找到他的破绽。

侦查员在“耗子”家翻了个遍，也没有找到有价值的线索。

细心的印春荣发现对方的眼神有意无意扫了一下电视机。印春荣直觉断定，电视机后面肯定有文章，他在电视机后面顺手一摸，摸到了大半块毒品，大约有 100 克左右。

藏匿的毒品从家中搜出，“耗子”终于沉不住气了。他对印春荣说，有重要线索要单独和印春荣谈谈。

印春荣当然不会错失任何线索，便答应了“耗子”的请求。

“耗子”告诉印春荣，在房间的衣柜里有一张银行卡，卡里有 485 万，只要放过他，就把密码告诉印春荣。

一向视钱如命，坚信有钱能使鬼推磨的毒贩，以为印春荣这个一月领几千块工资的边防警察，面对 485 万元这笔很多人一辈子都挣不到的巨款，一定会答应他的请求。

令“耗子”意外的是，印春荣只是简单地回答了三个字：“不可能！”

这简单的三个字，彻底击碎了“耗子”用钱买命的幻想，在印春荣政策攻心下，对自己的罪行和盘托出，主动交代了自己地下车库的车上还藏着 200 多千克冰毒。

一个不起眼的小案，印春荣靠多年缉毒的经验智慧和咬定青山不放松的坚持，顺藤摸瓜使它变成了一个大案要案，共缴获海洛因 5.964 千克、冰毒 225.9 千克、毒资 695 万元人民币、运毒轿车 4 辆，抓获犯罪嫌疑人 10 名，打掉了一个长期隐藏在深圳、对社会危害巨大的冰毒加工厂，斩断了一个横跨云南、贵州、广东、台湾等地，经营多年的贩毒网络。

动辄数以百万、千万计的毒资，对于拿工资的印春荣来说，无疑是个巨大的数目，但是他从来都没动过心。多年的缉毒生涯中，他无数次周旋于毒贩大款之间，常常手提几百万元与毒贩“交易”，直接经他手缴获的毒资也达数千万元，而他却丝毫不为所动。

印春荣明白，拒绝诱惑是一名缉毒警最基本的素质，与毒贩斗智斗勇的同时，更需要保持一个干净的灵魂，贫穷而正直，胜过富贵而诡诈。

六

印春荣捧起茶杯，普洱茶正缓缓沉淀，热气却在升腾，他鼻翼微张，深深地吸了一口茶香。

直沁心脾，回味悠长。

2008年3月，印春荣在保山抓获一名绰号"菲老"的湖南籍毒贩，据"菲老"交代，他准备把毒品运到广东去卖给一个潮汕人。

对案情进行研究以后，专案组决定去广东延伸办案，抓捕那名潮汕籍的毒贩。当时让"菲老"在专案组六个人中挑选，看谁最像他的马仔，"菲老"第一个就选中了印春荣。

早在2004年，印春荣已当选为第十五届"中国十大杰出青年"。至2008年，他共参与和指挥侦破的贩毒案件2834起（其中万克以上大案48起），缴获毒品4.07吨，毒资近3000万元，运毒车311辆，抓获犯罪嫌疑人3846名。先后荣立一等功1次，二等功2次，三等功4次，

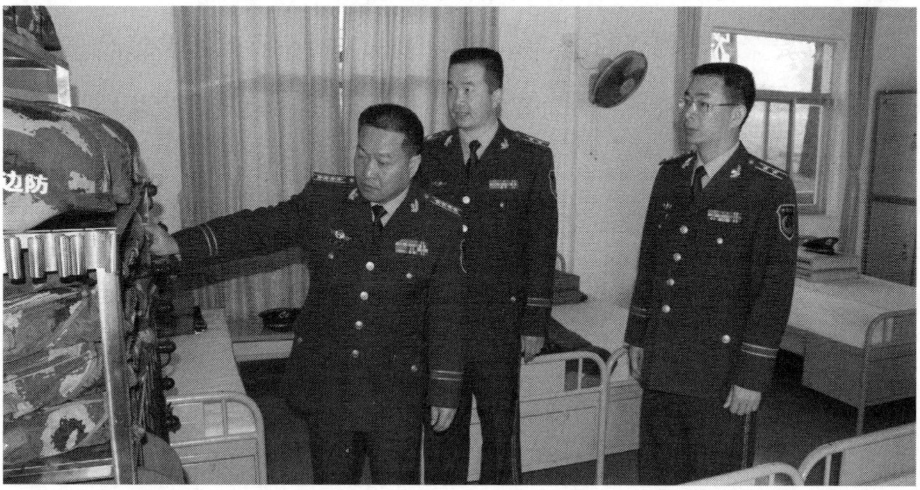

印春荣同志到官兵宿舍检查

创下平均每 3 天破获 1 起贩毒案件、查获毒品 1 千克的缉毒神话。

作为缉毒战场上的一面旗帜，全国重点宣传过的禁毒标兵，很容易被毒贩认出来，专案组觉得，他并不适合再去做卧底工作，这样太过冒险，不值得。

印春荣坚决地说道："在特定条件下，没有人会留意我，更不会想到我就是电视画面中的人。"

专案组的人拧不过印春荣，只得让他带着另外一名侦查员乔装成"菲老"的马仔，到广东延伸办案。

到达广东以后，"菲老"几次打电话联系那潮汕人，他都不来接货，要求一定要去他家里交货。他家住在 11 楼，去家里交易难度特别大，因为环境是无法预知的，抓捕起来十分困难。

正当专案组犯难的时候，"菲老"让大家不用担心，称这名潮汕毒贩常年在家吸毒，基本不出来，身材瘦瘦小小的，抓他易如反掌。

此话真假难辨，但那潮汕人坚持不出来见面，一时让办案人员举棋不定。这时印春荣一咬牙，说："赌一把。"他当然知道，这是拿命在赌，这样的赌注，他已经下过无数次了，庆幸的是他每次都赢了。

但印春荣没有想到的是，这一次，比以往任何一次都要惊险。

当印春荣和侦查员在"菲老"的带领下，去到潮汕人家里时，着实把印春荣吓了一跳。

家里的情况并非像"菲老"所说的那样，只有一个瘦弱的吸毒犯，屋里大大小小一共 7 个人，有 4 个大人，3 个小孩，小孩大的大概有十几岁，最小的也有六七岁。加上一个随时会反水的"菲老"，人数对比实在是太悬殊了，硬打起来，印春荣的胜算很小。

进家后，印春荣终于明白潮汕人为什么一定要在家里交易，他家安装了三道门，形成了一夫当关万夫莫开的态势。外围的战友要破门而入绝非易事，或许等战友破开这三道门的时候，印春荣和另外一名侦查员早就遭遇不测了。

当毒贩把门一层层关上时，印春荣知道已经没有了退路。这时候，硬着头皮也要上，想要寻求外围的帮助是不可能的了，只能靠自己，伺机而动。

印春荣和侦查员把“菲老”夹在中间，并排坐在客厅的沙发上，与毒贩进行交谈。

更令印春荣不安的是，屋里几个毒贩之间的交流用的全部是潮汕话，他和另一个侦查员一句都听不懂。这时候，要是“菲老”反水，把他们卖了，后果不堪设想。

虽然心里在打鼓，但表面上印春荣还是不动声色地与毒贩周旋着，听不懂对方的话，印春荣只得通过仔细留意毒贩的表情、动作来判断自己是否暴露。

哪怕只是回忆，也能感受到当时紧张的气氛，印春荣比画着当时房间的布局，同样是沙发，他真切体会到了什么叫如坐针毡。

在危急时刻，人是很难有时间去考虑生死的，脑子高速运转起来，目标只有一个，演好这场戏，越真越好，演得越真就越安全，越有可能完成任务，只要有一点疏忽，就可能被对方识破，功亏一篑。

庆幸的是，“菲老”也听不懂毒贩的潮汕话。

谈话漫长而琐碎，几个小时过后，毒贩突然拿出几个饼，邀请印春荣三人吃，说是老家的特产。

印春荣完全猜不透，这是毒贩信任自己后的盛情款待，还是在试探自己，或者是行动已经暴露，毒贩用这饼来毒杀自己和战友，一切都是未知数。

为了不引起毒贩的怀疑，印春荣只得一边道谢，一边硬着头皮吃，尽管印春荣早已饿得前胸贴后背，但依然味同嚼蜡，完全忘记了饼的味道。

或许是印春荣的率性让毒贩解除了警惕，在吃过饼之后，毒贩便提出了交易。

印春荣把事先准备好的毒品交给了毒贩，让毒贩验，验完无误以后，两名毒贩便拿着毒品准备走。

趁毒贩转身之际，印春荣和战友一跃而起，用手死死勒住毒贩的喉咙，顺势拔出枪指着另外两名毒贩。

或许是印春荣前面的表演太真，在被擒住之后，毒贩还以为印春荣两人想黑吃黑，恳求道：“大哥，大哥，别这样，有钱，有钱，我的钱在里面，马上拿给你。”

“菲老”也没有想到印春荣两人竟然在实力悬殊那么大的情况下贸然行动，一时惊呆了，愣在原地一动不动。

由于腾不开手去开门，印春荣只得对“菲老”吼道：“愣着干什么，快去开门！”

看着印春荣杀气腾腾的眼神，“菲老”不敢怠慢，只得乖乖跑去把门打开。

门一开，早已埋伏在门外的战友一拥而入，4 名毒贩全部缉拿归案。

很多人习惯问印春荣遇到这样的险境到底怕不怕。印春荣说：“后怕肯定是有的，但实际上，现场连害怕都来不及想，因为害怕也退不出来，最好考虑如何解决眼前的问题。”

在禁毒战场上，永远没有预先设定的剧本。事先拿出一万套预案，可能行动时一套也用不上。总有一些突如其来的情况，让人毫无防备，没有事先准备的台词，靠的只能是随机应变。

七

夜色渐浓，印春荣将茶一饮而尽，将茶杯重重砸在茶桌上，茶壶中正在翻滚的开水被震得摇晃起来。

同毒贩作斗争，随时都有流血牺牲的可能，很多时候，明知道有危险也要上，每次行动都有一只脚是踩在生死线上。

那一刻，必须做自己命运的导演。

2002 年 7 月 23 日，保山公安边防支队获取一条毒品线索，一辆载有毒品的东风牌货车正行驶在前往昆明的途中。印春荣随即带领专案组迅速赶到该车将要通过的路段设伏。当嫌疑车辆进入专案组视线时，印春荣手举停车牌示意该车停车检查。嫌疑车辆驾驶员不但不停反而加大油门直冲过来。印春荣疾身闪过，随即一个箭步跃上了驾驶室门外的踏板，驾驶员见状拼命扳他的手企图将其推下车。印春荣立即拔出手枪，严厉警告驾驶员停车接受检查，迫使驾驶员将车停下，专案组立即将其抓捕，当场从该车运载的木板下查获海洛因 11.5 千克，抓获犯罪嫌疑人 3 名。

2003 年 7 月 16 日，印春荣带领专案组在德宏州潞西市遮放收费站对一辆运有毒品的吉普车实施堵截。

眼看罪行暴露，毒贩竟然疯狂驾车冲卡逃窜。说时迟，那时快，站在收费站站台的印春荣顾不得多想，一下冲了上去，一手死死抓住车门，一手与毒贩争夺方向盘，厉声喝道："站住，你跑不掉的！"

印春荣的双脚被吉普车拖在地上，鞋子、裤子都磨烂了，鲜血直流，车内毒贩猛击他的面部，他忍着剧痛就是不松手。

被拖出几十米后，吉普车"砰"的一声巨响，撞上一棵树后翻下山坡。战友赶去支援时，看到印春荣还紧紧地抱着毒贩，头、肩、背、腿都伤得血肉模糊。

看到毒贩车内缴获的 62 千克海洛因，印春荣顾不得身上的伤痛，迅速对毒贩进行讯问。

禁毒是一场你死我活的斗争，每个毒贩都不会坐以待毙，在面临被抓捕时，他们时刻都在选择机会，准备给你致命一击。印春荣一直觉得自己是幸运的，至少还活着，而他的许多战友，已经为禁毒事业献出了宝贵的生命。

2016 年 3 月，普洱公安边防支队侦查队队长杨军刚在缉毒任务中壮烈牺牲后，爱兵如子的印春荣流下了伤心的眼泪。杨军刚是他一手培养起来的优秀侦察队队长，杨军刚的牺牲，让印春荣犹如万箭穿心般难受。

但不论多么悲痛，都要擦干眼泪继续战斗。印春荣亲自带队日夜奋战 30 多天，终将毒贩缉拿归案。

八

窗外华灯初上，璀璨夺目。

印春荣抿了一小口茶，坐直了身体。稍微变换了一下姿势，让他感到舒服了许多。

由于岗位的调整，印春荣放下了缉毒的冲锋枪，拿起了指挥棒转向了幕后指挥。他并没有感觉到轻松，反而更觉得责任重大，如何带领队伍打胜仗，成了印春荣的新挑战。

2011 年 3 月 30 日，印春荣到畹町边防检查站任政委 15 天之后，就带领情报侦查科查获毒品 7 千克。据毒贩交代，毒品将卖给芒市的一个景颇族人。

专案组在芒市顺利地抓获了那名景颇族毒贩。

经审讯，发现他与龙陵的一名毒贩还有联系。专案组又带着毒贩继续赶到龙陵。由于时间仓促，专案组在龙陵没逮着毒贩，毒品也不知去向。

突发状况让印春荣心急如焚，他连夜从畹町赶到龙陵，一路都在想如何补救。

印春荣没指责任何人，亲自带领专案组查看现场，寻找线索。遗憾的是并没有找到什么有价值的线索，对方是什么人、驾驶的车牌号是多少都不知道，要想找出毒贩，简直像大海捞针一样困难。

但越是困难的时候，就越能激起印春荣的战斗欲望，他一边派人封锁了交通要道，一边调看所有卡口的监控录像。

功夫不负有心人，经过仔细排查，终于在进入龙陵加油站的一个卡口的视频中，发现一辆可疑车辆，并根据车辆信息排查出四个可疑人员。

在印春荣的亲自指挥下，从对毒贩一无所知，到锁定可疑人员，只用了短短 2 个小时。专案组提在嗓子的心落了下来，心里由衷佩服：姜还是老的辣！

印春荣乘胜追击，毒贩藏匿在医院角落的车辆被成功找到，还抓获 2 名可疑人员。

随后印春荣亲自挂帅，对嫌疑人展开心理攻势，几番较量之后，毒贩终于松了口。根据毒贩的交代，案件顺利延伸侦办到了文山、昆明等地，又抓获毒贩 5 人。

案件侦办完以后，所有人都被印春荣临危不乱的指挥所折服。但印春荣深知，光靠自己一人的力量是远远不够的，于是他开始注重传帮带，只要有空，就会亲自指导下属办案，把多年的缉毒技战法和边防工作经验毫无保留地传授给官兵。

2014 年 8 月，印春荣提任云南省普洱市公安边防支队支队长。作为部队主官，印春荣既要经常思考维护边境安全稳定的各项重点工作，又要随时面对意想不到的突发事件。

2015 年 9 月 20 日，普洱公安边防支队流动查缉组在对一辆由普洱市区驶往景东县方向的黑色本田轿车进行检查时，驾驶员罗某和随行人员王某显得神情紧张、言辞闪烁，这引起了查缉官兵的怀疑。虽然对车上物品检查后并未发现违禁物品，但轿车后备厢内一股异样的香味让侦查员小朱一下子警觉起来——“冰毒？没错，就是冰毒！”侦查员小朱十分确定这就是冰毒的气味，而且气味如此浓烈，他判断这辆车在近几天内一定运过冰毒，而且数量还不少！但当时车内没有查获毒品，没有人赃俱获就无法实施抓捕。

在检查无果的情况下，查缉官兵向印春荣作了汇报。

多年的缉毒经验告诉印春荣，这两个人有运毒重大嫌疑，而且“鱼”还在“水”里，还没有出货，于是果断决定“放长线钓大鱼”。他指示查缉组不动声色地予以放行，同时派出 2 名侦查员驾驶地方牌照车辆对嫌疑车辆进行跟踪。

21 日 18 时 45 分，侦查员报告：嫌疑人王某驾驶黑色本田轿车开进某租车行后，从车行开出一辆丰田越野车，在景东县城边的公路上来回行驶，并不时在接打电话。22 日 10 时许，王某又驾驶丰田越野车从景东县驶往景福乡，并在景福乡某宾馆开了一个房间。这一变化让专案组非常疑惑：景福乡偏离交通主干道，不论是去普洱还是到昆明都不方便，而且也绕不过公安检查，取道景福乡运毒绝非明智之举。

“老狐狸在摆迷魂阵。”在仔细研究过辖区地图后，印春荣判断，此次王某换车乃是“鱼目混珠”，在公路上行驶是在“探路”，这辆丰田越野车上没有冰毒，这应该是嫌疑人“调虎离山”之计。

印春荣立即调整预定方案，将专案组分成三个小组：第一小组继续监视王某的动向；第二小组在景东至昆明必经公路的合适路段设伏；第三小组密切监控留在景东县宾馆的罗某。

一张无形的大网就此张开，只待这2只狡猾的“狐狸”露出破绽了。

22日15时25分，第一小组反馈称，王某继续开着丰田越野车在乡村公路上兜圈圈。印春荣指示第一小组“将计就计”，抵近跟踪王某的丰田越野车，第三小组密切监视罗某并及时向设伏的第二小组通报其行踪。

抵近跟踪王某果然让罗某认为公安边防官兵中了他的“调虎离山”之计。15时45分，罗某从车行鬼鬼祟祟地开出一辆别克轿车，在县城兜了几圈后便往出城方向驶去。黑色本田轿车停在车行，丰田越野车还在路上兜圈，一套戏演完，这辆别克轿车才粉墨登场，必是藏毒车辆无疑！

“收网！”紧盯着监控视频的印春荣，在普洱公安边防支队指挥中心向280千米外的专案组下达行动命令，三组官兵同时出击，迅速控制犯罪嫌疑人，当场缴获冰毒46.99千克。一场因可疑线索发现端倪，并调兵遣将指挥部署人赃并获的缉毒伏击战完美收官。2名犯罪嫌疑人怎么也想不到，他们自以为高明的暗度陈仓运毒诡计，却难逃印春荣法眼。

这样精彩的案件，在印春荣28年的缉毒生涯中，只能算得上是一幕小插曲。

在普洱，公安边防支队官兵的执勤执法任务非常繁重，天天有勤务、时时在战斗。

2015年11月，印春荣接到报告：普洱市公安边防支队侦查队在对一辆轿车依法进行检查时，查获了2支手枪、511发子弹和少量毒品。根据多年的缉毒经验，印春荣判断这绝不是一起简单的贩毒案件。于是他带领专案组连续奋战一个多月，最终在一个犯罪嫌疑人的临时住宅里，抓获犯罪嫌疑人 11 名，查获毒品 13.7 公斤、枪支 10 支、子弹 1050 发，成功打掉了一个长期盘踞在中缅边境的特大武装贩毒团伙。

在印春荣的示范、带动下，普洱市公安边防支队先后有 358 名官兵立功受奖。3 年来普洱公安边防支队共缴获各类枪支 2755 支，边防辖区治安案件发案率下降 67%，刑事案件发案率下降 40%，地方党委、政府和人民群众的满意度达 100%；破获贩毒案件 1050 起，抓获犯罪嫌疑人 1127 名，查获毒品 3.182 吨，占普洱市查获总量的 40%；缴获易制毒化学品 919.2 吨，位居全国公安边防部队第一名。

由于长期超负荷、高强度工作，印春荣的身体出现了问题。在做了心脏支架手术后，他一直带病坚持工作，从未提半点要求。

九

夜已深，回忆还在继续，普洱茶渐渐淡了下来。

“我并不是什么英雄，我只是这个优秀集体中的代表，为了缉毒的事业，多少优秀的警察倒下，我相信他们比我更值得人们尊敬和铭记，我所获得的荣誉，都属于我们公安边防部队这个优秀的集体！”最后，印春荣收住了回忆，说出了这段话。

午夜已过，喧嚣的昆明城安静下来，忙碌的人们进入梦乡，印春荣放下手中的茶杯，赶往机场去搭乘最早的航班。

汽车飞驰在机场高速，整个城市笼罩在静谧的夜空下，安详得如同故乡那久违的湖面，只有经历过无数腥风血雨的人才会知道，平静是如此可贵。